KCA

코칭역량 마스터리

이론 · 실전 코칭 · 수퍼비전의 통합적 체계화

배용관

박영story

KCA Coaching Proficiency Mastery

- Systematic Integration of Theory,
Practical Coaching, and Supervision -

배움관
Goalzzang

머리말

코칭이 한국에 도입된 지 20여 년이 지나고 1만 5천 명이 넘는 코치들이 배출되었지만, 여전히 많은 코치들이 이론과 실제 사이의 간극, 체계적 훈련 방법 부재, 코칭역량의 실질적 내재화라는 문제에 직면하고 있다.

이 책은 코칭을 단순한 대화 기법이나 기술 집합체가 아닌 체계적이고 과학적인 전문 영역으로 정립하고자 한다. 한국코치협회(KCA)의 코칭역량 체계를 중심으로 이론과 실전, 수퍼비전을 통합적으로 연결하는 새로운 훈련 패러다임을 제시한다.

코칭대화 시스템: 새로운 관점

코칭대화는 즉흥적 대화가 아니다. 중식당에서 고객주문, 레시피, 식자재, 조리도구가 유기적으로 작용하듯이, 코칭대화 역시 고객 상황, 코칭대화 맥락, 코칭기술, 코칭언어가 체계적으로 상호작용하는 하나의 목적 지향 시스템이다. 이러한 시스템적 관점은 코칭을 기술의 나열이 아닌 통합적이고 유기적인 과정으로 이해하게 해 준다.

UMP+AA+SA: 체계적 역량 개발 모델

코칭역량의 체계적 개발을 위한 훈련 원칙으로 UMP+AA+SA 모델을 제시한다. Understanding(이해), Memorization(암기), Practice(연습)의 UMP는 기본기 다지기 단계이고, Analysis(분석·분별)와 Application(적용)의 AA 단계에서는 다양한 상황에서 코칭기술을 분별하고 적용하는 역량을 기른다. Synthesis(연결·통합)와 Application(적용)의 SA 단계는 다양한 모델과 기법을 창의적으로 통합하고, 상호작용적 역동을 반영하여 자신만의 코칭 스타일을 형성하는 단계다.

정교한 반구조화: 구조화와 정교한 비구조화의 융합

기존 코칭대화 모델의 구조화된 접근 한계를 극복하기 위해 '정교한 반구조화' 개념을 제시한다. 이는 구조화된 프레임워크와 비구조화된 창의성을 조화시키는 접근법으로, 피겨스케이팅 심사기준에서 영감을 얻어 코칭역량을 역량요소(코칭기술)와 역동요소(상호작용)로 구분하여 훈련한다. 이를 통해 체계적 기술을 바탕으로 '고객과 춤추듯이' 자연스럽고 역동적인 대화를 이끌어 갈 수 있다.

실전 코칭 마스터리와 실전 수퍼비전 마스터리의 통합

궁극적으로 KCA 코칭역량 마스터리는 KCA 8가지 코칭역량을 실제 대화에서 구현하는 구체적 기법과 자격별 차별화된 코칭대화 모델을 제시하며, 실전 수퍼비전 마스터리는 멘토코칭, 코치더코치, 코칭 수퍼비전의 체계적 운영을 통해 개별 코치의 성장을 지원한다. 두 영역의 유기적 통합을 통해 코치 개인의 역량 개발부터 코칭 분야 전체의 질적 향상까지 포괄하는 생태계적 접근을 구현하며, 이론 학습과 실전 경험을 순환적으로 연결하는 새로운 전문성 개발 모델을 제시한다. 이를 통해 한국 코칭의 지속 가능한 발전 기반을 마련하고자 한다.

이 책이 코칭을 공부하는 모든 분들에게 실질적 도움이 되고, 한국 코칭계의 전문성 향상과 질적 발전으로 건강한 코칭 생태계 조성에 기여하기를 희망한다.

배용관

추천의 글

추천의 글 1

코칭이 한국에 도입된 지 20여 년이 흘렀습니다. 그 사이 코칭은 개인의 성장과 조직의 혁신을 이끄는 새로운 학습·리더십 패러다임으로 자리 잡았지만, 여전히 많은 코치들이 이론과 실전 사이의 간극 앞에서 고민하고 있습니다. 체계적인 훈련 시스템의 부재, 그리고 핵심 역량을 실제 대화 속에 어떻게 녹여낼 것인가 하는 과제는 여전히 풀리지 않은 숙제입니다. 특히 KPC나 KSC 자격을 준비하는 과정에서 "내가 하고 있는 코칭이 맞는가?"라는 불안과 혼란 속에 방향을 잃고 방황하는 경우도 적지 않습니다.

이러한 현실 속에서 출간된 『KCA 코칭역량 마스터리』는 단순한 기술서의 범주를 넘어섭니다. 이 책은 코칭을 살아 있는 실천지(實踐知)로 구현해 낸 전문서로서, 한국코치협회의 8대 코칭역량 체계를 중심에 두고, 이론–실전–수퍼비전을 유기적으로 통합한 훈련 체계를 제시합니다. 이를 통해 코치들의 실전 대응력을 높이고, 기술과 존재가 함께 호흡하는 존재 기반의 코칭을 가능하게 합니다.

특히 이 책이 제시하는 '코칭대화 시스템' 개념은 탁월합니다. 고객의 주제, 대화의 맥락, 코칭기술과 언어가 유기적으로 연결되도록 하여, 단순한 질문과 응답을 넘어 코칭대화를 하나의 살아 있는 생태계로 만들어 줍니다. 또한 'UMP+AA+SA 모델'은 이해와 연습, 분석과 적용, 통합과 전략적 실천을 아우르는 7단계 학습 프레임워크로, 단순한 지식 전달을 넘어 코칭역량의 자기화·존재화를 가능케 하는 깊이 있는 훈련의 길을 열어 줍니다.

더 나아가 '정교한 반구조화'라는 개념은 실전에서 흔들림 없는 대화 구조를 제공하면서도, 고객의 흐름과 맥락에 유연하게 반응할 수 있도록 안내합니다. 이는 코칭을 기계적인 절차가 아닌 창조적 상호작용의 예술로 승화시키는 강력한 원리입니다. 이러한 접근은 코칭을 보다 정교하고 유연한 대화의 예술로 발전시키며, 코치와 고객 모두에게 깊은 통찰과 변화를 선사합니다.

『KCA 코칭역량 마스터리』는 예비 코치에게는 이론과 실습을 연결하는 든든한 다리가 되고, 현직 코치에게는 실전 감각을 정교하게 다듬는 도구가 되며, 멘토코치에게는 수퍼비전 역량을 체계적으로 강화할 수 있는 전략서가 됩니다. 나아가 이 책은 단순히 개인 코치의 성장을 넘어, 한국코치협회의 역량 기준 확산과 코칭 생태계의 전문성 강화에도 크게 기여할 것이라 확신합니다.

이 책이 제시하는 길은 결국 한국 코칭계의 질적 도약을 이끌어 내는 새로운 촉매가 될 것입니다. 코칭을 배우고 실천하는 모든 이들이 이 책을 통해 자신의 길을 더욱 분명히 하고, 더 깊고 넓은 성장을 이루어 가기를 소망합니다. 한국 코칭계의 미래를 함께 열어 갈 독자 여러분과의 만남을 진심으로 기대합니다.

배재훈

한국코치협회장

추천의 글 2

본인은 배용관 교수의 『KCA 코칭역량 마스터리』의 출판을 진심 어린 열정과 깊은 확신을 담아 강력히 추천합니다. 이 책은 단순한 코칭기술 안내서의 범위를 훌쩍 넘어, 한국코치협회(KCA)가 제시한 8가지 코칭역량 체계를 중심으로 이론, 실전 코칭, 수퍼비전을 유기적으로 결합한 종합적인 전문 훈련 패러다임을 제시하는 역작입니다. 이 책은 코칭의 본질을 깊이 탐구하면서도 현장에서 즉시 적용할 수 있는 실용성을 겸비하고 있어, 코칭계 전반에 큰 파급력을 미칠 것입니다.

저자는 코칭을 단순한 기술이나 기법의 나열이 아닌, 하나의 '코칭대화 시스템'으로 재정의합니다. 고객 상황의 분석에서 시작해, 적합한 코칭대화 맥락의 선택, 핵심 기술의 정교한 적용, 효과적인 언어 사용에 이르기까지 각 요소가 어떻게 상호작용하여 시너지를 만들어 내는지를 체계적으로 제시합니다. 이를 통해 코치는 존재(Being)와 행동(Doing)의 균형을 자연스럽게 유지하며, 고객이 실질적인 변화를 경험하도록 돕는 내적 성숙과 외적 실행력을 함께 배양하게 됩니다.

특히, UMP(이해·암기·연습) + AA(분석·적용) + SA(통합·적용)라는 단계별 성장 모델은 코치의 경력 수준에 따라 맞춤형 성장 경로를 제공합니다. 초급 코치는 기초 역량을 확립하고, 중급 코치는 분석과 적용 능력을 강화하며, 고급 코치는 자신의 철학과 스타일을 통합하여 완성된 코칭을 구현할 수 있도록 설계되었습니다. 여기에 '정교한 반구조화'라는 혁신적 개념을 더해, 코치는 구조적 틀 속에서 창의성과 직관을 발휘하며, 고객 개개인의 상황에 맞는 최적의 코칭을 제공할 수 있는 능력을 갖추게 됩니다.

이 책의 장점은 실제 코칭 현장에서 즉시 활용할 수 있는 질문 기법, 행동지표, 실습 사례, 대화 모델이 풍부하게 수록되어 있다는 점입니다. 초보 코치는 이를 통해 탄탄한 기초를 다질 수 있고, 숙련된 코치는 자신의 철학과 방법론을 심화시킬 수 있으며, 코칭 교육자와 연구자에게는 현장 경험과 학문적 연구를 잇는 귀중한 자료로 활용될 수 있습니다. 각 장의 구성은 학습자가 배운 내용을 실제에 적용하고, 결과를 분석하며, 반복적인 성찰과 훈련을 통해 지속적으로 성장하도록 설계되었습니다.

『KCA 코칭역량 마스터리』는 한국 코칭계의 질적 수준을 비약적으로 향상시킬 잠재력을 지닌 책입니다. 이 책의 출판은 코칭을 배우는 모든 이들에게 실천적 통찰과 도구를 제공하고, 현역 코치들에게는 자기 혁신의 기회를, 그리고 조직과 사회 전반에는 코칭 문화 확산과 리더십 향상을 촉진하는 계기를 마련할 것입니다. 더 나아가 코칭 교육 과정의 표준 교재로 자리 잡아, 기업과 기관의 리더십 개발 프로그램에도 폭넓게 활용될 수 있습니다.

이 책의 출판은 단순한 발간을 넘어, 한국 코칭 교육과 실무의 새로운 전환점이자 국내외 코칭 생태계 전반의 성장을 견인하는 중요한 이정표가 될 것이라 확신합니다.

유충열
개신대학원대학교 코칭학과 주임교수

추천의 글 3

코칭은 이제 단순한 대화 기법이나 관계 기술을 넘어, 개인과 조직, 더 나아가 사회 전반의 변화를 이끄는 핵심 역량으로 자리매김하였습니다. 오늘날 복잡하고 예측하기 어려운 시대 속에서 리더십, 조직 관리, 개인의 성장을 동시에 지원할 수 있는 가장 효과적인 방법이 코칭입니다. 이러한 시점에 발간된 『KCA 코칭역량 마스터리』는 코칭을 체계적으로 배우고자 하는 모든 이들에게 값진 길잡이가 될 것입니다.

이 책은 단순한 지식 전달이나 기법 소개를 넘어, 이론적 근거, 실천 훈련, 수퍼비전 체계를 유기적으로 통합했습니다. 따라서 학습자는 배운 내용을 곧바로 현장에 적용할 수 있고, 코칭의 본질을 더 깊이 이해할 수 있습니다.

특히 실제 사례와 구체적 실습 방법이 풍부하게 담겨 있어, 읽는 이는 마치 코칭 현장 속에 있는 듯한 생생함을 느낄 수 있습니다. 이는 코칭 역량을 단기간에 향상시키는 데 큰 도움이 될 것입니다.

한국코칭학회는 지난 수년간 국내 코칭 연구와 교육, 현장 적용을 선도해 온 최고 권위의 학술 단체입니다. 우리 학회는 지난 20년간 코칭의 학문적 토대를 확립하고 실천 가능성을 넓히는 데 매진해 왔습니다. 그 결과 국내 코칭 전문가와 실무자들이 신뢰하는 중심 기관으로 자리 잡았습니다. 이번에 출간되는 『KCA 코칭역량 마스터리』는 학문과 현장의 연결을 보여 주는 사례이자, 한국 코칭계의 발전 방향을 제시하는 중요한 이정표가 될 것입니다.

이 책은 코칭을 처음 배우려는 분들에게는 든든한 안내서가 될 것이며, 이미 코칭 경험이 있는 분들에게는 깊이 있는 성찰과 성장의 기회를 줄 것입니다. 또한 조직과 사회에서 코칭을 통해 더 큰 변화를 이끌고자 하는 분들에게도 실질적인 도움과 영감을 줄 것이라 확신합니다.

김응자
한국코칭학회장
남서울대학교 대학원 코칭학과 교수

감사의 글

이 책은 결코 한 사람의 힘으로 완성될 수 없음을 저는 누구보다도 잘 알고 있습니다. 현장의 숨결을 함께 나눈 코칭고객과 코칭훈련 참가자 여러분, 여러분의 질문과 침묵, 그리고 미세한 표정 하나까지가 제 연구의 좌표가 되어 주었습니다. 개신대학원대학교 코칭학과의 유충열 교수님을 비롯한 동료 교수님들과 후배 연구자들 및 총 동문들께도 깊은 감사를 드립니다. 열정적인 토론과 날카로운 피드백은 이 원고의 뼈대를 단단히 세워 주었으며, 저의 사유를 더 깊고 넓게 확장시켜 주었습니다. 또한 한국코치협회의 배재훈 회장님을 포함한 많은 관계자와 동료들, 그리고 한국코칭학회의 김응자 회장님의 따뜻한 관심에도 감사드립니다.

중소기업 경영코칭 분야의 실전 지혜를 두루 갖춘 드림팀(조영환 단장, 강승천 코치, 민정아 코치, 하태승 코치), 미래의 경영코칭을 준비하는 비벤저스(비즈니스 코칭 어벤저스)팀, 그리고 변혁적 성장을 북돋우며 코치더코치·멘토코칭을 선도하는 수벤저스(수퍼비전 어벤저스)팀, 사군자팀 등과 함께한 공동체적 동행은, 제가 '정교한 반구조화'라는 여정을 끝까지 걸어갈 수 있도록 든든한 힘과 깊은 영감을 주었습니다.

기업 현장의 많은 리더들께서 조직문화 혁신의 파트너로 함께해 주시며 보여 주신 신뢰에도 깊이 감사드립니다. 그 과정에서의 시행착오와 성찰은 이 책의 사례와 도구에 생생한 생명력을 불어넣어 주었습니다. 또한 밤을 지새우며 함께해 준 집필·편집·디자인 팀이 마감의 마지막 순간까지 집중을 다해 보여 준 헌신이 있었기에, 이 책은 비로소 세상에 나올 수 있었습니다.

무엇보다도 가족에게 마음 깊은 감사를 전합니다. 내 아내 이선희 여사의 따뜻한 내조와 아낌없는 후원, 늘 총명함으로 내게 영감을 불어넣는 사랑스러운 손녀이자 빛나는 별, 이쁜 천재 배제이, 그리고 조용히 힘이 되어 주며 격려와 일상의 온기를 함께해 준 큰아들 내외의 관심과 사랑, 먼발치에서 따뜻한 응원의 마음을 보내 준 작은아들 내외의 뒷받침이 없었다면, 이 긴 호흡의 집필은 끝까지 이어지지 못했을 것입니다. 하늘에서 편히 계시는 아버님과 어머님께 이 책을 바치며, 그분들의 가르침과 사랑을 평생의 등불로 새깁니다.

그리고 이제, 이 책을 펼쳐 든 독자 여러분께 말씀드립니다. 이 책은 완성된 답이 아니라 더 깊은 통찰로 나아가기 위한 초대장입니다. 각자의 현장에서 '코칭기술'과 '상호작용'이 춤추듯 어우러지는 순간, 그때 비로소 이 책은 여러분의 손에서 완성될 것입니다. 여러분의 다음 한 걸음을 진심으로 축복하며, 함께하는 여정이 더 큰 변화와 성장을 열어 가기를 소망합니다.

고울짱 배용관

목차

PART III
수퍼비전 마스터리

서론

코칭대화 훈련 기본 원칙

- ◆ 1 코칭대화 시스템 기반 훈련 방법 이해
- ◆ 2 코칭대화 훈련 핵심: UMP+AA+SA
- ◆ 3 도구 이론
- ◆ 4 변화와 성장 두 바퀴 이론
- ◆ 5 에빙하우스 망각곡선 활용
- ◆ 6 코칭대화 시스템 기반 훈련의 시사점

서론 코칭대화 훈련 기본 원칙

1. 코칭대화 시스템 기반 훈련 방법 이해
2. 코칭대화 훈련 핵심: UMP+AA+SA
3. 도구 이론
4. 변화와 성장 두 바퀴 이론
5. 에빙하우스 망각곡선 활용
6. 코칭대화 시스템 기반 훈련의 시사점

핵심 POINT

- 코칭역량 훈련에서 코칭대화 시스템을 이해하는 것이 중요한 이유는 무엇인가?
- 분별(Analysis)과 연결(Synthesis)이 코칭훈련에서 중요한 이유는 무엇인가?
- 도구 이론이 훈련에서 중요한 이유는 무엇인가?
- 변화와 성장 두 바퀴 이론이 주는 시사점은 무엇인가?
- 에빙하우스의 망각곡선이 훈련에서 중요한 이유는 무엇인가?
- 코칭대화 시스템 기반 훈련이 주는 시사점은 무엇인가?

1 코칭대화 시스템 기반 훈련 방법 이해

코칭대화는 체계적인 시스템으로 구성되어 있으며, 효과적인 코칭 실무를 위해서는 이 시스템의 구조와 작동 원리를 명확히 이해해야 한다. 코칭대화 시스템은 중식당의 요리 프로세스에 비유할 수 있다. 중식당에서 맛있는 요리를 만들기 위해 고객주문 → 레시피 선택 → 식자재 → 조리도구를 유기적으로 운용해야 하는 것처럼, 코칭대화도 고객 상황 → 코칭대화 맥락 → 코칭기술 → 코칭언어의 체계적 상호작용을 통해 성립된다.

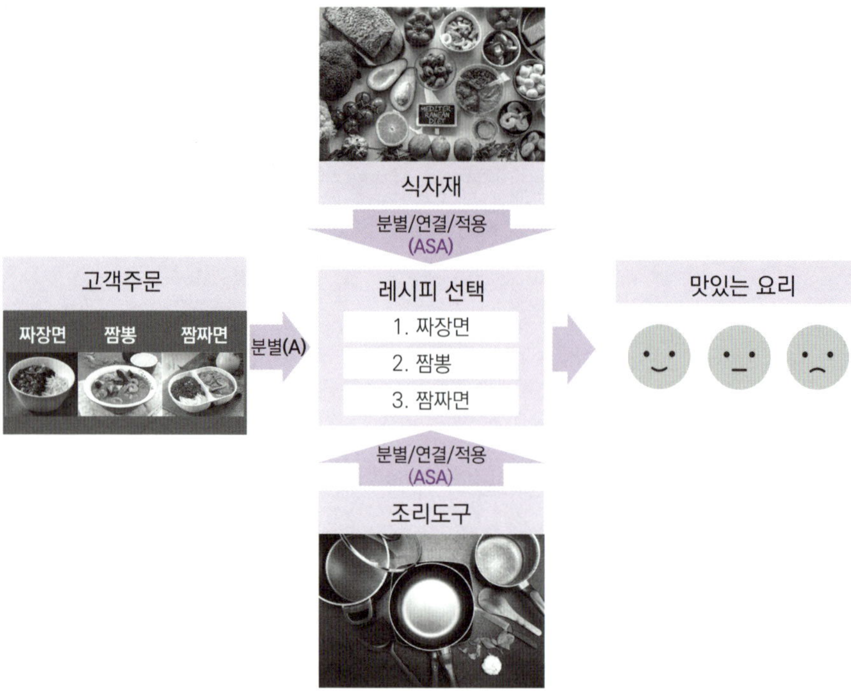

• 그림 1 • 요리 프로세스: 중식당

1.1 코칭대화 시스템의 구성요소

코칭대화 시스템은 다음의 핵심 구성요소로 이루어진다.

• 그림 2 • 코칭대화 시스템

가. 고객 상황:

코칭의 출발점으로, 고객의 주제와 이슈를 말한다. 이는 요리 프로세스에서 고객주문에 해당한다.

나. 코칭대화 맥락:

고객 상황에 적합한 대화 흐름을 선택한다. 이는 요리 프로세스에서 레시피 선택에 해당하며, IGROW나 IMTES 등 코칭대화 모델을 선택하는 것을 말한다.

다. 코칭기술:

코칭을 실질적으로 수행하기 위한 역량으로, 식자재 또는 조리된 식자재에 비유된다. KCA 8가지 고칭역량은 식자재에, 적극경청, 의미확장, 목표설정, 관점전환 등의 핵심 코칭기술은 조리된 식자재에 해당한다.

라. 코칭언어:

코칭기술을 구현하는 실제 언어적 도구로, 조리도구에 해당한다. 질문 언어, 경청 언어, 알아주기 언어 등의 코칭언어가 이에 해당한다.

마. 코칭결과:

최종적으로 고객에게 제공되는 가치로서, 맛있는 요리에 해당한다. 고객의 의식 확장과 동기부여, 고객의 이슈해결, 구체적인 실행계획 등이 이에 해당한다.

1.2 코칭대화 시스템 기반 통합적 훈련

효과적인 코칭훈련을 위해서는 다음의 통합적 접근이 필요하다.

가. 시스템적 이해:

코칭대화를 구성하는 각 요소(고객상황, 코칭대화 맥락, 코칭기술, 코칭언어, 코칭결과)가 유기적으로 연결된 하나의 시스템으로 이해해야 한다. 이러한 시스템적 관점은 코칭의 전체 구조와 개별 요소 간의 관계를 파악하는 데 도움을 준다.

나. 단계적 역량 개발:

UMP(이해·암기·연습)+AA(분별·적용)+SA(연결·적용) 접근법을 훈련 단계에 맞추어 적용해야 한다. 이러한 단계적 접근은 코칭역량의 체계적인 발전과 통합적인 내재화를 가능하게 한다.

다. 도구적 숙달:

코칭을 전문적 지적 도구로 인식하고, UMPT(이해·암기·연습·성찰) 접근법으로 훈련을 반복한다. 이는 코칭기술의 실용적 습득과 적용을 촉진하는 지름길로 기능한다.

라. 반복 기반 학습 전략:

에빙하우스 망각곡선을 고려한 계획적 반복 학습과 실천적 적용을 통해 학습 효과를 극대화한다. 이는 코칭 지식과 기술의 장기적인 유지와 활용을 가능하게 한다.

1.3 KPC에서 KSC로의 발전 경로

KPC에서 KSC로 발전하는 과정은 다음과 같은 특징적인 변화와 성장을 포함한다.

가. 기술 중심에서 존재 중심으로:

KPC 단계에서는 코칭기술과 모델의 숙달이 중요하지만, KSC 단계에서는 코치로서의 존재 방식(Being)과 깊이 있는 현존(Presence, 현재에 온전히 존재함)이 강조된다. 이는 코칭의 기술적 측면을 넘어 코치의 내적 자질과 존재감에 주목하는 근본적인 변화이다.

나. 구조화에서 반구조화, 그리고 정교한 반구조화로:

KAC 단계에서는 구조화된 접근이, KPC 단계에서는 체계적인 코칭 모델과 절차 중심의 반구조화된 접근이 중요하다. 반면 KSC 단계에서는 코칭대화 모델을 유연하게 해석하고 고객 상황과 코치-고객 상호작용에 맞게 창의적으로 적용하는 정교한 반구조화 역량이 핵심이다. 이는 정형화된 틀을 넘어 상황과 코치-고객 상호작용에 맞는 유연하고 정교한 접근을 가능하게 하는 발전 방향을 의미한다.

다. 개별 기술에서 통합적 역량으로:

KPC 단계에서는 질문, 경청, 알아주기 등의 개별 기술 숙달이 중요하지만, KSC 단계에서는 이러한 기술들을 상황에 맞게 유기적으로 연결하고 통합하는 능력이 요구된다. 이는 분절된 기술을 단순히 적용하는 수준을 넘어 코칭의 전체적 흐름을 조율하는 통합적 역량으로의 발전을 뜻한다.

라. 표면적 개입에서 심층적 개입으로:

KPC 단계에서는 현상적이고 표면적 이슈해결이 중심이지만, KSC 단계에서는 근본적 원인과 패턴을 다루는 심층적 개입이 강조된다. 이는 현상의 표면에 대응하는 것을 넘어 근본적인 변화와 성장을 촉진하는 심화된 코칭을 의미한다.

마. 방법론적 접근에서 철학적 접근으로:

KPC 단계에서는 '어떻게'(How)에 초점을 맞추지만, KSC 단계에서는 '왜'(Why)와 '무엇'(What)에 대한 철학적 이해가 중요해진다. 이는 단순한 방법론적 숙달을 넘어 코칭의 철학적 기반과 존재적 목적에 대한 심층적 통찰로의 전환을 나타낸다.

이러한 발전 경로는 단순한 기술 습득을 넘어 코칭의 본질과 심층적 가치를 내재화하는 과정을 반영한다. KSC는 단지 상위 자격이 아니라, 코칭에 대한 보다 깊이 있고 통합적인 이해와 접근을 상징하는 자격이다.

1.4 훈련의 단계적 접근

『KCA 코칭역량 마스터리』 과정은 다음의 3단계로 구성된다.

가. 1단계: [Part I. KCA 코칭역량의 체계적 이해와 적용] 훈련

- 제1장: KCA 8가지 코칭역량 이해
- 제2장: KCA 코칭역량의 실전 적용
- 제3장: 코칭대화 모델링과 자격별 적용

이 단계에서는 코칭역량의 기본 구조와 원리를 이해하고, 이를 코칭대화에 어떻게 적용할 것인지 방법을 학습한다. KCA 코칭역량 체계에 대한 이해를 바탕으로 IGROW 코칭대화 모델을 실전 상황에 효과적으로 활용하는 기술을 개발한다.

- **[식자재]**에 해당하는 **[KCA 코칭역량]**은 제1장부터 제3장까지의 학습을 통해, 코치다움의 태도(Attitude)와 코칭다움에 필요한 지식(Knowledge)을 이해(Understand)하고 암기(Memorization)하여, 이를 실전에 적용(Application) 가능한 기술(Skill)로 발전시킨다. 이 1단계 과정은 반복적인 연습(Practice)으로 기초를 확립하는 데 목적이 있다.

나. 2단계: [Part II. 실전 코칭 마스터리] 훈련

- ◆ 제4장: 효과적인 코칭을 위한 태도와 언어
- ◆ 제5장: 핵심 코칭기술 훈련
- ◆ 제6장: 코칭대화 맥락별 접근 전략

이 단계에서는 코칭언어와 핵심 기술을 심화하고, 다양한 고객 상황에 적합한 전략을 개발한다. 코칭기술의 심층 훈련을 통해 실무 역량을 강화한다.

- ◆ 고객의 주문을 정확히 이해해야 원하는 요리를 만들 수 있듯이, 제6장의 고객 상황의 분별과 코칭대화 맥락에서는 코칭고객의 상황을 분석 및 분별(Analysis)하고, 이에 적합한 코칭대화 맥락을 분별(A)하여 선택하고 적용(A)할 수 있는 직관과 통찰을 훈련한다.
- ◆ 요리 레시피에 해당하는 코칭대화 맥락은 고객의 이슈와 주제에 맞는 코칭을 위한 핵심 프레임(Frame)이며, 제6장에서 이를 학습(UMP)하여 실전 대응력을 체계적으로 강화한다.
- ◆ 이 레시피는 식자재와 조리도구의 구분과 활용을 전제로 하므로, 조리된 식자재에 해당하는 핵심 코칭기술은 제5장, 조리도구에 해당하는 코칭언어는 제4장을 통해 병행 및 교차 훈련한다.
- ◆ 이를 통해 고객 상황에 적합한 코칭대화 맥락을 중심으로 핵심 코칭기술과 코칭언어를 분별(A), 연결(S), 적용(A)하는 실전 능력을 내재화하고 고도화한다.

다. 3단계: [Part III. 수퍼비전 마스터리] 훈련

- ◆ 제7장: 코칭훈련의 이론적 체계화
- ◆ 제8장: 정교한 반구조화 훈련
- ◆ 제9장: 실전 수퍼비전

이 단계에서는 코칭훈련의 이론적 틀과 수퍼비전을 통합하여, 멘토코치로서 요구되는 고급 코칭 접근법을 학습한다. 정교한 반구조화 기법과 수퍼비전 활용을 통해 코칭의 실적 향상을 도모한다.

- 1단계와 2단계 훈련을 마무리하면, 마지막 3단계에서는 멘토코치로서의 수퍼비전 역량을 강화하는 훈련이 진행된다.
- 제7장에서는 수퍼비전에 대한 이론적 지식을 체계화하고, 제8장에서는 반구조화 기법을 실용적 방식을 통해 단계적으로 습득한다.
- 마지막 제9장에서는 멘토코칭, 코치더코치, 코칭 수퍼비전을 코치 자격과 수준에 맞추어 유기적으로 통합하는 실용적인 접근법을 학습한다.

2 코칭대화 훈련 핵심: UMP+AA+SA

UMP + AA + SA 훈련 모델은 코칭역량을 단계적으로 내재화하고 고도화하기 위한 체계적인 접근 방식이다. 이 모델은 지식, 기술, 태도를 통합적으로 발전시키는 훈련 체계이며, KAC에서 KPC를 거쳐 KSC로 이어지는 코치 성장 경로에 따라 구성된다. KAC 단계에서는 주로 UMP에 초점을 맞추고, KPC 단계에서는 AA가 중요해지며, KSC 단계에서는 SA가 핵심적인 발전 영역이 된다.

2.1 UMP (Understanding, Memorization, Practice)

UMP는 코칭역량 개발의 기초 단계이고, 지식 습득과 기술 형성의 출발점이며, KAC 훈련에 적합한 방식이다.

가. Understanding(이해):

코칭의 이론, 개념, 모델에 대한 지적 이해를 의미한다. 코칭의 정의와 목적, 모델 구조, 기술 원리에 대한 명확한 이해가 선행되어야 하며 모든 실전의 기초가 된다. 이해 단계에서는 다음 요소들에 초점을 맞춘다.

- 코칭의 정의와 목적
- 코칭 모델과 프레임워크의 구조
- 주요 코칭언어(질문, 경청, 알아주기)의 작동 원리
- 코칭윤리와 표준

나. Memorization(암기):

핵심 지식과 기술을 반복적으로 숙지하여 자동화하는 과정이다. 효과적인 코칭 실행을 위하여 질문 유형, 모델 구조, 핵심 표현 등을 기억하고 즉각적으로 활용할 수 있어야 한다. 암기 단계에서 중점을 두는 핵심요소들은 다음과 같다.

- ◆ 핵심 질문과 코칭언어 표현
- ◆ 코칭 모델의 단계와 절차
- ◆ 개입 기법과 적용 시점
- ◆ 코칭대화의 흐름과 구성 원칙

다. Practice(연습):

이해하고 암기한 내용을 실제 코칭대화에서 적용해 보는 실습 단계이다. 반복적인 실습을 통해 지식을 기술로 전환하고, 코칭기술을 내재화한다. 연습 단계에서 중요한 활동들은 다음과 같다.

- ◆ 역할극을 통한 코칭세션 시뮬레이션
- ◆ 동료 코칭(Peer·Buddy 코칭)
- ◆ 실제 코칭세션 진행과 피드백 수용
- ◆ 코칭세션 녹취와 자기 성찰

2.2 AA (Analysis + Application)

AA는 중급 훈련 단계로, 이론과 기술을 실제 코칭 상황에 맞게 분별하고 적용하는 능력을 기르는 과정이며, KPC 훈련에 적합한 방식이다.

가. Analysis(분석·분별):

코칭세션의 구조, 개입, 고객 반응 등을 분석하고 분별하여, 코칭 흐름과 효과성을 평가하는 과정이다. 인지적 사고를 바탕으로 분석 및 분별하여 통찰을 도출하는 것이 핵심이며, 이 단계에서는 다음과 같은 활동에 중점을 둔다.

- ◆ 대화 구조 분석

- ◆ 고객 언어와 반응의 패턴 인식과 개입의 효과성 진단
- ◆ 핵심 코칭기술 분별
- ◆ 코칭세션의 흐름과 전환점 분별

나. Application(적용):

분석과 분별을 바탕으로 실제 코칭에 적합한 접근을 선택하고 적용하는 과정이다. 고객의 특성과 상황에 맞는 전략적 개입이 핵심이다. 이 단계에서 중요한 활동은 다음과 같다.

- ◆ 고객 중심 전략 수립
- ◆ 유연한 모델 활용
- ◆ 상황별 개입 기술 조합
- ◆ 실전 코칭에서의 즉시 반영

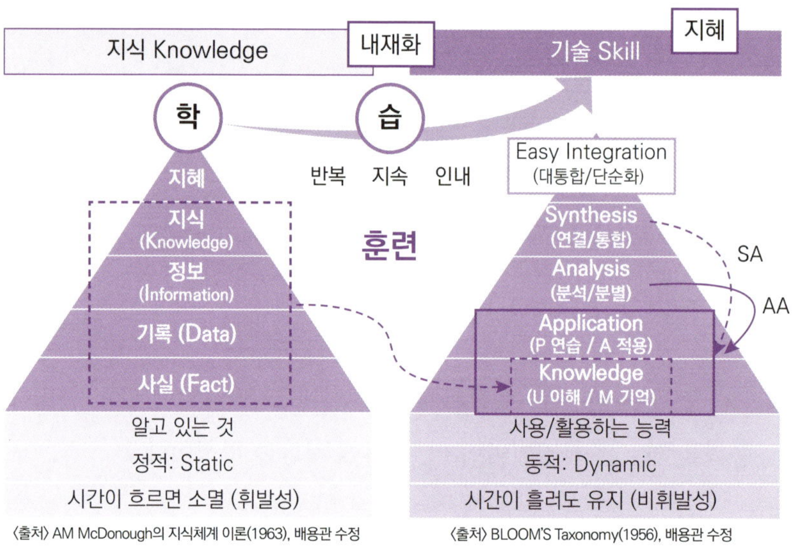

• 그림 3 • 코칭대화 훈련 핵심: UMP+AA+SA

2.3 SA (Synthesis + Application)

SA는 코칭역량의 고급 단계로, 지식과 기술, 존재 방식의 통합을 통해 코칭을 자신만의 방법과 스타일을 창조해 내는 과정이며, KSC 훈련에 적합한 방식이다.

가. Synthesis(연결·통합):

다양한 코칭 모델, 기술, 철학을 유기적으로 연결하고, 코치-고객 상호작용 속에서 이를 상황에 맞게 구체화하여 자신만의 코칭 스타일을 형성한다. 상황 맞춤형 접근을 통해 고도의 코칭역량을 실현한다. 통합 단계의 핵심 활동들은 다음과 같다.

- 코칭 모델 또는 기법 통합
- 고객 맥락에 맞는 구조 설계
- 창의적 코칭 전략 개발
- 코칭 철학 기반 자기 스타일 정립

나. Application(적용):

코칭의 본질과 원리를 깊이 이해하고, 그것을 자신만의 존재 방식과 철학으로 내재화하며 상호작용 속에서 살아 있는 코칭으로 적용하는 과정이다. 단순한 기술적 실행을 넘어서 코치로서의 정체성을 세우는 단계다. 이 단계의 중요한 요소들은 다음과 같다.

- 코칭 철학의 정립과 적용
- 존재 기반 코칭 태도 확립
- 직관적 판단과 반응 능력 개발
- 자기 이해와 코칭 정체성의 일치

UMP + AA + SA 훈련 모델은 단순한 기술 훈련을 넘어서, 코치로서의 존재와 지혜를 상호작용과 함께 통합적으로 개발하는 여정을 체계화한 모델이다. 이 프레임워크는 코칭역량의 내재화, 통합, 확장을 촉진함으로써 코칭 실천의 깊이와 전문성을 높이는 기반이 된다.

3 도구 이론

코칭역량을 효과적으로 개발하기 위해서는 도구 이론의 관점을 적용하는 것이 매우 유용하다. 도구 이론은 코칭을 하나의 전문적 도구로 바라보고, 이를 능숙하게 활용하기 위한 체계적 접근법을 제공한다.

3.1 코칭을 지적 도구로 이해하기

도구 이론에서는 코칭을 다음과 같은 특성을 가진 전문적 지적 도구로 이해한다.

가. 목적성:

컴퓨터, 한글, PPT, 엑셀 등의 일반적인 업무용 도구가 업무 효율을 높이기 위한 수단이듯이, 코칭은 고객의 동기부여와 이슈해결, 그리고 심리적 역동을 이끌어 내는 목적을 가진 지적 도구이다.

나. 사용법:

모든 도구는 효과적인 사용법이 있으며, 이를 숙달해야 도구의 진정한 가치가 발휘된다. 코칭 또한 특정한 사용법을 습득해야 효과적으로 기능한다. 코칭이라는 지적 도구는 호기심을 바탕으로 마음으로 사고하고, 입으로 표현하는 언어와 그 순서를 익히는 숙달 과정을 요구한다.

다. 숙련도:

도구의 효과는 사용자의 숙련도에 따라 크게 달라진다. 마찬가지로, 코칭의 효과 역시 코치가 얼마나 코칭역량을 숙련했는가에 직접적인 영향을 받는다.

라. 통합성:

우수한 도구는 다양한 기능이 유기적으로 통합되어 작동한다. 코칭 역시 질문, 경청, 알아주기 등의 코칭언어와 적극경청, 의미확장, 목표설정, 관점전환 등의 코칭기술이 상황에 맞게 통합적으로 작동할 때 비로소 최적의 효과를 발휘한다.

3.2 도구 숙달의 원리

도구는 올바른 사용법을 정확하게 숙지하고 반복적으로 익힐 때, 비로소 원하는 성과를 만들어 낸다.

가. 일반 도구의 경우:

컴퓨터나 소프트웨어를 효과적으로 사용하려면, 작동 방법과 순서를 손으로 익히는 반복 훈련이 필요하다. 이는 물리적 숙달에 해당한다.

나. 코칭의 경우:

코칭은 마음과 말을 사용하는 지적 도구이므로, 코칭언어와 대화 순서를 마음과 입으로 익혀야 한다. 이것은 인지적·언어적 숙달을 필요로 하며, 단순한 이해를 넘어 내재화된 표현 능력이 핵심이다.

다. 숙달의 단계:

도구 숙달은 초보자에서 전문가로 발전하는 단계적 과정을 거친다.

- 인식 단계: 도구의 존재와 기본 기능을 인식한다.
- 학습 단계: 기본적인 도구 사용법을 배우는 단계 (UMP 단계).
- 적용 단계: 실제 상황에서 도구를 사용하는 단계 (UMA 단계).
- 숙달 단계: 자연스럽고 효과적으로 도구를 활용하는 단계 (AA 단계).
- 창의 단계: 도구를 독창적이고 유연하게 변형·재구성하여 활용하는 단계 (SA 단계).

	물리적 도구	지적 도구
업무용 공통 도구	컴퓨터 한글 · PPT · 엑셀	코칭대화 시스템
목적	업무 효율 제고	동기부여
산출물 (결과)	보고 · 설명 · Data 자료	이슈해결 및 역동
원하는 결과를 얻으려면	사용법 숙달 사용법: 작동방법과 순서 (손) 	사용법 숙달 사용법: 말하는 언어와 순서 (마음+입) 
도구 이론이란?	• 코칭역량도 업무용 공통 도구이므로 사용법을 숙달해야 한다. • 말하는 언어와 순서를 제대로 배워서 적용해야 한다. • 사용법 숙달 시 UMP가 필수이며 코치 도움이 효과적이다.	

• UMP: Understand(개념 이해), Memorize(암기), Practice(연습)

• 그림 4 • 도구 이론

3.3 코칭 도구 숙달을 위한 UMP 접근법

코칭 도구를 체계적이고 효과적으로 숙달하기 위해서는 UMP 접근법이 유효하다.

가. U(Understand): 개념 이해

코칭의 원리, 목적, 작동 방식 등을 명확하게 이해한다. 이는 도구 사용의 기본 전제 조건이다.

나. M(Memorization): 암기

코칭언어, 코칭기술, 모델 구조 등을 기억하고 반복적으로 연습하여 내재화한다. 코칭 도구의 사용법을 머릿속에 명확히 저장하는 단계이다.

다. P(Practice): 연습

이론은 실제 코칭에서 반복적으로 적용함으로써 기술을 자동화하고 내재화한다. 이론적 지식을 실전적 기술로 전환하는 단계이다.

이러한 도구 이론 중심의 접근은 코칭역량을 추상적인 개념이 아닌 구체적으로 익히고 반복 숙달할 수 있는 실용적 기술로 전환시켜 준다. 결과적으로, 코칭 훈련의 체계성과 효과성을 높이며 코치의 지속적인 성장을 촉진하는 강력한 기반이 된다.

4 변화와 성장 두 바퀴 이론

코칭대화 훈련에서의 두 개의 바퀴는 각각 도구의 사용법을 익히는 코칭기법의 습득과 익힌 도구를 실제로 활용하는 코칭기법의 실제 적용을 의미한다. 이 두 바퀴가 함께 유기적으로 연계되고 반복되어야 비로소 필요한 코칭역량(Competency)이 숙달된 역량(Proficiency)으로 전환된다. 즉, 코칭대화 훈련에서 변화와 성장은 이 두 바퀴가 함께 굴러갈 때 가능하다.

그러나, 코칭대화 훈련을 받는 많은 사람들은 코칭기법의 습득 단계에서 목적에 적합한 언어를 정확한 순서대로 사용하는 훈련의 중요성을 상대적으로 소홀히 여기는 경향이 있다. 이는 종종 자신이 하고 싶은 아무 말을 자연스럽게 잘하면 된다는 착각에서 비롯된다. 말을 할 줄 안다고 해서 그것이 코칭대화가 되는 것은 아니다. 오히려, 목적에 부합하는 적합하고 정확한 말을 정해진 순서에 맞춰서 하는 훈련임을 간과하는 경향이 있다.

이러한 훈련을 소홀히 하면, 제자리걸음이나 잦은 시행착오를 겪게 되며, 이는 코치 자격시험에서 고스란히 드러난다.

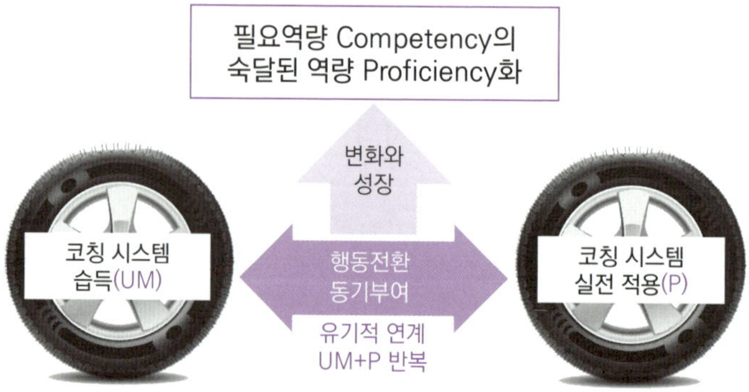

• 그림 5 • 변화와 성장 두 바퀴 이론

코칭대화 훈련은 다음의 세 단계를 유기적으로 연계하면서 반복한다.

◆ 첫째 단계: 코칭기법의 습득 단계

▶ 목적에 적합하고 정확한 언어를 순서대로 사용하는 훈련을 단무지로 실천하겠다는 적극적이고 긍정적인 수용의 태도가 필요하다.

▶ 단무지: 단순하게 무조건 지속적으로

◆ 둘째 단계: 코칭기법 실전 적용 단계

▶ 실제 상황에서 기법을 반복 적용하고 실행함으로써 숙련된 역량을 키우겠다는 태도가 필요하다.

◆ 셋째 단계: 코칭기법의 내재화 단계

▶ 이 두 바퀴, 즉 코칭기법 습득과 코칭기법 실전 적용을 인내심 있고 균형 있게 반복하며 UMP를 유기적으로 연계하는 과정이다.

▶ 이 과정을 반복함으로써 비로소 유능하고 훌륭한 코치로 성장할 수 있다는 점을 반드시 기억해야 한다.

5 에빙하우스 망각곡선 활용

코칭대화 훈련에서 학습 효과를 극대화하기 위해서는 에빙하우스의 망각곡선 이론을 이해하고 적용하는 것이 중요하다. 이 이론은 학습 후 시간 경과에 따른 기억이 어떻게 감소하는지를 보여 주며, 특히 중년 이후 코칭을 훈련하는 경우, 효과적인 학습 전략 수립에 실질적이고 유용한 통찰을 제공한다.

5.1 망각의 원리

에빙하우스의 연구에 따르면, 인간의 기억은 일정한 시간 패턴에 따라 급격히 감소하는 경향을 보인다.

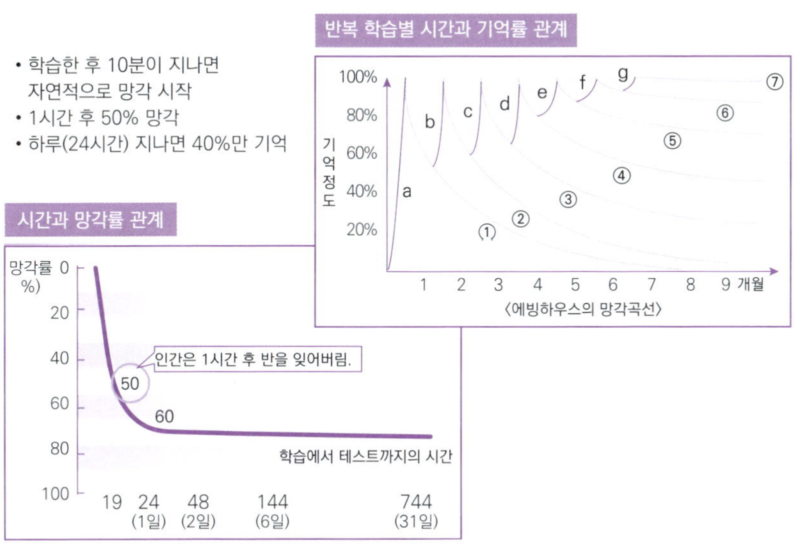

• 그림 6 • 에빙하우스의 망각곡선이론

- 초기 망각: 학습 후 10분이 지나면 기억은 자연스럽게 사라지기 시작한다.
- 급격한 감소: 학습 후 1시간이 지나면 기억의 절반, 즉 약 50%를 잊어버린다.
- 지속적 감소: 24시간(하루)이 지나면 약 40%만 기억에 남고, 나머지 60%는

망각된다.

◆ 완만한 감소: 이후에도 망각은 계속되지만 점차 속도가 느려진다. 반복 학습이 없는 경우 결국 대부분의 정보가 소멸된다.

5.2 반복 학습의 중요성

망각곡선을 극복하고 기억을 장기화하기 위해서는 계획적이고 시기적절한 반복 학습이 핵심이다.

① 첫 번째 복습: 학습 후 10분~24시간 이내에 복습할 경우, 급격한 초기 망각을 효과적으로 차단한다.

② 두 번째 복습: 학습 후 일주일 이내에 복습하면 장기 기억으로의 전환이 촉진된다. 이 시점의 복습은 기억의 신경학적 연결을 강화한다.

③ 세 번째 복습: 한 달 이내의 복습은 기억을 안정화하고 지속성을 부여한다. 이 단계의 복습은 기억의 지속성을 확보하는 데 핵심적으로 기능한다.

④ 지속적 복습: 이후에도 주기적인 복습을 반복하면, 지식과 기술은 장기적으로 유지되며 실제 상황에서 활용이 가능해진다.

반복 학습은 단순한 암기의 반복이 아니라, 학습 내용을 다양한 방식으로 재경험함으로써 기억 네트워크를 확장하고 강화하는 과정이다.

5.3 코칭훈련에의 적용

에빙하우스 이론은 코칭역량 훈련에도 효과적으로 적용될 수 있다. 특히 KPC에서 KSC로 발전하는 과정에서 반복 학습은 결정적인 역할을 한다.

가. 집중 학습 후 즉각 복습:

코칭 개념과 기법을 학습한 후, 당일에 주요 내용을 요약하고 복습한다. 이는 초기 기억 형성을 강화한다.

◆ 학습 직후 5~10분간 핵심 내용 정리하기

◆ 당일 저녁에 학습 내용을 요약하고 복습하기

◆ 핵심 개념과 기법을 자신의 언어로 재정리하기

나. 분산 학습:

짧은 시간 동안 집중적으로 학습하고, 규칙적인 간격으로 복습하는 분산 학습 방식을 채택한다. 이는 기억의 지속성을 강화한다.

◆ 매일 1~2시간씩 규칙적으로 학습하기

◆ 주간 복습 계획을 세우고 이전 내용을 복습에 포함하기

◆ 월 단위 복습 세션을 통한 정리

다. 실천적 복습:

이론적 복습과 함께 실제 코칭 상황에서 적용해 보는 실천적 복습을 병행한다. 이는 이론과 실제의 통합을 촉진한다.

◆ 학습 내용을 실제 코칭세션에 적용해 보기

◆ 동료와 역할극을 통해 학습 내용 실습하기

◆ 셀프 코칭을 활용한 학습 내용 내재화하기

라. 코칭일지 작성:

학습 내용과 적용 경험을 코칭일지에 기록하여 체계적으로 복습한다. 이는 성찰적 학습을 촉진한다.

◆ 학습 내용과 실제 적용 결과를 기록하기

◆ 핵심 개념 요약 및 성공·실패 사례를 정리하기

◆ 개선점 도출과 추가 학습 과제 확인하기

마. 동료 학습:

학습 내용을 동료와 공유하고 토론함으로써 이해를 심화하고 기억을 강화한다. 이는 사회적 학습의 효과를 활용한다.

◆ 정기적인 소그룹 학습 및 토론하기

◆ 동료에게 학습 내용 설명하고 피드백 받기

◆ 코칭 실습을 통한 상호 학습 촉진하기

망각곡선을 고려한 체계적인 학습 전략은 코칭대화 훈련의 효과성을 극대화하고, 코칭역량의 지속적인 발전을 촉진한다. 특히 KPC에서 KSC로 발전하는 과정에서 단순한 지식 습득을 넘어 심층적 이해와 창의적 적용이 요구되므로, 효과적인 학습 전략의 중요성이 더욱 강조된다.

6 코칭대화 시스템 기반 훈련의 시사점

코칭대화 훈련의 원칙을 탐색하면서, 효과적인 코칭역량 개발을 위한 중요한 시사점을 도출할 수 있다. 이러한 시사점들은 특히 KPC에서 KSC로의 성장 과정에서 핵심적인 의미를 지닌다.

6.1 시스템적 접근의 중요성

코칭대화를 하나의 유기적 시스템으로 이해하는 것은 코칭역량 개발의 근간이다. 이는 다음과 같은 시사점을 포함한다.

가. 개별 기술 습득을 넘어선 통합적 발전:

코칭기술은 개별적으로 학습되지만, 실제 코칭에서는 코치-고객 상호작용 속에서 통합적으로 작동해야 한다. 코칭역량 개발은 개별 기술의 단순한 축적을 넘어서, 이들 기술이 유기적으로 연결된 하나의 시스템으로 상호작용 속에서 작동하도록 내재화하는 과정이다.

나. 맥락 기반 접근:

효과적인 코칭은 고객 상황에 맞게 맥락적으로 조정되고 접근되어야 한다. 동일한 코칭기술이라도 상황과 맥락, 그리고 상호작용 흐름에 따라 전혀 다르게 적용되므로, 코치는 상황 감수성과 맥락적 적용 역량을 갖추는 것이 중요하다.

다. 상호작용 패턴의 이해:

코칭은 코치와 고객 간의 복합적인 상호작용으로 이루어진다. 이러한 상호작용의 패턴을 인식하고 효과적으로 조율하는 능력은 고급 코칭에서 핵심적인 요소이다.

6.2 변화와 성장 과정의 단계적 특성

코칭역량은 일정한 단계를 거쳐 점진적으로 변화와 성장한다는 점을 이해하는 것이 중요하다.

가. 의식적 무능력에서 무의식적 능력으로:

역량은 '모르고 못하는 단계'에서 '알고도 못하는 단계', '알고 할 수 있는 단계'를 거쳐 '무의식적으로 자연스럽게 할 수 있는 단계'로 발전한다. 이 과정에서 불편함과 좌절을 경험하는 것은 필연적이며, 이는 변화와 성장 과정의 일부이다.

나. 구조에서 유연함으로:

초기에는 명확한 구조와 모델을 따르는 것이 중요하다. 그러나 숙련도가 높아질수록, 구조를 내재화하고 상황에 맞게 유연하게 변형하여 적용하는 능력이 요구된다. 이는 규칙을 알아야 규칙을 넘어설 수 있다는 원리와 맞닿아 있다.

다. 기술 숙달에서 역동적 표현으로:

코칭은 기술적 숙달에서 시작되지만, 궁극적으로는 직관, 창의성, 즉흥성이 코치-고객 상호작용과 조화를 이루며 역동의 경지에 이른다. KSC 수준의 코칭은 기법 적용의 단순한 반복을 넘어, 코칭을 삶의 상호작용적 역동으로 구현하는 과정이다.

6.3 내재화와 통합의 중요성

지식과 기술을 단순히 습득하는 것을 넘어서, 이를 내재화하고 통합하는 것이 코칭역량의 진정한 발전이다.

가. 기술을 넘어 존재 중심으로:

고급 코칭에서는 '무엇을 하는가'보다 '어떻게 존재하는가'가 더 중요하다. 코치의 내적 상태, 현재에 온전히 머무는 태도(Presence), 그리고 의식 수준이 코칭의 질을 결정짓는다.

나. 도구와 사용자의 일체화:

최고로 숙련된 코치는 코칭 도구와 자신을 분리되지 않은 하나의 존재로 통합한다. 이는 기법과 언어가 코치의 자연스러운 표현으로 드러나는 경지이다.

다. 개인 철학과 전문성의 통합:

KSC 수준에서는 코칭 지식과 개인의 철학, 가치관이 유기적으로 통합되어야 한다. 이는 코칭이 단지 직업적 기술이 아닌, 코치의 삶의 방식이자 정체성의 표현으로 자리 잡는다는 의미이다.

6.4 지속적 학습과 성장의 순환

코칭역량 개발은 종착지가 없는 지속적인 학습과 성장의 순환적 여정이다.

가. 학습-실행-성찰의 순환:

코칭역량은 이론적 학습, 실제 적용, 반성적 성찰의 순환 과정을 통해 강화된다. 이러한 순환은 단기 성과를 넘어서 지속 가능한 성장의 기반이 된다.

나. 자기 주도적 학습:

KPC에서 KSC로 발전하기 위해서는 외부 지도 중심의 학습에서 벗어나, 자기 주도적으로 학습 목표를 설정하고 실천해 나가는 셀프리더십이 필요하다. 자신의 학습 필요와 방향을 스스로 인식하고 탐색하는 능력을 발전시켜야 한다.

다. 학습 공동체의 중요성:

개별 학습과 함께, 동료 코치들과의 협력적 학습도 매우 중요하다. 동료 피드백, 수퍼비전, 코칭 네트워크 활동은 다양한 관점과 동기를 제공하며, 코치 자신의 성장을 가속화한다.

코칭대화 훈련의 기본 원칙과 구조를 체계적으로 이해하고, 이를 기반으로 실천과 성찰을 병행하는 과정은 단순한 자격 취득을 넘어 진정한 코칭 마스터리로 가는 여정이다. 이 여정은 지식과 기술의 습득을 넘어 존재의 성숙을 목표로 하며, 코치 자신뿐 아니라 고객의 삶에도 깊은 변화를 이끌어 낸다.

PART I

KCA 코칭역량의 체계적 이해와 적용

◆ 제1장　KCA 8가지 코칭역량 이해

◆ 제2장　KCA 코칭역량의 실전 적용

◆ 제3장　코칭대화 모델링과 자격별 적용

제1장 KCA 8가지 코칭역량 이해

핵심 POINT

- ▶ KCA 코칭역량 모델과 체계는 어떻게 구성되어 있는가?
- ▶ 코치다운이 특징은 무엇이며 어떤 역량들로 구성되어 있는가?
- ▶ 코칭다움의 특징은 무엇이며 어떤 역량들로 구성되어 있는가?
- ▶ KCA 코칭역량을 어떻게 하면 효율적으로 운용할 수 있는가?

1 KCA 코칭역량 모델 개요

KCA(한국코치협회)의 코칭역량 모델은 효과적인 코칭 수행을 위한 체계적인 역량 구조를 제시한다. 이 모델은 코칭 전문성의 핵심요소들을 구조화하여 코치의 역량 개발과 평가를 위한 명확한 프레임워크를 제공한다.

1.1 코칭역량 모델의 기본 구조

KCA 코칭역량 모델은 코치다움과 코칭다움이라는 두 가지 역량군으로 구성된다. 각 역량군은 4개의 역량으로 이루어져 있으며, 총 8가지 역량이 코칭의 전문성을 정의한다.

가. 코치다움 역량군

- ◆ 윤리실천
- ◆ 자기인식
- ◆ 자기관리
- ◆ 전문계발

나. 코칭다움 역량군

- ◆ 관계구축
- ◆ 적극경청
- ◆ 의식확장
- ◆ 성장지원

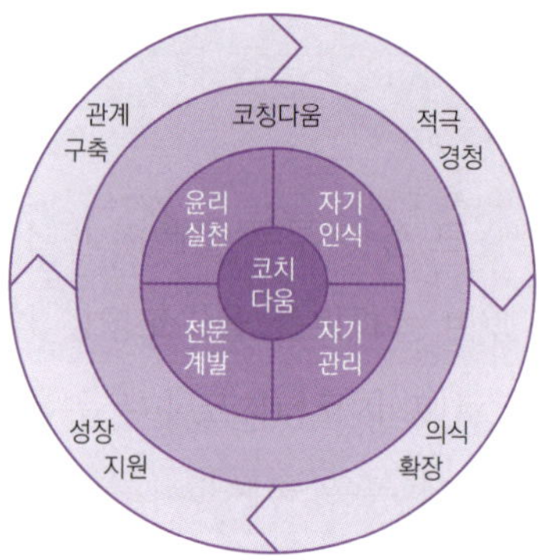

• 그림 7 • KCA 코칭역량 체계도

이러한 이원적 구조는 코치의 내적 자질(코치다움)과 코칭 과정에서 발휘되는 외적 행동(코칭다움)을 균형 있게 발전시킬 필요성을 강조한다. 코치다움은 코칭다움의 토대 역할을 하며, 코칭다움의 효과적인 발현을 위한 전제 조건이 된다.

1.2 코칭역량 모델의 위계 구조

KCA 코칭역량 모델은 다음과 같은 위계적 구조로 조직된다.

- 역량군(Competency Cluster): 코치다움과 코칭다움
- 역량(Competency): 8가지 역량
- 핵심요소(Core Elements): 총 35개(코치다움 15개, 코칭다움 20개)
- 행동지표(Behavioral Indicators): 총 45개(코치다움 20개, 코칭다움 25개)

이러한 위계 구조는 추상적인 역량 개념을 구체적인 행동 수준까지 연결시켜 주며, 코칭 실무에서 실제로 역량이 어떻게 드러나는지를 명확하게 보여 준다. 핵심요소와 행동지표는 코치 훈련과 자격 인증의 실질적인 기준이 된다.

1.3 코칭역량 모델의 통합적 특성

KCA 코칭역량 모델은 다음과 같은 통합적 특성을 가진다.

- 존재와 행동의 통합: 코치의 코치다움(Being)과 코칭다움(Doing)을 유기적으로 결합한다.
- 윤리와 기술의 통합: 코칭의 윤리적 기반과 실무 기술을 균형 있게 포함한다.
- 자기 발전과 고객 지원의 통합: 코치의 자기 성장과 고객의 성장지원이 상호작용한다.
- 구조와 과정의 통합: 코칭의 구조적 틀과 과정적 유연성을 아우른다.

이러한 통합적 접근은 코칭을 단순한 기술의 적용을 넘어, 코치의 전인적 역량이 발현되는 복합적이고 유기적인 과정으로 이해하도록 돕는다.

2 KCA 코칭역량 체계

KCA 코칭역량 체계는 8가지 역량을 통해 코칭 전문성을 체계적으로 구조화한다. 각 역량은 여러 핵심요소와 행동지표로 구성되어 있으며, 이를 통해 코칭역량의 구체적인 발현 방식을 정의한다.

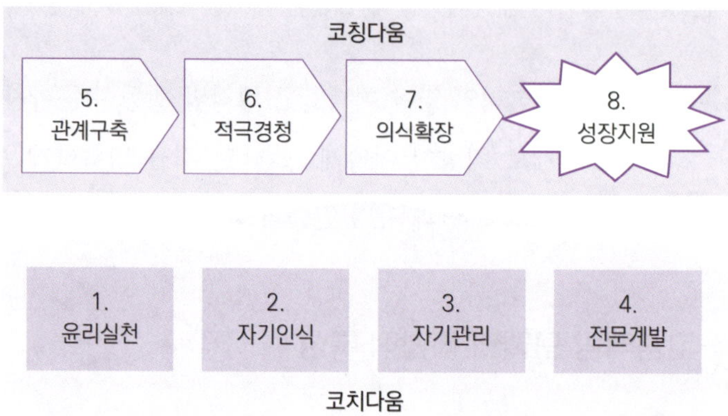

• 그림 8 • KCA 코칭역량 체계도

2.1 코치다움 역량군 구성 요소

코치다움 역량군은 코치의 존재(Being)와 태도(Attitude)에 관한 역량으로, 코치의 셀프리더십을 반영한다. 이 역량군이 충분하고 바람직하게 내재화되면 겉으로 드러나지 않으면서도 코칭다움의 발현을 긍정적으로 촉진한다. 반면에 내재화되지 않을 경우, 코칭다움에서 부정적인 영향을 미치게 되고, 그 결과 코칭다움이 바람직하지 않게 관찰되는 특징이 있다.

가. 윤리실천 역량

- ◆ 핵심요소: 기본 윤리, 코칭에 대한 윤리, 직무에 대한 윤리, 고객에 대한 윤리
- ◆ 행동지표: 윤리적 원칙을 일관되게 준수하고 실천하는 구체적 행동

나. 자기인식 역량

- 핵심요소: 상황 민감성 유지, 직관과 성찰, 자기평가, 존재감 인식
- 행동지표: 자신의 생각, 감정, 욕구에 대한 인식과 표현에 관련된 행동

다. 자기관리 역량

- 핵심요소: 신체적·정신적·정서적 안정, 개방적·긍정적·중립적 태도, 언행일치
- 행동지표: 코칭 상황에서 자기 상태를 효과적으로 관리하는 행동

라. 전문계발 역량

- 핵심요소: 코칭합의, 과정관리, 성과관리, 전문역량 계발
- 행동지표: 코칭 전문성을 지속적으로 계발하고 실천하는 행동

코치다움 역량군은 총 15개의 핵심요소와 20개의 행동지표로 구성되어 있다. 이는 코치의 내적 성숙도와 전문적 태도를 체계적으로 규정한다.

표 1 코치다움 역량군

역량군	역량	정의	핵심요소	행동지표
코치다움	1. 윤리 실천	(사)한국코치협회에서 규정한 기본 윤리, 코칭에 대한 윤리, 직무에 대한 윤리, 고객에 대한 윤리를 준수하고 실천한다.	1. 기본 윤리	1. 코치는 기본 윤리를 준수하고 실천한다.
			2. 코칭에 대한 윤리	2. 코치는 코칭에 대한 윤리를 준수하고 실천한다.
			3. 직무에 대한 윤리	3. 코치는 직무에 대한 윤리를 준수하고 실천한다.
			4. 고객에 대한 윤리	4. 코치는 고객에 대한 윤리를 준수하고 실천한다.
	2. 자기 인식	현재 상황에 대한 민감성을 유지하고 직관 및 성찰과 자기평가를 통해 코치 자신의 존재감을 인식한다.	1. 상황 민감성 유지	1. 지금 여기의 생각, 감정, 욕구에 집중한다. 2. 생각, 감정, 욕구가 발생하는 배경과 이유를 감각적으로 알아차린다.
			2. 직관과 성찰	3. 직관 및 성찰을 통해 자신의 생각, 감정, 욕구가 미치는 영향을 인식한다.
			3. 자기평가	4. 자신의 특성, 강약점, 가정과 전제, 관점을 평가하고 수용한다.
			4. 존재감 인식	5. 자신의 존재를 인식하고 신뢰한다.

역량군	역량	정의	핵심요소	행동지표
코치 다움	3. 자기 관리	신체적, 정신적, 정서적 안정 및 개방적, 긍정적, 중립적 태도를 유지하며 언행을 일치한다.	1. 신체적, 정신적, 정서적 안정	1. 코치는 코칭을 시작하기 전에 신체적, 정신적, 정서적 안정을 유지한다. 2. 코치는 다양한 코칭 상황에서 침착하게 대처한다.
			2. 개방적,긍정적, 중립적 태도	3 코치는 솔직하고 개방적인 태도를 유지한다. 4. 코치는 긍정적인 태도를 유지한다. 5. 코치는 고객의 기준과 패턴에 대한 판단을 유보하고 중립적인 태도를 유지한다.
			3. 언행일치	6. 코치는 말과 행동을 일치시킨다.
	4. 전문 계발	코칭합의와 과정관리 및 성과관리를 하고, 코칭에 필요한 관련 지식,기술, 태도 등의 전문역량을 계발한다.	1. 코칭합의	1. 고객에게 코칭을 제안하고 협의한다. 2. 고객과 코칭계약을하고, 코칭동의와코칭목표를합의한다.
			2. 과정관리	3. 코칭 과정 전체를 관리하고 이해관계자를 포함한 고객과 소통한다.
			3. 성과관리	4. 고객과 합의한 코칭 주제와 목표에 대한 성과를 관리한다.
			4. 전문역량 계발	5. 코칭에 필요한 관련 지식, 기술, 태도 등의 전문역량을 계발한다.
합계			15개 핵심요소	20개 행동지표

2.2 코칭다움 역량군 구성 요소

코칭다움 역량군은 실제 코칭 장면에서 고객과의 상호작용(Doing)을 통해 발현되는 실천적 코칭리더십 역량이다. 이 역량군은 관계구축 → 적극경청 → 의식확장 → 성장지원으로 이어지는 일련의 흐름 속에서 순차적으로 작용하며, 실제 행동으로 관찰 가능한 특성을 지닌다.

가. 관계구축 역량

- 핵심요소: 수평적 파트너십, 신뢰감과 안전감, 존재인정, 진솔함, 호기심
- 행동지표: 신뢰 기반의 효과적인 코칭 관계를 형성하는 행동

나. 적극경청 역량

- ◆ 핵심요소: 맥락적 이해, 반영, 공감, 고객의 표현지원
- ◆ 행동지표: 고객의 언어적·비언어적 메시지를 정확하게 듣고 공감하는 구체적인 행동

다. 의식확장 역량

- ◆ 핵심요소: 질문, 기법과 도구 활용, 의미확장과 구체화, 통찰, 관점전환과 재구성, 가능성 확대
- ◆ 행동지표: 고객의 인식과 관점을 확장시키는 데 기여하는 구체적인 행동

라. 성장지원 역량

- ◆ 핵심요소: 정체성과의 통합 지원, 자율성과 책임 고취, 행동전환 지원, 피드백, 변화와 성장 축하
- ◆ 행동지표: 고객의 통찰을 행동 실행으로 연결하여 변화와 성장을 지원하는 행동

코칭다움 역량군은 총 20개의 핵심요소와 25개의 행동지표로 구성되며, 코칭 효과성의 실질적 기반을 제공한다.

표 2 코칭다움 역량군

역량군	역량	정의	핵심요소	행동지표
코칭 다움	5. 관계 구축	고객과 수평적 파트너십을 기반으로 신뢰감과 안전감을 형성하며 고객의 존재를 인정하고 진솔함과 호기심을 유지한다.	1. 수평적 파트너십	1. 코치는 고객을 수평적인 관계로서 인정하며 대한다.
			2. 신뢰감과 안전감	2. 고객과 라포를 형성하여 안전한 코칭 환경을 유지한다. 3. 고객에게 긍정반응, 인정, 칭찬, 지지, 격려 등의 언어를 사용한다.
			3. 존재인정	4. 고객의 특성, 정체성, 스타일, 언어와 행동패턴을 알아주고 코칭에 적용한다.

역량군	역량	정의	핵심요소	행동지표
코칭 다움			4. 진솔함	5. 코치는 고객에게 자신의 생각, 느낌, 감정, 알지 못함, 취약성 등을 진솔하게 드러낸다.
			5. 호기심	6. 코치는 고객의 주제와 존재에 대해서 관심과 호기심을 유지한다.
	6. 적극 경청	고객이 말한 것과 말하지 않은 것을 맥락적으로 이해하고 반영 및 공감하며, 고객 스스로 자신의 생각, 감정, 욕구, 의도를 표현하도록 돕는다.	1. 맥락적 이해	1. 고객이 말한 것과 말하지 않은 것을 맥락적으로 헤아려 듣고 표현한다.
			2. 반영	2. 눈 맞추기, 고객 끄덕이기, 동작 따라하기, 어조 높낮이와 속도 맞추기, 추임새 등을 하면서 경청한다. 3. 고객의 말을 재진술, 요약하거나 직면하도록 돕는다.
			3. 공감	4. 고객의 생각이나 감정을 이해하며, 이해한 것을 고객에게 표현한다. 5. 고객의 의도나 욕구를 이해하며, 이해한 것을 고객에게 표현한다.
			4. 고객의 표현 지원	6. 고객이 자신의 생각, 감정, 의도, 욕구를 표현하도록 돕는다.
	7. 의식 확장	질문, 기법 및 도구를 활용하여 고객의 의미확장과 구체화, 통찰, 관점전환과 재구성, 가능성 확대를 돕는다.	1. 질문	1. 긍정적, 중립적 언어로 개방적 질문을 한다.
			2. 기법과 도구 활용	2. 고객의 상황과 특성에 따라 침묵, 은유, 비유 등 다양한 기법과 도구를 활용한다
			3. 의미확장과 구체화	3. 고객의 말에서 의미를 확장하도록 돕는다. 4. 고객의 말을 구체화하거나 명료화 하도록 돕는다.
			4. 통찰	5. 고객이 알아차림이나 통찰을 하도록 돕는다.
			5. 관점전환과 재구성	6. 고객이 관점을 전환하거나 재구성하도록 돕는다.
			6. 가능성 확대	7. 고객의 상황, 경험, 사고, 가치, 욕구, 신념, 정체성 등의 탐색을 통해 가능성 확대를 돕는다.

역량군	역량	정의	핵심요소	행동지표
	8. 성장 지원	고객의 학습과 통찰을 정체성과 통합하고 자율성과 책임을 고취한다. 고객의 행동전환을 지원하고, 실행 결과를 피드백하며 변화와 성장을 축하한다.	1. 정체성과의 통합 지원	1. 고객의 학습과 통찰을 자신의 가치관 및 정체성과 통합하도록 지원한다.
			2. 자율성과 책임 고취	2. 고객이 행동설계 및 실행을 자율적이고 주도적으로 하도록 고취한다.
			3. 행동전환 지원	3. 고객이 실행계획을 실천할 수 있는 후원환경을 만들도록 지원한다. 4. 고객이 행동전환을 지속하도록 지지하고 격려한다.
			4. 피드백	5. 고객이 실행한 결과를 성찰하도록 돕고, 차기 실행에 반영하도록 지원한다.
			5. 변화와 성장 축하	6. 고객의 변화와 성장을 축하한다.
합계			20개 핵심요소	25개 행동지표
총 합계			35개 핵심요소	45개 행동지표

2.3 역량 간의 상호 연결성

KCA 8가지 코칭역량은 독립적으로 존재하는 것을 넘어서 다음과 같이 유기적으로 연결되어 작동한다.

가. 수직적 연결성:

코치다움은 코칭다움의 효과적인 발현을 위한 기반이다.

- 윤리실천, 자기인식, 자기관리, 전문계발 등 코치다움이 바람직하게 내재화되어야, 관계구축, 적극경청, 의식확장, 성장지원 등 코칭다움이 효과적으로 발현될 수 있다.

나. 수평적 연결성:

동일 역량군 내의 역량들은 상호 보완하고 강화하는 관계에 있다.

- 윤리실천, 자기인식, 자기관리, 전문계발은 상호 보완적으로 작용하면서 코치다움을 더욱 성숙하게 한다.

다. 순환적 연결성:

코칭 과정에서 여러 역량이 교차·순환하며 작용하여 시너지를 창출한다.

- ◆ 관계구축을 통해 신뢰와 안전감이 형성되면, 적극경청을 통해 의식확장이 이루어지고, 이는 다시 성장지원으로 자연스럽게 이어진다.

이러한 상호 연결성은 코칭이 개별 역량의 단순한 집합을 넘어선, 통합적이고 유기적인 과정임을 보여 준다. 효과적인 코칭을 위해서는 8가지 역량이 균형 있게 발전하고 유기적으로 통합되어야 한다.

3 KCA 코칭역량 운용 체계

KCA 코칭역량은 단순한 개념적 틀에 머무르는 것을 넘어서, 실제 코칭 실무와 평가에 활용될 수 있도록 체계적인 운용 구조를 갖추어야 한다. 이러한 운용 체계는 코칭역량을 실질적으로 구현하고 평가할 수 있는 구체적인 지침을 제공한다.

3.1 코칭역량의 위계적 운용

KCA 코칭역량은 세 자리 번호 체계를 활용하여 위계적으로 운용하는 것이 효율적이다. 코칭역량 번호는 다음과 같은 형식으로 구성된다.

* **[C: 역량].[CE: 핵심요소].[BI: 행동지표]**

가. 첫 번째 자리: 역량(Competency)

- ◆ 각 역량은 고유 번호로 구분된다.
- ◆ 예: 2. → KCA 코칭역량의 두 번째 역량인 **[자기인식]**을 의미한다.

나. 두 번째 자리: 핵심요소(Core Element)

- ◆ 각 역량에 포함된 핵심요소는 일련번호로 구분된다.

◆ 예: 2.1. → **[자기인식]** 내 첫 번째 핵심요소인 **[상황 민감성 유지]**를 의미한다.

다. 세 번째 자리: 행동지표(Behavioral Indicator)

◆ 각 핵심요소는 구체적인 행동지표로 세분화되며, 행동지표는 해당 역량 내에서 일련번호로 구분된다.

◆ 예: 2.1.2. → **[자기인식]** 역량의 첫 번째 핵심요소인 **[상황 민감성 유지]**를 세분화한 두 번째 행동지표인 **[알아차리기]**를 의미한다.

이러한 세 자리 번호 체계는 코칭역량, 핵심요소, 행동지표 간의 위계적 구조를 명확히 하며, 각 요소의 상호 관계와 위치를 체계적으로 파악할 수 있도록 돕는다.

표 3 KCA 코칭역량 번호 체계

역량군	역량	핵심요소	행동지표	비고
코치 다움	1. 윤리 실천	1. 기본 윤리	1. 기본 윤리	핵심요소 번호와 행동지표 번호는 개별 역량 단위별로 일련 번호로 부여한다
		2. 코칭에 대한 윤리	2. 코칭에 대한 윤리	
		3. 직무에 대한 윤리	3. 직무에 대한 윤리	
		4. 고객에 대한 윤리	4. 고객에 대한 윤리	
	2. 자기 인식	1. 상황 민감성 유지	1. 집중 2. 알아차리기	
		2. 직관과 성찰	3. 직관과 성찰	
		3. 자기평가	4. 자기평가	
		4. 존재감 인식	5. 존재감 인식	
	3. 자기 관리	1. 신체적, 정신적, 정서적 안정	1. 유지 2. 침착	
		2. 개방적, 긍정적, 중립적 태도	3. 개방적 태도 4. 긍정적 태도 5. 중립적 태도	
		3. 언행일치	6. 언행일치	

역량군	역량	핵심요소	행동지표	비고
코치 다움	4. 전문 계발	1. 코칭합의	1. 코칭 제안과 협의 2. 코칭계약, 코칭동의, 주제 합의, 코칭목표 합의	
		2. 과정관리	3. 코칭 과정관리	
		3. 성과관리	4. 코칭 성과관리	
		4. 전문역량 계발	5. 전문역량 계발	
	5. 관계 구축	1. 수평적 파트너십	1. 수평적 관계 인정	
		2. 신뢰감과 안전감	2. 라포 형성 3. 긍정반응, 인정/칭찬, 지지/격려	
		3. 존재인정	4. 존재인정	
		4. 진솔함	5. 진솔함	
		5. 호기심	6. 호기심	
	6. 적극 경청	1. 맥락적 이해	1. 맥락적 이해	
		2. 반영	2. 외적 경청 3. 재진술, 요약, 직면	
		3. 공감	4. 생각/감정 공감 5. 의도/욕구 공감	
		4. 고객의 표현지원	6. 고객의 표현지원	
	7. 의식 확장	1. 질문	1. 긍정, 중립, 개방 질문	
		2. 기법과 도구 활용	2. 기법과 도구 활용	
		3. 의미확장과 구체화	3. 의미확장 4. 구체화, 명료화	
		4. 통찰	5. 알아차림/통찰	
		5. 관점전환과 재구성	6. 관점전환과 재구성	
		6. 가능성 확대	7. 가능성 확대	
	8. 성장 지원	1. 정체성과의 통합 지원	1. 정체성과 통합 지원	
		2. 자율성과 책임 고취	2. 자율성과 책임 고취	
		3. 행동전환 지원	3. 후원환경 4. 지지와 격려	
		4. 피드백	5. 피드백	
		5. 변화와 성장 축하	6. 변화와 성장 축하	

3.2 KCA 코칭역량 번호 체계의 유연성

KCA 코칭역량은 기본적으로 세 자리 번호 체계를 따르되, 코칭 상황과 맥락에 따라 두 자리 또는 세 자리 체계를 유연하게 운용할 수 있다.

가. 두 자리 체계로 충분한 역량

핵심요소 하위에 행동지표가 하나만 존재하고, 그 행동지표가 핵심요소를 설명하는 경우에는 두 자리 체계만으로도 충분하고 효율적이다.

- 윤리실천(1): 기본 윤리(1.1), 코칭에 대한 윤리(1.2), 직무에 대한 윤리(1.3), 고객에 대한 윤리(1.4)
- 자기인식(2): 직관과 성찰(2.2), 자기평가(2.3), 존재감 인식(2.4)
- 자기관리(3): 언행일치(3.3)
- 전문계발(4): 과정관리(4.2), 성과관리(4.3), 전문역량 계발(4.4)
- 관점전환(5): 수평적 파트너십(5.1), 존재인정(5.3), 진솔함(5.4), 호기심(5.5)
- 적극경청(6): 맥락적 이해(6.1), 고객의 표현지원(6.4)
- 의식확장(7): 질문(7.1), 기법과 도구 활용(7.2), 통찰(7.4), 관침전환과 재구싱(7.5), 가능싱 확대(7.6)
- 성장지원(8): 정체성과의 통합 지원(8.1), 자율성과 책임 고취(8.2), 피드백(8.4), 변화와 성장 축하(8.5)

나. 세 자리 체계가 필요한 역량

핵심요소 하위에 두 개 이상의 행동지표가 존재하고, 이들을 명확하게 구분하여 관리할 필요가 있는 경우에는 세 자리 체계를 사용하는 것이 적절하다.

- 자기인식(2): 상황민감성 유지_집중(2.1.1), 상황민감성 유지_알아차리기(2.1.2)
- 자기관리(3): 신체적·정신적·정서적 안정_유지(3.1.1), 신체적·정신적·정서적 안정_침착(3.1.2),

개방적·긍정적·중립적 태도_개방적(3.2.3),
개방적·긍정적·중립적 태도_긍정적(3.2.4),
개방적·긍정적·중립적 태도_중립적(3.2.5)

- ◆ 전문계발(4): 코칭합의_제안과 협의(4.1.1), 코칭합의_계약(4.1.2), 코칭합의_동의(4.1.2), 코칭합의_주제합의(4.1.2), 코칭합의_목표합의(4.1.2)
- ◆ 관점전환(5): 신뢰감과 안전감_라포(5.2.2), 신뢰감과 안전감_긍정반응(5.2.3), 신뢰감과 안전감_인정과 칭찬(5.2.3), 신뢰감과 안전감_지지와 격려(5.2.3)
- ◆ 적극경청(6): 반영_외적 경청(6.2.2), 반영_재진술(6.2.3), 반영_요약(6.2.3), 반영_직면(6.2.3), 공감_생각·감정(6.3.4), 공감_의도·욕구(6.3.5)
- ◆ 의식확장(7): 의미확장과 구체화_의미확장(7.3.3), 의미확장과 구체화_구체화(7.3.4)
- ◆ 성장지원(8): 행동전환 지원_후원환경(8.3.3), 행동전환 지원_지지와 격려(8.3.4)

이와 같은 유연한 운용 체계는 코칭 상황, 목적, 역량 평가의 정밀도 수준에 따라 적절하게 활용될 수 있으며, 코칭역량의 실질적인 적용 가능성을 높여 준다.

제2장 KCA 코칭역량의 실전 적용

1. 관찰 가능 핵심요소
2. KCA 실기 심사기준
3. 핵심요소의 코칭대화 전환

핵심 POINT

- ▶ KCA 코칭역량에서 관찰 가능한 핵심요소와 행동지표는 무엇인가?
- ▶ KCA의 실기 심사항목과 심사기준은 어떻게 되는가?
- ▶ 자격별 실기 심사항목과 심사기준은 어떻게 되는가?
- ▶ KCA 코칭역량을 실제 코칭기술로 어떻게 전환할 수 있는가?

1 관찰 가능 핵심요소

KCA 코칭역량에서 기술(Skill) 요소를 객관적이고 공정하게 평가하기 위한 바람직한 접근 방식은 관찰에 기반한 평가이다. 코칭 시연을 평가하는 상황에서 관찰 가능성이란, 제한된 시간 내에 평가자가 실제로 식별하고 평가할 수 있는 코칭역량요소가 무엇인지 사전에 명확히 인식하고 있는 것을 의미한다. 이는 단순한 이론적 구분을 넘어서, 실제 평가 상황에서 실용적이고 실행 가능한 기준이 적용되어야 함을 의미한다.

1.1 관찰 가능성의 기준

KCA 8가지 코칭역량에 대해 관찰 가능성을 검토할 때, 전화 기반의 코칭 시연 상황에 특화하여 분석하는 것이 바람직하다.

가. 일반적 관찰 기준

- ◆ 시연 가시성: 20~40분의 코칭 시연 동안 역량이 명확하게 드러나는 정도
- ◆ 행동적 표현: 언어적·비언어적 행동으로 확인 가능한 정도
- ◆ 평가 용이성: 객관적 평가 기준을 적용할 수 있는 정도
- ◆ 시간적 제약: 제한된 시연 시간 내에 역량이 발현될 가능성 정도

나. 청각 기반 관찰 기준

- ◆ 음성 정보 의존성: 어조, 속도, 억양, 잠깐 멈춤(Pause) 등 청각적 단서만을 통해 관찰 가능
- ◆ 시간적 흐름성: 정보가 순차적으로만 제공되며 시각적 재확인이 불가
- ◆ 맥락 단서 제한: 환경적 맥락이나 상호작용 방식은 제한적으로만 포착 가능

다. 직접 관찰 가능

- ◆ 평가자가 별도 해석 없이 청각적 증거로 직접 확인 가능

◆ 언어적 표현과 음성 패턴으로 명확히 식별 가능

◆ 예: 질문 유형, 공감 표현, 요약 기술 등

라. 부분 관찰 가능

◆ 언어적·음성적 표현을 통해 제한적으로 식별 가능

◆ 직접적 증거와 맥락적 추론의 조합이 필요한 경우

◆ 예: 음성 톤을 통한 정서적 역동이나 에너지 수준

마. 관찰 불가

◆ 청각적 정보만으로는 본질적으로 확인할 수 없는 역량요소

◆ 코치의 내적 과정이나 비언어적 단서에 의존하는 역량요소

◆ 예: 자기인식, 자기관리, 비언어적 요소 등

1.2 관찰 가능 핵심요소

KCA 8가지 코칭역량을 위의 기준에 따라 분석한 결과, 아래의 표와 같이 관찰이 가능한 핵심요소는 22개, 관찰이 불가능한 핵심요소는 13개로 확인되었다.

표 4 관찰 가능 핵심요소와 관찰 불가능 핵심요소

역량군	역량	관찰 가능 핵심요소	관찰 불가능 핵심요소	비고
코치 다움	1. 윤리 실천	4. 고객에 대한 윤리	1. 기본 윤리 2. 코칭에 대한 윤리 3. 직무에 대한 윤리	• 고객에 대한 비밀 보장 고지는 관찰 가능
	2. 자기 인식	-	1. 상황 민감성 유지 2. 직관과 성찰 3. 자기평가 4. 존재감 인식	• 자기인식의 모든 핵심요소는 관찰이 곤란함

역량군	역량	관찰 가능 핵심요소	관찰 불가능 핵심요소	비고
코치 다움	3. 자기 관리	-	1. 신체적, 정신적, 정서적 안정 2. 개방적, 긍정적, 중립적 태도 3. 언행일치	• 자기관리의 모든 핵심요소는 관찰이 곤란함
	4. 전문 계발	1. 코칭합의 2. 과정관리 3. 성과관리	4. 전문역량 계발	• 전문역량 계발은 관찰 불가능
	5. 관계 구축	1. 수평적 파트너십 2. 신뢰감과 안전감 3. 존재인정 5. 호기심	4. 진솔함	• 코치의 진솔함은 관찰이 곤란함
	6. 적극 경청	1. 맥락적 이해 2. 반영 3. 공감 4. 고객의 표현지원	-	• 적극경청의 모든 핵심요소는 관찰 가능
	7. 의식 확장	1. 질문 2. 기법과 도구 활용 3. 의미확장과 구체화 4. 통찰 5. 관점전환과 재구성 6. 가능성 확대	-	• 의식확장의 모든 핵심요소는 관찰 가능
	8. 성장 지원	1. 정체성과의 통합 지원 2. 자율성과 책임 고취 3. 행동전환 지원 5. 변화와 성장 축하	4. 피드백	• 실기시험에서의 코칭 시연은 1회이므로 피드백 관찰은 불가능
합계		22개 핵심요소	13개 핵심요소	

2 KCA 실기 심사기준

제한된 시간 내에 평가자가 실제로 식별하고 평가할 수 있는 코칭역량요소가 무엇인지 사전에 명확히 인식하는 것은 매우 중요하다. 이를 위해 단순한 이론적 구분을 넘어서, 실제 평가 상황에서 실용적이고 실행 가능한 기준이 적용되어야 하며, 체계적으로 구조화된 심사기준과 KCA 자격 수준별로 차별화된 평가 모델을 통합적으로 검토하고 적용해야 한다.

2.1 KCA 코칭역량 평가기준의 체계적 구조화

KCA는 관찰 가능한 22개의 핵심요소를 25개의 심사항목으로 세분화하고, 이를 다시 30개의 세부 실기 심사기준으로 구조화하였다. 이러한 체계는 실기 평가의 객관성과 신뢰성을 높이고, 코칭역량의 구체적 발현을 효과적으로 측정할 수 있도록 한다.

표 5 KCA 실기 심사기준

역량		관찰 가능 핵심요소
코치 다움	1. 윤리 실천	4. 고객에 대한 윤리
	4. 전문 계발	1. 코칭합의 2. 과정관리 3. 성과관리

심사항목		실기 심사기준
코칭 세션 운영	1. 윤리규정 및 태도	• 비밀유지규정을 고지하였다.
		• 시연 시간에 맞추어 입장하였다.
	4.1.2. 코칭세션 동의	• 고객에게 코칭시작동의를 얻었다.
		• 고객에게 코칭종료동의를 얻었다.
	4.2. 코칭세션 시간 운영	• 코칭세션을주어진 시간 안에 마무리하였다.
	4.2. 전체 세션 운영의 유연성	• 전체 코칭세션을 자신감을 가지고 자연스럽게 운영하였다.
4. 전문 계발	4.1.2. 코칭합의	• 코칭 주제와 목표를 명료화하고 합의하였다.
	4.3. 성과관리	• 코칭세션을 마무리하면서 코칭 성과를 확인하였다.

역량		관찰 가능 핵심요소
코칭 다움	5. 관계 구축	1. 수평적 파트너십 2. 신뢰감과 안전감 3. 존재인정 5. 호기심
	6. 적극 경청	1. 맥락적 이해 2. 반영 3. 공감 4. 고객의 표현지원
	7. 의식 확장	1. 질문 2. 기법과 도구 활용

심사항목		실기 심사기준
5. 관계 구축	5.1. 수평적 파트너십	• 고객을 수평적인 관계로서 존재를 인정하며 대하였다.
	5.2.2. 라포 형성	• 고객과 라포를 형성하며 편안한 코칭 환경을 유지하였다.
	5.2.2. 신뢰감과 안전감	• 고객에게 긍정반응, 인정, 칭찬, 지지, 격려, 신뢰 등의 언어를 사용하였다.
	5.3. 존재인정	• 고객의 특성, 정체성, 스타일, 언어 패턴을 알아주고 적용하였다.
	5.5. 호기심	• 고객의 주제와 존재에 대해서 관심과 호기심을 보였다.
6. 적극 경청	6.1. 맥락적 이해	• 고객이 말한 것과 말하지 않은 것을 맥락적으로 헤아려 듣고 표현하였다.
	6.2. 반영	• 어조 높낮이, 속도 맞추기, 추임새 또는 맞장구 등을 하면서 경청하고, 고객의 이야기를 재진술, 요약하거나 직면하도록 도왔으며, 침묵(Space)을 활용하면서 경청하였다.
	6.3. 공감	• 고객의 생각이나 감정을 이해하며, 이해한 것을 고객에게 표현하였다.
	6.4. 고객의 표현지원	• 고객이 자신의 생각, 감정을 표현하도록 도왔다.
7. 의식 확장	7.1. 질문	• 긍정적, 중립적 언어로 개방적 질문을 하였다.
	7.2. 기법 활용	• 고객의 상황과 특성에 따라 침묵(완급조절), 은유, 비유 등 다양한 기법을 활용하였다.

역량		관찰 가능 핵심요소
코칭 다움		3. 의미확장과 구체화 4. 통찰 5. 관점전환과 재구성 6. 가능성 확대
	8. 성장 지원	1. 정체성과의 통합 지원 2. 자율성과 책임 고취 3. 행동전환 지원 5. 변화와 성장 축하
6개 역량		22개 핵심요소

심사항목		실기 심사기준
	7.3. 의미확장과 구체화	• 고객의 말에서 의미를 확장하거나 고객의 말을 구체화 또는 명료화 하도록 도왔다.
	7.4. 통찰	• 고객이 알아차림이나 통찰을 하도록 도왔다.
	7.5. 관점전환과 재구성	• 고객이 관점을 전환하거나 재구성하도록 도왔다.
	7.6. 가능성 확대	• 고객의 상황, 경험, 사고, 가치, 욕구, 신념, 정체성 등의 탐색을 통해 가능성 확대를 도왔다.
8. 성장 지원	8.1. 정체성과의 통합 지원	• 고객의 학습과 통찰을 자신의 가치관 및 정체성과 통합하도록 지원하였다.
	8.2. 자율성과 책임 고취	• 고객이 행동설계 및 실행계획을 세우도록 도왔다.
	8.3. 행동전환 지원	• 고객이 실행계획을 실천하도록 점검 또는 후원환경을 만들었다.
	8.5. 변화와 성장 축하	• 고객의 변화와 성장을 축하하였다.
총평		• 심사의 각 항목에서 포착하지 못한 부분과 전체 실기시험의 종합적인 측면(전체적인 느낌과 분위기)과 고객 역할에 대한 수행 등을 반영하였다.
		• 코칭윤리, 태도, 코칭 시간 엄수, 응시환경 조성을 하였다.
		• 코치로서의 특성/장점이 드러났다.
25개 심사항목		30개 세부 실기 심사기준

2.2 KCA 자격별 심사기준

KCA는 코치 자격 수준에 따라 실기 심사기준을 차등적으로 적용한다.

- ◆ KAC(기초 수준)는 기본적인 코칭기술과 구조화된 대화 모델의 적용 능력을 중점적으로 평가한다.
- ◆ KPC(전문 수준)는 다양한 전문 기법의 적절한 활용 능력과 반구조화의 유연한 대화 흐름을 중심으로 평가한다.
- ◆ KSC(고급 수준)는 창의적이고 통합적인 코칭 접근과 정교한 반구조화 대화 능력을 핵심 평가 기준으로 삼는다.

이러한 자격별 차등화는 코치의 단계적 성장 경로를 명확히 제시하며, 역량 기반의 코칭 전문성 개발을 위한 실질적인 기준을 제시한다.

표 6 KCA 자격별 실기 심사기준

<table>
<tr><th colspan="2">심사항목</th><th rowspan="2">실기 심사기준</th><th colspan="3">코치 자격</th></tr>
<tr><th>구분</th><th>KCA 코칭역량</th><th>KAC</th><th>KPC</th><th>KSC</th></tr>
<tr><td rowspan="6">코칭 세션 운영</td><td rowspan="2">1.4. 윤리규정 및 태도</td><td>• 비밀유지규정을 고지하였다.</td><td rowspan="2">●</td><td rowspan="2">●</td><td rowspan="6">총평</td></tr>
<tr><td>• 시연 시간에 맞추어 입장하였다.</td></tr>
<tr><td rowspan="2">4.1.2. 코칭세션 동의</td><td>• 고객에게 코칭시작동의를 얻었다.</td><td rowspan="2">●</td><td rowspan="2">●</td></tr>
<tr><td>• 고객에게 코칭종료동의를 얻었다.</td></tr>
<tr><td>4.2. 코칭세션 시간 운영</td><td>• 코칭세션을 주어진 시간 안에 마무리하였다.</td><td>●</td><td>●</td></tr>
<tr><td>4.2. 전체 세션 운영의 유연성</td><td>• 전체 코칭세션을 자신감을 가지고 자연스럽게 운영하였다.</td><td>●</td><td>●</td></tr>
<tr><td rowspan="2">전문 계발</td><td>4.1.2. 코칭합의</td><td>• 코칭 주제와 목표를 명료화하고 합의하였다.</td><td>●</td><td>●</td><td>●</td></tr>
<tr><td>4.3. 성과관리</td><td>• 코칭세션을 마무리하면서 코칭 성과를 확인하였다.</td><td>●</td><td>●</td><td>●</td></tr>
<tr><td>관계 구축</td><td>5.1. 수평적 파트너십</td><td>• 고객을 수평적인 관계로서 존재를 인정하며 대하였다.</td><td>●</td><td>●</td><td>●</td></tr>
</table>

심사항목		실기 심사기준	코치 자격		
구분	KCA 코칭역량		KAC	KPC	KSC
	5.2.2. 라포 형성	• 고객과 라포를 형성하며 편안한 코칭 환경을 유지하였다.	●	총평	총평
	5.2.3. 신뢰감과 안전감	• 고객에게 긍정반응, 인정, 칭찬, 지지, 격려, 신뢰 등의 언어를 사용하였다.	●	●	●
	5.3. 존재인정	• 고객의 특성, 정체성, 스타일, 언어 패턴을 알아주ㄱ 적용하였다	-	-	●
	5.5. 호기심	• 고객의 주제와 존재에 대해서 관심과 호기심을 보였다.	-	●	●
적극 경청	6.1. 맥락적 이해	• 고객이 말한 것과 말하지 않은 것을 맥락적으로 헤아려 듣고 표현하였다.	-	-	●
	6.2. 반영	• 어조 높낮이, 속도 맞추기, 추임새 또는 맞장구 등을 하면서 경청하고, 고객의 이야기를 재진술, 요약하거나 직면하도록 도왔으며, 침묵(Space)을 활용하면서 경청하였다.	●	●	●
	6.3. 공감	• 고객의 생각이나 감정을 이해하며, 이해한 것을 고객에게 표현하였다.	●	●	●
	6.4. 고객의 표현지원	• 고객이 자신의 생각, 감정을 표현하도록 도왔다.	●	●	●
의식 확장	7.1. 질문	• 긍정적, 중립적 언어로 개방적 질문을 하였다.	●	●	●
	7.2. 기법 활용	• 고객의 상황과 특성에 따라 침묵(완급조절), 은유, 비유 등 다양한 기법을 활용하였다.	●	●	●
	7.3. 의미확장과 구체화	• 고객의 말에서 의미를 확장하거나 고객의 말을 구체화 또는 명료화 하도록 도왔다.	●	●	●
	7.4. 통찰	• 고객이 알아차림이나 통찰을 하도록 도왔다.	●	●	●
	7.5. 관점전환과 재구성	• 고객이 관점을 전환하거나 재구성하도록 도왔다.	-	●	●
	7.6. 가능성 확대	• 고객의 상황, 경험, 사고, 가치, 욕구, 신념, 정체성 등의 탐색을 통해 가능성 확대를 도왔다.	-	-	●

심사항목		실기 심사기준	코치 자격		
구분	KCA 코칭역량		KAC	KPC	KSC
성장 지원	8.1. 정체성과의 통합 지원	• 고객의 학습과 통찰을 자신의 가치관 및 정체성과 통합하도록 지원하였다.	-	●	●
	8.2. 자율성과 책임 고취	• 고객이 행동설계 및 실행계획을 세우도록 도왔다.	●	●	●
	8.3. 행동전환 지원	• 고객이 실행계획을 실천하도록 점검 또는 후원환경을 만들었다.	●	●	●
	8.5. 변화와 성장 축하	• 고객의 변화와 성장을 축하하였다.	●	총평	총평
총평		• 심사의 각 항목에서 포착하지 못한 부분과 전체 실기시험의 종합적인 측면(전체적인 느낌과 분위기)과 고객 역할에 대한 수행 등을 반영하였다.	●	●	-
		• 코칭윤리, 태도, 코칭 시간 엄수, 응시환경 조성을 하였다. • 코치로서의 특성/장점이 드러났다.	-		●
25개 심사항목		30개 실기 심사기준	20	21	20

3 핵심요소의 코칭대화 전환

KCA 코칭역량의 핵심요소와 행동지표를 실제 코칭대화로 전환하여 구현하기 위해서는, 이론적 역량 체계를 실무 중심의 코칭 활동과 연결하는 체계적인 방법론에 대한 이해가 필수적이다. 이 전환 방법론은 KCA 코칭역량의 추상적인 개념을 구체적인 언어적·비언어적 코칭 행동으로 변환함으로써, 관찰 가능하고 평가 가능한 형태로 조직화하는 데 목적이 있다.

3.1 변환 계층화 체계와 평가 가능성 구조

가. 변환 계층화 체계

◆ 역량(Competency) → 핵심요소(Core Element) → 행동지표(Behavioral

Indicator) → 코칭대화 실현(Coaching Dialogue Implementation)

◆ 각 단계는 추상화 수준이 감소하고 구체성이 증가하는 방향으로 전개된다.

나. 평가 가능성 구조

◆ 실기 심사항목: 관찰 가능한 핵심요소와 행동지표에서 도출

◆ 실기 심사기준: 각 항목의 질적 수준을 판단하는 구체적 평가 지표

◆ 코칭대화 전환 예시: 실제 코칭 상황에서 활용 가능한 구체적인 코칭 질문 사례

3.2 역량별 실제 코칭대화 전환 예시

각 역량은 코칭대화에서 다음과 같은 구체적인 언어 패턴으로 구현되며, 표기 방식은 다음과 같다.

◆ '-'는 실제 코칭대화 사례

◆ '◆'는 코칭대화가 아닌 심사기준 또는 심사방법

◆ '[ ]'은 세부 행동지표

가. 코칭세션 운영 역량

표 7 [코칭세션 운영]에 대한 코칭대화 전환 예시

심사항목 (핵심요소/행동지표)	실기 심사기준	코칭대화 전환 예시
1.4. 윤리규정 및 태도	• 비밀유지규정을 고지하였다.	- 지금부터 고객님과 나누는 모든 대화는 한국코치협회 윤리규정에 따라 비밀이 보장되니 마음 편하게 말씀하셔도 좋겠습니다.
	• 시연 시간에 맞추어 입장하였다.	◆ 실기 시험 시간 전 입장 여부
4.1.2. 코칭세션 동의	• 고객에게 코칭시작동의를 얻었다.	- 코칭대화를 시작해도 되겠습니까?
	• 고객에게 코칭종료동의를 얻었다.	- 코칭대화를 종료해도 되겠습니까?

심사항목 (핵심요소/행동지표)	실기 심사기준	코칭대화 전환 예시
4.2. 코칭세션 시간 운영	• 코칭세션을 주어진 시간 안에 마무리하였다.	◆ KAC: 15분~20분 ◆ KPC: 25분~30분 ◆ KSC: 35분~40분
4.2. 전체 세션 운영의 유연성	• 전체 코칭세션을 자신감을 가지고 자연스럽게 운영하였다.	◆ 심사위원의 정성적 평가

나. 전문계발 역량

표 8 [전문계발]에 대한 코칭대화 전환 예시

심사항목 (핵심요소/행동지표)	실기 심사기준	코칭대화 전환 예시
4.1.2. 코칭합의	• 코칭 주제와 목표를 명료화하고 합의하였다.	**[코칭 주제]** - 오늘 어떤 주제로 이야기를 나누면 고객님께 유익할까요? - 그중에서 무엇에 집중해서 이야기하면 좋을까요? - ~를 잘하기 위해서 (주제)를 주제로 선택하신 거군요? **[코칭 목표]** - 어떤 상태/상황/수준/모습이 되면 (주제)를 이루었다고 할 수 있을까요? - 어떤 상태/상황/수준/모습을 보면 (주제)를 잘 해결했다고 할 수 있을까요? - 그 (상태/상황/수준/모습)이 어느 정도이면 만족하시겠어요? - 그 (상태/상황/수준/모습)을 언제까지 이루고 싶으신가요? - 오늘 코칭대화가 끝났을 때 어떤 결과를 얻고 싶으신가요? - 지금까지 저와 나눈 주제와 목표를 간단히 요약해 보면 어떨까요?
4.3. 성과관리	• 코칭세션을 마무리하면서 코칭 성과를 확인하였다.	- 오늘 코칭대화에서 정리된 생각이나 얻은 유익함이 있다면 무엇인가요?

다. 관계구축 역량

표 9 [관계구축]에 대한 코칭대화 전환 예시

심사항목 (핵심요소/행동지표)	실기 심사기준	코칭대화 전환 예시
5.1. 수평적 파트너십	• 고객을 수평적인 관계로서 존재를 인정하며 대하였다.	**[호칭]** - 대화하는 동안 제가 고객님을 어떻게 불러드리면 편하실까요? **[선택권을 주는 질문]** - 코칭을 시작하면 어떨까요? - 이쯤에서 코칭을 마무리하면 어떨까요?
5.2.2. 신뢰감과 안전감_라포	• 고객과 라포를 형성하며 편안한 코칭 환경을 유지하였다.	**[인사]** - 안녕하세요? OOO 코치입니다. **[윤리규정 고지]** - 지금부터 고객님과 나누는 모든 대화는 한국코치협회 윤리규정에 따라 비밀이 보장되므로, 마음 편히 말씀해 주셔도 좋겠습니다. **[긍정마음 열기]** - 최근에 고객님께 즐겁거나 보람된 일이 있었다면 무엇이었을까요? - 지금 컨디션은 어떠신가요? - 오늘 원하시는 결과를 얻으실 수 있도록, 코치로서 함께 최선을 다하겠습니다.
5.2.3. 신뢰감과 안전감_인정 칭찬	• 고객에게 긍정반응, 인정, 칭찬, 지지, 격려, 신뢰 등의 언어를 사용하였다.	**[긍정반응]** - 아, 그렇군요! **[인정과 칭찬, 지지와 격려]** - 아, 그런 생각을 하시다니 정말 대단하십니다. - 고객님께서 ~라고 말씀하셨는데, 정말 인상 깊습니다. 그 비결은 무엇인가요? - 고객님의 목소리 톤이 참 편안하네요. 오늘 세션이 잘 진행될 것 같습니다. - (주제)를 주제로 가져오신 고객님의 탁월한 통찰력이 인상적입니다. - 고객님과의 대화를 통해 저 역시 많은 것을 배우는 시간이 되었습니다.

심사항목 (핵심요소/행동지표)	실기 심사기준	코칭대화 전환 예시
5.3. 존재인정	• 고객의 특성, 정체성, 스타일, 언어 패턴을 알아주고 적용하였다.	- 고객님의 (특성/정체성/스타일/언어 패턴)이 관찰되는/보이는/느껴지는데(, 어떤가)요? - 그렇게 (주제)를 잘하고 싶은 고객님은 어떤 분이라고 생각하시나요? - 말씀하신 걸 듣다 보니, OO라는 가치를 가지고 계신 분 같은데(, 어떤가)요?.
5.5. 호기심	• 고객의 주제와 존재에 대해서 관심과 호기심을 보였다.	- 오늘 저와 어떤 이야기를 나누면 고객님께 유익한 시간이 될까요? - 고객님은 고객님의 삶에서 어떤 변화를 기대하시나요? - ~를 잘하고 싶다는 마음은 어디에서 비롯되었을까요? - 좀 더 구체적으로 말씀해 주시면 어떻겠어요?

라. 적극경청 역량

표 10 [적극경청]에 대한 코칭대화 전환 예시

심사항목 (핵심요소/행동지표)	실기 심사기준	코칭대화 전환 예시
6.1. 맥락적 이해	• 고객이 말한 것과 말하지 않은 것을 맥락적으로 헤아려 듣고 표현하였다.	**[코칭대화 모델의 대화 맥락과 상세 맥락의 이해와 준수]** **[고객이 하는 말의 맥락적 이해]** ▶ T(시점): 고객님이 말씀하신 (시점)에서 ~ ▶ P(장소): 고객님이 생각하는 (장소)에서 ~ ▶ I(의도): 고객님이 그런 (의도)를 가지셨다면 ~ ▶ O(상황): 고객님의 ~ 상황에서...
6.2. 반영	• 어조 높낮이, 속도 맞추기, 추임새 또는 맞장구 등을 하면서 경청하고, 고객의 이야기를 재진술, 요약하거나 직면하도록 도왔으며, 침묵(Space)을 활용하면서 경청하였다.	**[추임새·맞장구]** - 아, 그렇군요! **[재진술·요약·직면]** - (내게는) ~같이 들리는데(, 어떤가)요? - (내게는) ~처럼 보이는데(, 어떤가)요? - (내게는) ~한 것으로 생각되는데(, 어떤가)요? - (내게는) ~것으로 느껴지는데(, 어떤가)요?

심사항목 (핵심요소/행동지표)	실기 심사기준	코칭대화 전환 예시
6.3. 공감	• 고객의 생각이나 감정을 이해하며, 이해한 것을 고객에게 표현하였다.	- 생각이 (생각 KW)하시는 것 같은데(, 어떤가)요? - 기분이 (감정 KW)이신 것 같은데(, 어떤가)요? - (욕구·의도 KW)를 원하시는 것 같은데(, 어떤가)요?
6.4. 고객의 표현지원	• 고객이 자신의 생각, 감정을 표현하도록 도왔다.	- 이 말씀을 하시면서 고객님의 지금 생각/기분/느낌/감정은 어떠셨나요? - 그때 표현하고 싶었던 기분을 말씀해 주시겠어요? - 이면에 있는 고객님의 진짜 바람은 무엇인가요? - 고객님이 진짜로 말하고 싶은 것은 무엇인가요? - 그 말씀을 하시면서 정리된 생각은 무엇이었나요? - 고객님의 마음에는 어떤 변화가 일어났나요? - 이 이야기를 하시면서 말씀이 빨라졌는데, 무엇이 그렇게 만든 걸까요? - 이 이야기를 하시면서 목소리가 높아졌는데, 무엇이 그 감정을 끌어올린 걸까요? - 이 이야기를 하시면서 에너지가 변화된 것 같은데, 무엇이 그 에너지를 바꾸었을까요?

마. 의식확장 역량

표 11 [의식확장]에 대한 코칭대화 전환 예시

심사항목 (핵심요소/행동지표)	실기 심사기준	코칭대화 전환 예시
7.1. 질문	• 긍정적, 중립적 언어로 개방적 질문을 하였다.	◆ 긍정/중립/개방/미래/가정법/요청/소망/가능 언어·질문 ◆ 부정/유도/판단/닫힌/과거/단정/강요/의무 언어·질문 등이 관찰되면 감점
7.2. 기법 활용	• 고객의 상황과 특성에 따라 침묵(완급조절), 은유, 비유 등 다양한 기법을 활용하였다.	◆ 비유와 은유/VAK/네이밍 ◆ 이 외에도 다양한 기법과 도구들을 활용할 수 있으며, 각자가 더 많은 방법을 자유롭게 추가해 보기를 기대함. - 목표가 이루어진 모습을 상상해 본다면, 어떤 모습이 떠오르시나요? - 내일 아침에 기적이 일어난다면, 어떤 모습이 펼쳐지기를 바라시나요?

심사항목 (핵심요소/행동지표)	실기 심사기준	코칭대화 전환 예시
7. 3. 의미확장과 구체화	• 고객의 말에서 의미를 확장하거나 고객의 말을 구체화 또는 명료화하도록 도왔다.	**[의미확장]** - ~ 계기/이유/배경은 무엇인가요? - 의미/중요한 것은 무엇인가요? - ~ 유익이나 가치는 무엇인가요? - ~ 고객님의 사명과 어떻게 연결되나요? - ~ 고객님의 비전과 어떻게 연결되나요? - ~ 고객님은 어떤 삶을 살고 싶으신가요? - ~ 고객님은 어떤 사람이 되고 싶으신가요? **[구체화 또는 명료화]** - 구체적으로 말씀/설명해 주시면 어떨까요? - 측정 가능한 형태로 목표를 세운다면 어떤 모습일까요?
7. 4. 통찰	• 고객이 알아차림이나 통찰을 하도록 도왔다.	- ~을 통해 얻은 교훈은 무엇인가요? - 정리된 생각이나 얻은 유익한 점은 무엇인가요? - 이전과 비교했을 때, 무엇이 달라졌나요? - 지금 어떤 알아차림이 떠오르고 있나요?
7.5. 관점전환과 재구성	• 고객이 관점을 전환하거나 재구성하도록 도왔다.	- 대가 혜택/입장 바꾸기/시간선/사분면/예외·반대 - 뒤집기 - 이외에도 다양한 기법과 도구들을 활용할 수 있으며, 각자가 더 많은 방법을 자유롭게 추가해 보기를 기대함. - 그 교훈을 이 상황에 적용해 본다면,무엇부터 해 볼 수 있을까요? - 그런 상황임에도 불구하고, 고객님이 잘하고 계신 점은 무엇인가요? - 그럼에도 불구하고, 다른 면이 있다면 무엇일까요?
7.6. 가능성 확대	• 고객의 상황, 경험, 사고, 가치, 욕구, 신념, 정체성 등의 탐색을 통해 가능성 확대를 도왔다.	◆ 장애 제거/기적 ◆ 이외에도 다양한 기법과 도구들을 활용할 수 있으며, 각자가 더 많은 방법을 자유롭게 추가해 보기를 기대함. - 고객님 마음 깊은 곳에 있는, 궁극적으로 이루고 싶은 것은 무엇인가요?

심사항목 (핵심요소/행동지표)	실기 심사기준	코칭대화 전환 예시
		- 능력이나 조건에 제한이 없다면, 무엇을 더 해 볼 수 있을까요? - 지금까지 한 번도 시도해 보지 않았지만, 새롭게 시도해 볼 수 있는 것이 있다면 무엇일까요?

바. 성장지원 역량

표 12 [성장지원]에 대한 코칭대화 전환 예시

심사항목 (핵심요소/행동지표)	실기 심사기준	코칭대화 전환 예시
8.1. 정체성과의 통합 지원	• 고객의 학습과 통찰을 자신의 가치관 및 정체성과 통합하도록 지원하였다.	- 오늘 대화에서 얻은 깨달음이나 유익함은 고객님의 어떤 가치관이나 정체성과 연결되나요? - 그 깨달음과 연결된 가치관이나 정체성은 앞으로 고객님의 (주제와 목표)에 어떤 영향을 미칠까요? - 고객님의 그 알아차림은 고객님의 가치관과 어떻게 연결되나요? - ~을 알아차린 고객님은 어떤 분이라고 생각되시나요? - 지금 결정하신 (실행방안)은 고객님의 어떤 가치와 연결되시나요?
8.2. 자율성과 책임 고취	• 고객이 행동설계 및 실행계획을 세우도록 도왔다.	**[현실점검]** - 현재는 어떤 상황인가요? **[방안탐색]** - 그 상황임에도 불구하고, (주제)와 (목표)를 이루기 위해 시도해 보고 싶은 것은 무엇인가요? - 통찰/교훈을 바탕으로 고객님이 시도해 볼 수 있는 것은 무엇일까요? - 또 어떤 것을 시도해 볼 수 있을까요? - 또 다른 방안이 있다면, 무엇일까요? **[방안요약]** - 지금까지 찾아낸 방안을 요약해 보면 어떨까요?

심사항목 (핵심요소/행동지표)	실기 심사기준	코칭대화 전환 예시
8.3. 행동전환 지원	• 고객이 실행계획을 실천하도록 점검 또는 후원환경을 만들었다.	**[실행계획_후원환경]** - 지금까지 찾은 방안 중에서 무엇을 가장 먼저 실행해 보고 싶으신가요? - (방안)을 실행에 옮기기 위해, 구체적으로 무엇을 해보고 싶으신가요? - (실행과제)는 언제 시작하실 수 있을까요? - (실행과제)는 (기간) 동안 얼마나 실천하실 수 있을까요? - (실행과제)는 (1주일/한 달)에 얼마나 반복하실 수 있을까요? - (실행과제)를 잘 수행하고 있다는 것을 스스로 어떻게 확인하실 수 있을까요? - 실행을 잘하기 위해, 누구의 어떤 도움이 필요하신가요? - 코치인 제가 고객님을 도와드릴 수 있는 일이 있다면, 무엇일까요? **[실행계획_코치의 지지와 격려]** - 고객님이 실행을 잘하셔서, (주제)와 (목표)를 꼭 이루시기를 응원합니다. - 고객님의 실천계획이 잘 진행되기를 진심으로 응원하겠습니다. **[실행계획_고객 스스로 지지와 격려]** - 고객님 스스로에게 지지와 격려의 말을 한마디 하신다면, 뭐라고 하시겠어요? - ~을 잘 실천하신 후, 스스로에게 어떤 보상을 해 주고 싶으신가요?
8.5. 변화와 성장 축하	• 고객의 변화와 성장을 축하하였다.	- 오늘 대화를 통해 얻은 유익함이나 깨달음이 있다면, 무엇인가요? - 고객님의 어떤 모습을 보면, 변화와 성장이 있었음을 느낄 수 있을까요? - 고객님의 작은 변화를 축하드립니다. - 고객님의 소중한 알아차림을 축하드립니다. - 오늘 코칭대화를 통해 변화와 성장한 것이 있다면, 무엇인가요? - 이 변화를 스스로에게 어떻게 축하해주고 싶으신가요?

지금까지 KCA 코칭역량의 핵심요소와 행동지표를 실제 코칭대화로 전환하여 구현한 예시들을 살펴보았다. 이론적 역량 체계를 실무 중심의 코칭 활동과 연결하는 체계적인 방법론에 대한 이해가 깊어졌기를 기대한다. 아울러, KCA 코칭역량의 추상적 개념을 구체적인 언어적·비언어적 코칭 행동으로 전환하여 관찰 가능하고 평가 가능한 형태로 조직화하는 통찰과 실천적 지혜를 얻는 데 도움이 되었기를 바란다.

제3장 코칭대화 모델링과 자격별 적용

1. 코칭대화의 모델링 방법과 연습
2. KCA 코칭역량 기반 코칭대화 모델링
3. 자격별 코칭대화 모델: KAC/KPC/KSC
4. 코칭대화 모델의 한계

핵심 POINT

- ▶ 코칭대화를 효과적으로 훈련하기 위한 방법은 무엇인가?
- ▶ 자격별 코칭대화 모델은 어떤 차별점이 있는가?
- ▶ 코칭대화 모델의 장점과 약점은 무엇인가?

1 코칭대화의 모델링 방법과 연습

1.1 코칭대화 모델링의 개념적 기초

코칭대화 모델링은 효과적인 코칭대화의 구조와 흐름을 체계화하는 방법론적 접근이다. 이는 코칭이 지닌 즉흥적이고 유동적인 특성을 유지하면서도 일관성 있는 프레임워크를 제공하여, 목적 지향적인 대화를 가능하게 한다. 코칭대화 모델링의 핵심 목적은 세 가지 영역에서 명확히 정의된다.

- ◆ 첫째, 미래의 꿈과 목표 달성을 위한 실행계획 수립과 동기부여
- ◆ 둘째, 현재의 마음의 문제 해결
- ◆ 셋째, 미래의 꿈과 목표, 그리고 현재의 마음의 문제가 복합된 이슈를 다루는 것

이러한 목적은 코칭대화의 방향성과 구조를 결정짓는 근본적 기준으로 작용한다.

1.2 코칭대화 모델링의 체계적 방법론

코칭대화 모델링은 다음과 같은 체계적인 단계를 통해 이루어진다.

가. 코칭대화의 목적과 목표설정

- ◆ 코칭대화의 명확한 목적 정의(미래 목표 달성 vs. 현재 마음 문제 해결 vs. 복합 이슈)
- ◆ 구체적인 대화 목표설정(실행계획 수립, 동기부여, 마음 문제 해결 등)

나. 코칭대화 맥락 설계

- ◆ 실행계획 수립과 동기부여를 위한 코칭대화 맥락
- ◆ 현재의 마음의 문제 해결을 위한 코칭대화 맥락
- ◆ 복합 이슈해결을 위한 코칭대화 맥락

다. 맥락별 목적 정의와 방법 설계

- ◆ 각 맥락에 맞는 세부 목적 정의
- ◆ 맥락에 적합한 이론과 실용 전략 선택 → 대화 패턴과 질문 유형 체계화
- ◆ 코칭대화 표준 모델 완성

라. 자격 수준별 상세 맥락 구성

- ◆ KAC, KPC, KSC 자격별 차별화된 대화 모델 개발
- ◆ 각 자격 수준에 적합한 복잡성과 심도 조정

마. 상세 맥락별 표준 질문 제시

- ◆ KAC, KPC, KSC 자격별 표준 질문 제시
- ◆ 각 자격에 적합한 코칭대화 모델 완성
- ◆ 교육훈련, 슈퍼비전, 평가 등에 적용

이러한 코칭대화 모델링을 통해 코치는 체계적이면서도 유연한 코칭대화의 구조를 내재화할 수 있다. 특히 주목할 점은, 코칭대화의 목적에 따라 동일한 코칭대화 모델이라 하더라도 그 적용 방식과 초점이 달라질 수 있다는 점이다. 예를 들어, 미래 지향적 코칭에서는 목표 달성과 실행계획에 더 많은 비중이 주어지는 반면, 현재의 마음의 문제를 나누는 코칭에서는 현실점검과 이슈해결에 더욱 깊이 있는 접근이 요구된다.

코칭대화 모델링은 코칭의 역동성과 체계성 사이에서 균형을 추구한다. 모델은 코칭대화의 효과성과 일관성을 보장하는 프레임워크를 제공하지만, 궁극적으로는 코치의 직관, 창의성, 그리고 프레즌스와 통합될 때 진정한 KCA 코칭역량 마스터리의 기반이 된다.

2 KCA 코칭역량 기반 코칭대화 모델링

2.1 KCA 코칭역량과 코칭대화 모델의 통합적 연계

KCA 코칭역량 체계와 코칭대화 모델의 통합은 이론과 실제를 유기적으로 연결하는 핵심 메커니즘이다. 8가지 KCA 코칭역량은 코칭대화 모델의 각 단계에서 고유하고 차별화된 방식으로 발현된다. 이러한 통합적 접근은 역량 중심 코칭의 개발과 실무 적용 사이의 간극을 효과적으로 연결하고 메우는 역할을 한다.

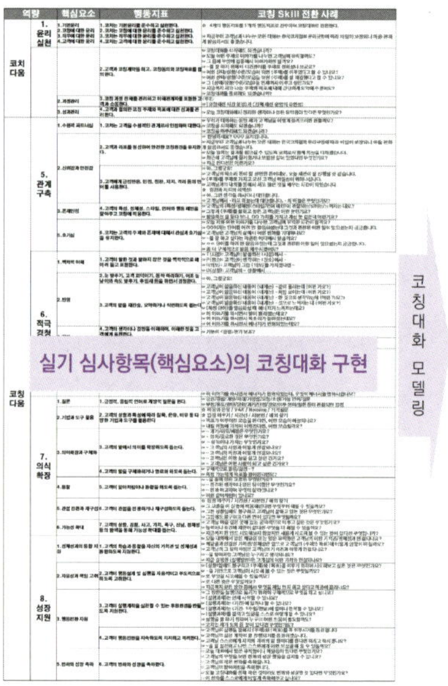

코칭대화 맥락		목적	상세 맥락	KCA 코칭역량(행동지표
Ice Breaking 관계구축		신뢰감과 안전감 조성으로 고객의 긍정적인 마음 열기	1. 인사	5.2.2. 신뢰감과 안전감_라포
			2. 호칭	5.1. 수평적 파트너십
			3. 윤리규정 고지	1. 윤리실천
			4. 코칭 시작?	4.1.2. 코칭합의_시작
			5. 주제	5.2.2. 신뢰감과 안전감_라포
Goal	주제	주제를 이야기하게 된 이유와 목적을 명료하게 인식하기	6. 마음 열기	4.1.2. 코칭합의_주제시작
			7. (주제) 구체적	7.3.4. 구체화 5.5. 호기심 7.3.3. 의미확장 5.3. 존재인정
			8. (주제) 이유	
			9. (이유 KW) 의미	
			10. (의미 KW) 가치	
			11. 존재인정	
			12. (주제) 요약 확인	4.1.2. 코칭합의_주제요약
	목표	주제가 이루어진 결과를 생생하게 상상하기	13. 원하는 결과	4.12. 코칭합의_목표시작
			14. SMART 목표	7.3.4. 구체화
			15. 주제목표 요약	4.1.2. 코칭합의_주제목표요약
			16. 원하는 결과 상상	7.2. 기법활용
Reality 현실점검		목표와 현실의 차이 Gap을 인식하기	17. 현재 상황1/2/3	8.2. 자율성과 책임 고취 7.4. 통찰
Option 방안탐색		목표를 이룰 수 있는 방안 찾기	18. 해결방안 1/2/3	8.2. 자율성과 책임 고취
			19. 해결방안 요약	7.2. 기법과 도구 활용 7.5. 관점전환과 재구성 7.6. 가능성 확대 7.4. 통찰
Will 실행계획		선택한 방안에 대해 실행할 수 있는 구체적인 실행계획 세우기	20. 집중	8.3. 행동전환 지원 8.1. 정체성과 통합지원
			21. 실행과제	
			22. 시작목표	
			23. 실행목표	
			24. 반복목표	
			25. 실행계획 요약	
			26. 정체성과 통합	
			27. 점검	
			28. 예상장애와 대책	
			29. 지원 표현	
			30. 자기응원	
마무리			31. 성찰	4.3. 성과관리 / 7.4. 통찰
			32. 지지와 응원	8.5. 변화와 성장 축하
			33. 코칭 종료?	4.1.2. 코칭합의_종료

• 그림 9 • KCA 코칭역량 기반 코칭대화 모델링

이 책은 IGROW 모델을 코칭대화 모델링의 기본 틀로 삼아 탐구한다. 이는 KCA와 ICF가 IGROW 모델을 코칭대화의 핵심 구조로 채택하고 있기 때문이다. IGROW 모델의 각 단계는 특정 KCA 코칭역량과 밀접하게 연결되어 있으며, 이를 통해 다양한 코칭대화 맥락에서 어떤 역량이 중점적으로 요구되는지를 체계적으로 이해할 수 있다.

2.2 코칭역량의 맥락적 발현과 통합

KCA 코칭역량은 코칭대화의 각 맥락에서 고유하고 차별화된 방식으로 발현되지만, 실제 코칭에서는 이러한 역량들이 유기적으로 통합되어 작동한다. 역량의 맥락적 발현과 통합적 작용은 다음과 같은 특성을 보인다.

가. 역량의 복합적 발현

- 한 코칭 순간에 여러 역량이 동시에 복합적으로 작용
- 예: 질문(의식확장)이 경청(적극경청)과 지지(관계구축)를 동반하여 나타남

나. 맥락에 따른 역량 강조점 변화

- 코칭 단계와 상황에 따라 중점적으로 발현되는 역량이 달라짐
- 예: 초기에는 관계구축과 적극경청, 후반부에는 의식확장과 성장지원이 강조됨

다. 역량의 순환적 작용

- 역량 간 상호 강화와 순환적 흐름이 존재
- 예: 적극경청 → 의식확장 → 성장지원 → 관계구축의 선순환

KCA 코칭역량 기반의 코칭대화 모델링은 코칭의 체계성과 유연성을 동시에 추구한다. 구조화된 모델은 초보 코치에게 명확한 가이드라인을 제공하지만, 경험과 역량이 축적됨에 따라 이러한 구조는 점차 내재화되어, 코칭 상황에 적합한 창의적이고 직관적인 접근으로 진화하게 된다. 이는 KAC에서 KSC로의 변화와 성장 과정이 단순한 기술 향상을 넘어, 역량의 통합적 내재화와 창의적 발현으로 나아가는 여정임을 보여 준다.

3 자격별 코칭대화 모델: KAC/KPC/KSC

3.1 자격별 코칭대화 모델 차별화의 원리

KCA 코칭자격 체계에 따라 IGROW 코칭대화 모델의 적용은 차별화된 특성과 복잡성을 지닌다. 이러한 차별화는 단순한 난이도 조정을 넘어서, 코치의 발전 단계에 따른 코칭 접근법의 질적 변화를 반영한다. 자격 수준별 코칭대화 모델 차별화의 핵심 원리는 다음과 같다.

가. 구조화 수준의 점진적 변화

- KAC: 구조화된 대화 모델을 충실히 적용
- KPC: 반구조화된 유연한 모델 적용
- KSC: 정교한 반구조화와 직관적 흐름

나. 질문 복잡성과 심도의 진화

- KAC: 기본적이고 명확한 질문 패턴
- KPC: 다층적이고 맥락 중심의 질문 체계
- KSC: 통합적이고 변혁적인 질문 접근

다. 고객 중심성의 심화

- KAC: 모델 중심에서 출발하는 고객 지원
- KPC: 고객과 모델의 균형적 통합
- KSC: 고객 흐름에 모델이 자연스럽게 융합

라. 역량 통합도의 증가

- KAC: 개별 역량의 명시적 적용
- KPC: 여러 역량의 유연한 복합
- KSC: 역량 간 경계가 흐려진 통합적 복합

3.2 IGROW 코칭대화 모델: KAC

가. KAC 코칭대화의 기본 특성

- 시간 프레임: 15~20분의 구조화된 세션
- 대화 구조: 명확한 IGROW 단계 구분과 순차적 진행
- 질문 패턴: 기본적인 개방형 질문 중심의 접근
- 초점 역량: 언어 중심의 관계구축, 적극경청, 기본적 질문 기술

나. 적용 방식

KAC 수준에서는 각 IGROW 단계에 따라 명확한 질문과 단계별 흐름이 중요하며, 코치에게는 안정적이고 신뢰할 수 있는 대화 구조를 제공한다. 이 과정은 언어 중심의 기본적인 코칭역량을 체계적으로 구축하는 데 초점을 둔다.

표 13 IGROW 코칭대화 모델: KAC

코칭대화 맥락	상세 맥락	질문 사례
Ice Breaking 관계구축	1. 인사 2. 호칭 3. 윤리규정 고지 4. 코칭 시작 5. 긍정마음 열기	- 안녕하세요. 오늘 OOO님과 대화하게 되어 기쁩니다. - 대화하는 동안, OOO님을 어떻게 불러드리면 편하실까요? - 지금부터 나누는 코칭대화는 한국코치협회 윤리규정에 따라 비밀이 보장되니, 편하게 말씀하셔도 좋습니다. - 지금부터 코칭을 시작해도 괜찮을까요? - 지난주에 즐거웠던 일이 있었다면 무엇인가요?
Goal 주제와 목표의 명확화	6. 주제 7. (주제) 이유 8. (이유 KW) 의미 9. (의미 KW) 가치 10. 목표_원하는 결과 11. SMART 목표 (무엇+양+기한) 12. 주제와 목표 요약	- 지금 이 즐거운 마음으로 이야기하고 싶은 주제가 있다면 무엇인가요? - (주제)에 대해 이야기하고 싶은 이유나 배경이 있다면 무엇인가요? - (주제)는 OOO님께 어떤 의미가 있나요? - (의미 KW)는 OOO님께 어떤 유익이나 가치를 가져다 주나요? - OOO님은 (주제)를 원하시는데, 어떤 상태/수준/모습/상황이 되면, (주제)가 이루어졌다고 할 수 있나요? (- 구체적으로 무엇을 원하시나요?) - 얼마나 원하시나요?

코칭대화 맥락	상세 맥락	질문 사례
		- 언제까지 이루어지기를 원하시나요? - 지금까지 저와 나눈 주제와 목표를 간단히 요약해 보면 어떨까요?
Reality 현실점검	13. 현재 상황 1/2/3	◆ **3가지 관점에서 바라볼 수 있도록 3회 반복** - 현재는 어떤 상황인가요? - 다른 상황이 있다면 어떤 상황인가요? - 또 다른 상황이 있다면 어떤 상황인가요?
Option 방안탐색	14. 해결방안 1/2/3 15. 해결방안 요약	◆ **최소한 3개의 방안을 찾도록 도와주는 것이 바람직함** - (현재 상황 1/2/3)임에도 불구하고, (주제)와 (목표)를 이루기 위해 시도해 볼 수 있는 방안을 찾아본다면 어떤 것이 있을까요? - 다른 방안을 생각해 본다면 무엇이 있을까요? - 또 다른 방안을 떠올려 본다면 어떤 것이 있을까요? - 지금까지 찾아낸 방안을 정리해 본다면 어떻게 요약할 수 있을까요?
Will 실행계획	16. 집중 17. 실행과제 18. 시작목표 19. 실행목표 20. 점검 21. 지원 표현	- 그중에서 가장 집중하고 싶은 것을 하나 선택한다면 무엇인가요? - 그 (선택한 것)은 구체적으로 무엇부터 실행할 수 있을까요? - (실행과제)는 언제부터 시작하고 싶으신가요? - (실행과제)는 하루에 얼마나 실천하실 수 있을까요? - (실행과제)를 잘 실천하고 있음을 스스로 언제, 어떻게 확인할 수 있을까요? - 제가 도와드릴 수 있는 부분이 있다면 무엇인가요?
마무리	22. 성찰 23. 지지와 응원 24. 코칭 종료	- 오늘 대화에서 새롭게 정리된 생각이나 얻은 유익함이 있다면 무엇인가요? - (주제)를 잘 실행하셔서 성공체험과 함께 (목표)를 이루고, 변화와 성장하시기를 진심으로 지지와 응원합니다. - 이제 코칭을 마무리해도 괜찮을까요?

( ): 고객의 말 Key Word

3.3 IGROW 코칭대화 모델: KPC

가. KPC 코칭대화의 핵심 특성

◆ 시간 프레임: 25~30분의 반구조화된 세션

- 대화 구조: 유연한 IGROW 흐름과 상황에 따른 단계 조정
- 질문 패턴: 복합적이고 맥락에 민감한 질문 구성
- 초점 역량: 심화된 적극경청, 의식확장, 다양한 코칭기법 활용

나. 적용 방식

KPC 단계의 코치는 고객의 상황에 따라 대화를 유연하게 전개하며, 여러 코칭기법을 자연스럽게 통합한다. 이 모델은 전문 코칭역량의 숙련과 전략적 사고 능력을 요구한다.

표 14 IGROW 코칭대화 모델: KPC

<table>
<tr><th colspan="2">코칭대화 맥락</th><th>상세 맥락</th><th>질문 사례</th></tr>
<tr><td colspan="2">Ice Breaking
관계구축</td><td>1. 인사
2. 호칭
3. 윤리규정 고지
4. 코칭 시작
5. 긍정마음 열기</td><td>- 안녕하세요. 오늘 OOO님과 대화하게 되어 기쁩니다.
- 대화하는 동안, OOO님을 어떻게 불러드리면 편하실까요?
- 지금부터 나누는 코칭대화는 한국코치협회 윤리규정에 따라 비밀이 보장되니, 편하게 말씀하셔도 좋습니다.
- 지금부터 코칭을 시작해도 괜찮을까요?
- 지난주에 즐거웠던 일이 있었다면 무엇인가요?</td></tr>
<tr><td rowspan="2">Goal</td><td>주제
합의
(주제의
명확화)</td><td>6. 주제
7. (주제) 구체성
8. (주제) 이유
9. (이유 KW) 의미
10. (의미 KW) 가치
11. 주제 요약</td><td>- 지금 이 즐거운 마음으로 이야기하고 싶은 주제가 있다면 무엇인가요?
- (주제)에 대해 이야기하고 싶은 이유나 배경이 있다면 무엇인가요?
- (주제)는 OOO님께 어떤 의미가 있나요?
- (의미 KW)는 OOO님께 어떤 유익이나 가치를 가져다 주나요?
- 아하, 고객님은 (의미 KW)와 (가치 KW)의 삶을 살고 싶으셔서 오늘 (주제)를 이야기하고 싶으신 거군요.</td></tr>
<tr><td>목표
합의
(목표의
명확화)</td><td>12. 목표_원하는 결과
13. SMART 목표
(무엇+양+기한)
14. 주제와 목표 요약</td><td>- 고객님은 (주제)를 원하시는데, 어떤 상태/수준/모습/상황이 되면, (주제)가 이루어졌다고 할 수 있나요?
(- 구체적으로 무엇을 원하시나요?)
- 얼마나 원하시나요?
- 언제까지 이루어지기를 바라시나요?
- 지금까지 저와 나눈 주제와 목표를 간단히 요약해 보면 어떨까요?</td></tr>
</table>

코칭대화 맥락	상세 맥락	질문 사례
Reality 현실점검	15. 현재 상황 1/2/3	◆ **3가지 관점에서 바라볼 수 있도록 3회 반복** - 현재는 어떤 상황인가요? - 혹시 다른 상황이 있다면 어떤 상황인가요? - 또 다른 상황이 있다면 어떤 상황인가요?
Option 방안탐색	16. 해결방안 1/2 17. 관점전환_입시사례 18. 관점전환_느낌/교훈 19. 해결방안 3 20. 해결방안 요약	- (현재 상황 1/2/3)임에도 불구하고, (주제)와 (목표)를 이루기 위해 시도해 볼 수 있는 방안을 찾아본다면 어떤 것이 있을까요? ◆ **최소한 1개의 방안을 관점전환하여 찾도록 도와주어야 함** **[관점전환_입장 바꾸기]** - (기한)에 (목표)를 이룬 고객님이라면, 지금 이 (주제)로 고민하는 자신에게 어떤 조언을 해 주고 싶으신가요? - 성공한 고객님의 조언을 들은 지금의 고객님은 어떤 생각이나 느낌이 드시나요? - 그 (생각이나 느낌)을 지금의 상황에 적용해 본다면, 무엇을 해 볼 수 있을까요? **[관점전환_시간선: 과거에서 현재 바라보기]** - 과거에 지금과 유사한 상황을 극복하고 성공한 경험이 있다면 무엇인가요? - 그 (성공 경험)으로부터 얻은 교훈은 무엇인가요? - 그 (교훈)을 지금의 이 상황에 적용해 본다면, 어떤 행동을 시도해 볼 수 있을까요? **[관점전환_뒤집기]** - 고객님의 (부정적인 정서)는 고객님의 어떤 선한 의도에서 비롯된 것일까요? - (부정적인 정서)를 (선한 의도)로 바꾸어 생각해 보니, 지금의 느낌은 어떤가요? - 그 (느낌)으로 지금의 이 상황에서 아주 작게라도 시도해 볼 수 있는 것이 있다면 무엇일까요? - 지금까지 찾아낸 방안을 정리해 본다면 어떻게 요약할 수 있을까요?
Will 실행계획	21. 집중 22. 실행과제 23. 시작목표 24. 실행목표 25. 반복목표	- 그중에서 가장 집중하고 싶은 것을 하나 선택한다면 무엇인가요? - 그 (선택한 것)은 구체적으로 무엇부터 실행할 수 있을까요? - (실행과제)는 언제부터 시작하고 싶으신가요? - (실행과제)는 하루에 얼마나 실천하실 수 있을까요?

코칭대화 맥락	상세 맥락	질문 사례
	26. 정체성과 통합 27. 점검 28. 지원 표현	- (실행과제)는 일주일에 며칠 정도 반복할 수 있을까요? - (주제)와 (목표)를 이루기 위해 세운 이 실행계획은 고객님의 어떤 가치관이나 정체성과 연결될까요? - (실행과제)를 잘 실천하고 있음을 스스로 언제, 어떻게 확인할 수 있을까요? - 혹시 제가 도와드릴 수 있는 부분이 있다면 무엇인가요?
마무리	29. 성찰 30. 지지와 응원 31. 코칭 종료	- 오늘 대화에서 새롭게 정리된 생각이나 얻은 유익함이 있다면 무엇인가요? - (주제)를 잘 실행하셔서 성공체험과 함께 (목표)를 이루고, 변화와 성장하시기를 진심으로 지지와 응원합니다. - 이제 코칭을 마무리해도 괜찮을까요?

( ): 고객의 말 Key Word

3.4 IGROW 코칭대화 모델: KSC

가. KSC 코칭대화의 고급 특성

- ◆ 시간 프레임: 35~40분의 정교한 반구조화 세션
- ◆ 대화 구조: 직관적 흐름과 고객 중심의 창의적인 구조 조정
- ◆ 질문 패턴: 통합적이며 변혁적인 질문 접근
- ◆ 초점 역량: 고도로 통합된 역량의 발현, 창의적 개입, 깊은 프레즌스 유지

나. 적용 방식

KSC 수준에서는 반구조화 모델을 넘어서, 고객 중심의 흐름에 따라 창조적이고 직관적인 대화가 전개된다. 코치는 코칭역량을 완전히 내재화하여, 고객과의 공동 창조적 경험을 이끌어 낸다.

표 15 IGROW 코칭대화 모델: KSC

코칭대화 맥락	상세 맥락	질문 사례
Ice Breaking 관계구축	1. 인사 2. 호칭 3. 윤리규정 고지	- 안녕하세요. 오늘 OOO님과 대화하게 되어 기쁩니다. - 대화하는 동안, OOO님을 어떻게 불러드리면 편하실까요?

코칭대화 맥락		상세 맥락	질문 사례
		4. 코칭 시작 5. 긍정마음 열기	- 지금부터 나누는 코칭대화는 한국코치협회 윤리규정에 따라 비밀이 보장되니, 편하게 말씀하셔도 좋습니다. - 지금부터 코칭을 시작해도 괜찮을까요? - 지난주에 즐거웠던 일이 있었다면 무엇인가요?
Goal	주제 합의 (주제의 명확화)	6. 주제 7. (주제) 구체적 8. (주제) 이유 9. (이유 KW) 의미 10. (의미 KW) 가치 11. 삶 12. 존재 13. 주제 요약	- 지금의 즐거운 마음으로 얘기하고 싶은 주제가 있다면 무엇인가요? - (주제)에 대해 좀 더 구체적으로 말씀해 주시겠어요? - (주제)에 대해 이야기하고 싶은 이유나 배경이 있다면 무엇인가요? - (주제)는 고객님께 어떤 의미가 있나요? - (의미 KW)는 고객님께 어떤 유익이나 가치를 가져다 주나요? - (가치 KW)를 기대하시는 고객님은 어떤 삶을 살고 싶으신가요? - (삶)을 살고자 하는 고객님은 스스로 어떤 사람이라고 생각하시나요? - 아하, 고객님은 (존재)로서 (삶)을 살고 싶으셔서 오늘 (주제)에 대해 말씀하고 싶으신 거군요?
	목표 합의 (목표의 명확화)	14. 목표_원하는 결과 15. SMART 목표 (무엇+양+기한) 16. 주제와 목표 요약 17. 이루어진 결과 상상	- 고객님은 (주제)를 원하시는데 어떤 상태/수준/모습/상황이 되면 (주제)가 이루어졌다고 할 수 있나요? - 얼마나 원하시나요? - 언제까지 이루어지기를 원하시나요? - 지금까지 저와 나눈 주제와 목표를 간단히 요약해 보면 어떨까요? - (목표)가 이루어진(시점)으로 가 본다면 어떨까요? - 고객님이 계신 그곳에서는 무엇이 보이나요? - 어떤 소리가 들리나요? - 그 장면을 보고 들었을 때, 기분은 어떠신가요?
Reality 현실점검		18. 현재 상황 1/2/3	◆ **3가지 관점에서 바라볼 수 있도록 3회 반복** - 현재는 어떤 상황인가요? - 혹시 다른 상황이 있다면 어떤 상황인가요? - 또 다른 상황이 있다면 어떤 상황인가요?
Option 방안탐색		19. 해결방안 1 20. 관점전환_입시사례	- (현재 상황 1/2/3)임에도 불구하고, (주제)와 (목표)를 이루기 위해 시도해 볼 수 있는 방안을 찾아본다면 어떤 것이 있을까요?

코칭대화 맥락	상세 맥락	질문 사례
Option 방안탐색	21. 관점전환_느낌/교훈 22. 해결방안 2 23. 가능성 확대 24. 해결방안 3 25. 해결방안 요약	◆ **최소한 2개의 방안을 관점전환하여 찾도록 도와주어야 함** **[관점전환_입장 바꾸기]** - (기한)에 (목표)를 이룬 고객님이라면, 지금 이 (주제)로 고민하는 자신에게 어떤 조언을 해 주고 싶으신가요? - 성공한 고객님의 조언을 들은 지금의 고객님은 어떤 생각이나 느낌이 드시나요? - 그 (생각이나 느낌)을 지금의 상황에 적용해 본다면, 무엇을 해 볼 수 있을까요? **[관점전환_시간선: 과거에서 현재 바라보기]** - 과거에 지금과 유사한 상황을 극복하고 성공한 경험이 있다면 무엇인가요? - 그 (성공 경험)으로부터 얻은 교훈은 무엇인가요? - 그 (교훈)을 지금의 이 상황에 적용해 본다면, 어떤 행동을 시도해 볼 수 있을까요? **[관점전환_뒤집기]** - 고객님의 (부정적인 정서)는 고객님의 어떤 선한 의도에서 비롯된 것일까요? - (부정적인 정서)를 (선한 의도)로 바꾸어 생각해 보니, 지금의 느낌은 어떤가요? - 그 (느낌)으로 지금의 이 상황에서 아주 작게라도 시도해 볼 수 있는 것이 있다면 무엇일까요? **[가능싱 확대]** - 고객님의 능력이나 조건에 제한이 없다면, 지금 이 상황은 어떻게 바뀔 수 있을까요? - 바뀐 상황을 떠올리면, 마음속에 어떤 알아차림이나 깨달음이 떠오르시나요? - 지금 떠오른 그 (알아차림이나 깨달음)을 현재 상황에 적용해 본다면, 무엇을 시도해 보고 싶으신가요? - 지금까지 찾아낸 방안을 정리해 본다면 어떻게 요약할 수 있을까요?
Will 실행계획	26 집중 27. 실행과제 28. 시작목표	- 그중에서 가장 집중하고 싶은 것을 하나 선택한다면 무엇인가요? - 그 (선택한 것)은 구체적으로 무엇부터 실행할 수 있을까요? - (실행과제)는 언제부터 시작하고 싶으신가요?

코칭대화 맥락	상세 맥락	질문 사례
Will 실행계획	29. 실천목표 30. 반복목표 31. 실행계획 요약 32. 정체성과 통합 33. 점검 34. 예상장애와 대책 35. 지원 표현 36. 자기 응원	- (실행과제)는 하루(한번)에 얼마나 실천하실 수 있을까요? - (실행과제)는 (기간)에 (어느 정도) 반복할 수 있을까요? - 지금까지 세운 실행계획을 요약해 보면 어떨까요? - (주제)와 (목표)를 이루기 위해 세운 이 실행계획은 고객님의 어떤 가치관이나 정체성과 연결될까요? - (실행과제)를 잘 실천하고 있음을 스스로 언제, 어떻게 확인할 수 있을까요? - 실행하는 과정에서 예상되는 장애가 있다면, 어떤 것이 있을까요? - (장애)를 극복할 수 있는 방법을 찾아본다면, 어떤 대책이 떠오르시나요? - 혹시 제가 도와드릴 수 있는 부분이 있다면 무엇인가요? - (주제)와 (목표)를 향해 실행계획을 성실히 실천하고 있는 자신에게, 칭찬과 응원의 한마디를 해준다면 어떤 말을 해 주고 싶으신가요?
마무리	37. 성찰 38. 지지와 응원 39. 더하고 싶은 말 40. 코칭 종료	- 오늘 대화에서 새롭게 정리된 생각이나 얻은 유익함이 있다면 무엇인가요? - (주제)를 잘 실행하셔서 성공체험과 함께 (목표)를 이루고, 변화와 성장하시기를 진심으로 지지와 응원합니다. - 혹시 더하고 싶은 말이 있다면 무엇인가요? - 이제 코칭을 마무리해도 괜찮을까요?

( ): 고객의 말 Key Word

3.5 자격별 코칭대화 모델 수준 요약 비교

KCA 자격별 IGROW 코칭대화 모델의 차이점을 체계적으로 비교 및 분석하면, 다음과 같은 발전 패턴을 도출할 수 있다:

표 16 자격별 코칭대화 모델 수준 비교

구분	KAC	KPC	KSC
대화 구조	명확한 단계별 구조	유연한 흐름과 반구조화	정교한 반구조화와 직관적 흐름

구분	KAC	KPC	KSC
질문 복잡성	기본 개방형 질문	다층적, 맥락적 질문	변혁적, 통합적 질문
시간관리	15~20분 엄격한 구조	25~30분 균형적 흐름	35~40분 유기적 흐름
역량 통합	개별 역량 적용	역량의 조합과 연결	경계가 흐려진 통합적 발현
코치의 자세	모델 중심 안내자	고객-모델 균형 촉진자	고객 중심 동반자

KAC에서 KSC로의 발전은 단순한 기술 향상이나 세션 시간의 증가를 넘어서, 코칭 접근 방식의 질적 변화와 코치 존재 방식의 심화를 수반한다는 점에서 의미가 깊다. 특히 주목할 점은 구조화된 모델을 '따르는 것'에서 출발하여, '활용하는 것'으로, 그리고 궁극적으로는 '초월하는 것'으로 이어지는 변화와 성장 경로를 보여 준다.

4 코칭대화 모델의 한계

코칭대화 모델은 체계적인 코칭 접근을 위한 유용한 프레임워크를 제공하지만, 동시에 몇 가지 본질적인 한계를 내포하고 있다.

- 모델 중심 사고의 경직성: 모델에 지나치게 의존할 경우, 코칭의 유연성과 창의성이 저하될 수 있다.
- 개별 고객 상황의 과소 반영: 모델이 모든 고객의 복잡한 현실을 완전히 반영하기 어려울 수 있다.
- 코치의 존재성 약화: 구조 중심 대화는 코치의 직관이나 프레즌스를 충분히 반영하지 못할 가능성이 있다.

이러한 한계를 인식하고, 모델을 보다 유연하고 효과적으로 활용할 수 있는 능력을 기르는 것이 중요하다. 이를 보완하거나 극복하기 위한 구체적인 접근법은 제7장과 제8장에서 자세하게 다룰 예정이다.

PART II

실전 코칭 마스터리

제4장

효과적인 코칭을 위한 태도와 언어

1. 커뮤니케이션 관점에서의 코칭역량 체계
2. 바람직한 코칭 태도와 언어
3. 질문 언어
4. 경청 언어
5. 알아주기 언어

핵심 POINT

- ▶ 커뮤니케이션 관점에서 코칭역량 체계는 어떻게 구성되는가?
- ▶ 바람직한 코칭 태도와 언어는 무엇인가?
- ▶ 바람직한 질문과 복합 질문은 어떻게 만들 수 있는가?
- ▶ 경청 언어는 무엇인가?
- ▶ 알아주기 언어는 무엇인가?

1 커뮤니케이션 관점에서의 코칭역량 체계

코칭역량은 커뮤니케이션 관점에서 재조명될 수 있다. 이 장에서는 일반언어와 코칭언어 차이, 그리고 자격 수준별 코칭훈련의 체계의 차이를 다룬다.

가. 일반언어와 코칭언어의 차이

커뮤니케이션 관점에서 언어는 일반언어와 코칭언어로 구분할 수 있다.

- 일반언어: 일상적 의사소통에서 자연스럽게 사용되는 언어로, 직관적이며 비구조적인 특성을 지닌다.
- 코칭언어: 고객의 사고 확장과 행동 촉진이라는 목적 지향적 변화를 이끌어내기 위해 전략적으로 설계된 구조화된 언어이다.

이 두 언어 체계는 다음과 같은 구조적 차이를 가진다.

- 일반언어: 정보 전달과 감정 표현을 주요 기능으로 하며, 흐름은 자연 발생적이고 반응 중심적이다. 대화는 직관적이며 맥락에 따라 유동적으로 이루어진다.
- 코칭언어: 내면 탐색, 의미확장, 행동 촉진을 위한 전략적 도구로 기능한다. 구조화된 의도성과 질문 설계, 실천 중심의 실행력을 포함한다.

코칭언어는 다음의 세 가지 핵심 언어를 중심으로 체계화된다.

- 질문 언어: 의식확장(7) 역량의 핵심 실행 도구로, 고객의 사고와 가능성을 넓힌다.
- 경청 언어: 적극경청(6) 역량의 표현 수단이며, 고객의 말과 맥락을 깊이 수용하고 반영한다.
- 알아주기 언어: 관계구축(5) 역량의 실현 방식으로, 고객의 존재를 인정하고 심리적 안전과 신뢰를 형성한다.

이러한 세 가지 언어는 단순한 커뮤니케이션 기술을 넘어서 심리적·인지적 설계에 기반한 전략적 시스템으로 작동한다. 즉, '질문하기 → 듣기 → 해석하기 → 반영·알아주기 → 질문하기'라는 순환적 흐름을 통해 코칭대화의 전략성과 깊이를 만들어 낸다.

나. KAC 코칭훈련 체계: 기초지식 기반 언어 중심 훈련

KAC 수준의 훈련은 기초지식을 기반으로 코칭언어의 구조와 표현 역량을 체계적으로 학습하는 데 중점을 둔다. 주요 내용은 다음과 같다.

- ◆ 기초 태도 형성: 수평적 대화 구조 이해, 신뢰 형성을 위한 언어 사용, 비판단적이고 개방적인 소통 방식 훈련
- ◆ 기초 언어 훈련: 명확한 질문 훈련, 적극적 경청 태도 훈련, 고객 반응에 대한 적절한 응답 패턴 학습
- ◆ 훈련 점검 항목: 바람직한 코칭 태도와 언어의 일관성, 구조화된 질문 언어의 정확한 활용, 사실 기반의 경청 언어 실현, 기본적인 알아주기 언어 구사 등

이 단계에서는 언어 표현의 정확성을 높이고, 코칭대화 모델을 충실히 적용해서 실제 대화에서 코칭역량을 구현하는 기초를 구축한다.

다. KPC 코칭훈련 체계: 전문지식 및 이론 기반 기술 중심 훈련

KPC 수준에서는 코칭언어의 단순한 구사 수준을 넘어, 전문지식과 이론을 토대로 전략적 기술로 발전시키는 데 중점을 둔다. 주요 훈련 내용은 다음과 같다

- ◆ 전략적 질문 기술: 질문의 의도, 맥락, 강도·속도·방향에 대한 메타인지적 이해를 바탕으로, 논리적 연결성을 갖춘 질문 흐름을 설계하고 구사하는 훈련
- ◆ 역량의 통합적 발현: '적극경청-의식확장-목표설정' 역량의 유기적 연결을 통해 고객의 감정과 동기를 언어로 구체화하고, 분석적 언어 표현을 통해 사고 전환을 촉발하는 심화 훈련
- ◆ 코칭기술 응용 능력: 실행 중심의 대화를 설계하고, 의미확장 등의 주요 코칭기술을 언어적으로 통합하여 유연하면서도 구조적인 반구조화 대화 훈련

KPC 훈련의 핵심은 실행 가능성과 맥락 적합성을 모두 갖춘 기술화된 전략 도구로서의 역량을 정립하고, 이를 통해 반구조화 코칭대화를 효과적으로 구현하는 데 목적이 있다.

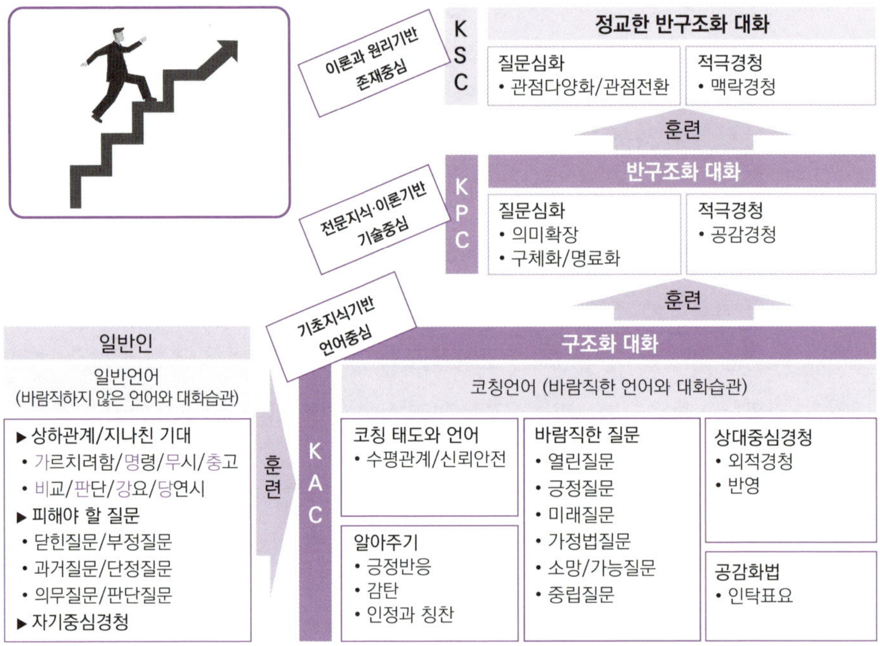

• 그림 10 • 코칭역량 체계: 커뮤니케이션 관점

라. KSC 코칭훈련 체계: 이론과 원리 기반 존재 중심 훈련

KSC 수준에서는 코칭언어가 단순한 기술을 넘어서 존재 기반의 표현 방식으로 전환되는 단계로 발전한다. 이 단계의 핵심은 내재화된 코칭언어가 코치의 프레즌스, 직관, 창의성과 통합되어 작동하는 고도화된 수준에 도달하는 데 있다.

- 프레즌스 기반 언어 구현: 말해진 것 이면의 말해지지 않은 의미를 감지하고, 비언어적·미표현적 신호에 언어적으로 반응하며, 직관에 기반한 언어 패턴을 즉흥적으로 창출하는 고도화된 훈련

- 창조적 언어 시스템 구축: 내재화된 언어를 바탕으로 고객과의 공진화적 상호작용을 이끌어 내고, 정교하게 반구조화된 대화 흐름을 유연하게 조율하는 훈련
- 변혁적 전환(Transformational Shift)으로의 고도화: 고객의 정체성, 가치, 사명과 연결된 존재 기반 언어의 표현, 관점전환에 의한 자각과 통찰을 촉진하는 촉매적 언어 기술, 코칭대화를 통합적 심리 체험으로 확장하는 고차원적 훈련

KSC 훈련 단계에서 코칭언어는 더 이상 단순한 기술적 수단을 넘어서 존재를 드러내는 고유한 표현 수단으로 진화하며, 고객에게 깊이 있는 내적 변화를 제공하는 중요한 통로로 작용한다.

2 바람직한 코칭 태도와 언어

커뮤니케이션은 크게 두 가지 상반된 관점에서 접근할 수 있다. 첫째, 소통과 관계를 단절시키는 태도와 말투, 둘째, 소통과 관계를 연결하고 강화하는 바람직한 태도와 언어이다. 이러한 구조적 대비는 효과적인 코칭 커뮤니케이션의 본질적 특성을 명확히 이해하는 데 중요한 기준이 된다.

2.1 관계단절을 유발하는 커뮤니케이션의 특징

가. 상하관계 기반 커뮤니케이션: 가명무충의 태도와 말투

- 가르치려는 태도와 말투: 상대를 수직적 관계의 하위자로 인식
- 명령하고 지시하려는 태도와 말투: 일방적 소통 구조를 형성
- 상대를 무시하거나 경멸하는 태도와 말투: 심리적 안전감을 침해
- 상대의 말을 자기식으로 해석해서 충고하거나 훈계하려는 태도와 말투: 자율성과 자기결정권을 약화시킴

나. 지나친 기대 기반 커뮤니케이션: 비판강당의 태도와 언어

- 다른 사람과 비교하는 태도와 말투: 열등감과 위축감을 자극
- 판단, 비평, 비판, 반박 중심의 태도와 말투: 방어적 반응을 유발
- 강요하는 태도와 말투: 내적 저항을 유발
- 당연시하는 태도와 말투: 개인의 고유함과 특수성을 무시

이러한 비대칭적 권력 구조와 소통 방식은 고객의 자율성과 창의성을 제한하며, 심리적 안전감을 훼손하고, 신뢰 기반의 관계 형성을 방해한다. 결국 개방적이고 탐색적인 대화를 차단하는 평가 중심의 커뮤니케이션으로 귀결된다.

2.2 코치의 바람직한 태도와 언어

가. 수평적 관계 기반 커뮤니케이션:

- 질문 언어: 개방적이고 탐색적인 커뮤니케이션을 촉진
- 요청 언어: 자율성과 주체성을 인정하며, 비지시적인 태도로 참여를 촉진
- 사실 인정 언어: 객관적 인식을 바탕으로 한 명확한 소통을 가능하게 함

나. 신뢰와 안전감 기반 커뮤니케이션:

- 칭찬 언어: 고객의 강점 인식과 자기효능감 향상에 기여
- 요청 언어: 자율성과 주체성을 인정하고, 비지시적인 태도로 참여를 촉진, 신뢰를 기반으로 상호작용

2.3 관계단절에서 관계구축으로의 전환

가. 전환 메커니즘

- 상하관계 및 비판 중심의 소통에서 수평적 관계 및 신뢰 기반 소통으로의 변혁적 전환이 필요
- 코치의 내적 태도와 외적 언어 표현 간의 일치가 중요

◆ 언어 사용의 습관적 자동성을 의식적으로 전환하는 훈련이 필수

나. KCA 코칭역량 연계성

- ◆ 관계구축 역량(5)
  - ▶ 수평적 파트너십(5.1)
  - ▶ 신뢰감과 안전감(5.2)
  - ▶ 존재인정(5.3)
  - ▶ 호기심(5.5)
- ◆ 의식확장 역량(7)
  - ▶ 질문(7.1)

바람직한 코칭 태도와 언어로의 변혁적 전환은 코칭 커뮤니케이션이 단순한 기술적 표현을 넘어, 코치의 내적 태도와 가치관이 언어를 통해 구현되는 복합적인 실천 체계임을 명확히 보여 준다.

3 질문 언어

코칭 커뮤니케이션의 핵심 도구인 질문 언어는 피해야 할 질문과 바람직한 질문으로 명확히 구분된다. 이 구분은 코칭대화에서 사용되는 주요 질문 유형들을 체계적으로 포함하며, 질문 언어는 KCA 코칭역량 중 의식확장_질문(7.1)의 핵심 실행 메커니즘으로 기능한다. 또한, 질문 언어는 코칭대화 전반에서 구조화와 비구조화의 핵심 기술로 활용된다.

3.1 바람직한 질문 vs. 피해야 할 질문

가. 질문 유형

질문의 형태적 특성, 방향성, 시간 프레임, 문법적 구조, 심리적 압력, 의도적 방향, 가치 지향성 등을 기준으로 질문의 유형을 분류할 수 있다.

표 17 질문 유형과 특징

구분	질문 종류	특징
1. 형태적 특성	열린 질문	사고와 감정을 자유롭게 표현하게 하여 다양한 대답을 유도함
	닫힌 질문	예/아니오 또는 정해진 선택지로 답변 범위를 제한함
2. 방향성	긍정 질문	긍정적 자원, 강점, 가능성 중심으로 사고를 확장함
	부정 질문	문제, 결핍, 실수 중심으로 방어적 태도를 유발할 수 있음
3. 시간 프레임	과거 질문	과거 경험 중심으로 현재·미래 사고를 제한함
	미래 질문	미래 계획, 가능성, 창의성, 기대 중심으로 열린 사고를 자극함
4. 문법적 구조	단정 질문	사실을 전제로 확인을 유도하여 고정된 사고를 유발함
	가정법 질문	가정 상황을 상정하여 창의적 사고 확장을 유도함 배려적 태도가 담긴 언어로 신뢰와 존중을 표현함
5. 심리적 압력	강요 질문	심리적 부담 또는 거부감을 유발할 수 있음
	요청 질문	자율성과 선택권을 존중하며 협조를 유도함
6. 의도적 방향	의무 질문	당위성 강조로 부담감과 압박을 유발할 수 있음
	소망 질문	소망과 내면의 동기에 초점을 두어 주도성을 이끌어 냄
	가능 질문	다양한 가능성과 대안 탐색을 유도함
7. 가치 지향성	판단 질문	감정·평가가 개입되어 방어기제를 유발할 수 있음
	중립 질문	객관적인 태도로 질문하여 심리적 안전감을 제공함

나. 바람직한 질문 vs. 피해야 할 질문

코칭대화에서 코치가 사용하는 언어에 따라 질문 유형이 결정된다. 다음은 바람직한 질문에 해당하는 질문 언어 유형이다.

- 열린 질문 ← 열린 언어
- 긍정 질문 ← 긍정 언어
- 미래 질문 ← 미래 지향 언어
- 가정법 질문 ← 가정법 언어

- 요청 질문 ← 요청 언어
- 소망 질문 ← 소망 언어
- 가능 질문 ← 가능성 언어
- 중립 질문 ← 중립 언어

이러한 질문은 고객의 의식확장, 감정 수용, 실행 동기부여에 직접적이고 긍정적인 영향을 미치며, 코칭대화에서는 이러한 질문 유형이 적극적으로 활용되어야 한다.

반면, 다음과 같은 질문 유형은 관계 형성과 심리적 안전감을 저해할 수 있으므로 반드시 주의하고 피해야 한다.

- 닫힌 질문 ← 닫힌 언어
- 부정 질문 ← 부정적인 언어
- 과거 질문 ← 과거 지향 언어
- 단정 질문 ← 단정짓는 언어
- 강요 질문 ← 강요하는 언어
- 의무 질문 ← 의무적인 언어
- 판단 질문 ← 판단, 비교, 평가하는 언어

표 18 비람직한 질문 vs. 피해야 할 질문

바람직한 질문			피해야 할 질문	
질문	방법	질문 사례	질문 사례	질문
열린 질문	육하원칙 언어 사용 SMART 언어 사용	- 코칭 공부하는 **이유**는 무엇입니까? - 코칭 공부하는 것이 **얼마나** 중요합니까?	- 코칭 공부하고 있습니까? - 코칭 공부하는 것이 중요합니까?	닫힌 질문
긍정 질문	긍정 언어 사용	- **잘**하려면 ~? - 해 줄 수 **있겠습니까?**	- 실수하지 않으려면 ~? - 해 줄 수 없겠습니까?	부정 질문
미래 질문	미래 언어 사용 앞으로는/향후는	- **앞으로** 어떻게 **해 볼 수** 있을까요?	- 어떻게 했습니까?	과거 질문

바람직한 질문			피해야 할 질문	
질문	방법	질문 사례	질문 사례	질문
가정법 질문	가정법 언어 사용 혹시, ~ 하다면	- **혹시** 무슨 일이 있나요?	- (늦게 도착한 사람에게) 늦잠 잤죠? - (부정결과 상황에서) ~했죠?	단정 질문
요청 질문	요청 언어 사용 ~ 어떨까요?	- ~ 하면 **어떨까요?**	- 무조건/꼭 ~ 해야 합니다.	강요 질문
소망 질문	소망 언어 사용 ~ 하고 싶은	- **하고 싶은** 것은 무엇인가요?	- 해야 할 것은 무엇입니까?	의무 질문
가능 질문	가능 언어 사용 ~ 할 수 있는/가능한 한 ~ 할 수 있다면	- **할 수 있는** 것은 무엇인가요?		
중립 질문	중립/사실(Fact)언어 사용	- 그렇게 말하는 **이유는** 무엇입니까?	- 왜 그렇게 불만이 많습니까?	판단 질문

3.2 복합 질문

가. 복합 질문의 개념

코칭에서 가장 효과적인 질문은 여러 질문 언어 유형을 전략적으로 조합하여 구성된 복합 질문이다. 이는 질문의 깊이를 단계적으로 심화시키는 패턴을 따른다.

- 복합 1단계: 단일 언어 유형
  - 최근에 **[즐거웠던]** 일은요? (긍정 질문)
- 복합 2단계: 2가지 언어 유형 결합
  - 최근에 **[즐거웠던]** 일은 **[무엇]**인가요? (긍정+열린 질문)
- 복합 3단계: 3가지 이상 언어 유형 결합
  - 최근에 **[즐거웠던]** 일이 **[있었다면]** **[무엇]**인가요? (긍정+가정법+열린 질문)
  - 최근에 **[즐거운]** 일을 **[원하는]** 것이 **[있다면]** **[무엇]**인가요? (긍정+소망+가정법+열린 질문)
  - 최근에 **[즐거운]** 일을 **[원하는]** **[이유]**가 **[있다면]** **[무엇]**인가요? (긍정+소망+중립+가정법+열린 질문)

나. 주제를 묻는 복합 질문 예시

- 복합 1단계: "오늘 **[어떤]** 주제로 이야기할까요?" (열린 질문)
- 복합 2단계: "오늘 **[어떤]** 주제가 **[좋을]**까요?" (열린+긍정 질문)
- 복합 3단계: "오늘 **[어떤]** 주제로 이야기**[하면]** 고객님께 **[유익]**할까요?" (열린+가정법+긍정 질문)

다. 복합 질문 분별하기

복합 질문을 정확히 분별할 수 있는 능력은, 이를 상황에 맞게 유연하게 구사할 수 있는 능력으로 이어진다. 따라서 반복적인 연습과 성찰을 통해 복합 질문의 구성 요소를 분별하고 자유롭게 조합하는 훈련이 필요하다.

표 19 복합 질문 만들기 연습

복합 질문 만들기	복합 질문 유형	복합 수준
- 오늘 **[어떤]** 주제로 이야기할까요?	열린 질문	복합 1단계
- 오늘 **[어떤]** 주제가 **[좋을]**까요?	열린+긍정 질문	복합 2단계
- 오늘 **[어떤]** 주제로 이야기**[하면]** **[좋을]**까요?	열린+가정법+긍정 질문	복합 3단계
- 오늘 **[어떤]** 주제로 이야기**[하면]** 이 시간을 **[유익]**하게 **[보낼 수 있을까요]**?	열린+가정법+긍정+가능 질문	복합 4단계

표 20 복합 질문 분별하기 연습

질문 예시	복합 질문 분별	복합 수준
- 최근에 **[즐거웠던]** 일이 **[있었다면]** **[무엇]**인가요?	긍정+가정법+열린 질문	복합 3단계
- 그 (주제)를 이야기하고 **[싶은]** **[이유]**는 **[무엇]**인가요?	소망+중립+열린 질문	복합 3단계
- **[(상황)임에도 불구하고]** (주제)와 (목표)를 이루기 **[위하여]** 시도**[해 볼 수 있는]** 방법 3가지를 찾아**[본다면]** **[무엇]**이 **[있을]**까요?	소망+가능+가정법+열린+긍정 질문	복합 5단계
- 그중에서 집중하고 **[싶은]** 것을 하나 선택**[한다면]** **[무엇]**인가요	소망+가정법+열린 질문	복합 3단계
- 그 (집중할) 것은 구체적으로 **[무엇]**부터 **[할 수 있나]**요?	열린+가능 질문	복합 2단계
- **[잘]** 실행하고 있음을 스스로 **[언제]**, **[어떻게]** **[알 수 있을]**까요?	긍정+열린+열린+가능 질문	복합 4단계

질문 예시	복합 질문 분별	복합 수준
- 오늘의 대화에서 **[정리된]** 생각이나 **[얻은 유익함]**이 **[있다면]** **[무엇]**인가요?	긍정+긍정+가정법+열린 질문	복합 4단계

라. 복합 질문의 방법론적 원리

복합 질문은 다음과 같은 코칭 설계 원리에 기반한다.

- ◆ 목적 지향적 설계: 관계구축, 의식확장, 행동촉진 등 특정 코칭 목적에 따라 질문 구성
- ◆ 심리적 안전감 강화: 가정법, 긍정, 요청 언어 등을 활용하여 방어 반응을 최소화
- ◆ 자율성 존중: 소망 중심, 가능성 중심 언어를 통해 고객의 내적 동기 자극
- ◆ 단계적 깊이화: 복합 1단계→2단계→3단계로 진행하며 탐색의 깊이를 확장
- ◆ 의식확장 메커니즘: 중립적 탐색에서 출발하여 의미 중심 질문으로 점진적 전개

복합 질문은 단순한 정보 수집을 위한 기술을 넘어, 고객의 인지적·정서적 변화를 촉진하는 전략적 도구이다. 그 구조적 정교함은 코칭대화의 깊이와 효과성을 결정짓는 핵심요소로 작용한다. 따라서 코치는 바람직한 질문 언어를 기반으로, 최소한 복합 2단계 질문을 활용하고, 가능하다면 가정법 언어를 포함한 복합 3단계 질문을 구사하는 것이 바람직하다.

4 경청 언어

코칭 커뮤니케이션에서 경청 언어는 외적 경청과 공감 경청이라는 두 핵심 범주로 체계화되며, 이는 KCA 코칭역량 중 적극경청_반영(6.2)과 적극경청_공감(6.3)의 핵심 실행 메커니즘으로 작용한다. 이 경청 언어는 코칭대화의 모든 단계에서 활용되는 비구조화 핵심 기술로 기능한다.

4.1 외적 경청: 반영

가. 비언어적 반영 요소: 심리적 안전감 조성과 관계적 조율 기반 구축

- 눈 맞추기: 주의 집중을 나타내는 시각적 표현
- 끄덕이기: 수용과 이해를 전달하는 신체적 신호
- 동작 따라 하기: 미러링을 통한 라포 형성
- 어조와 속도 맞추기: 음성 리듬의 조율로 심리적 안정감 제공
- 추임새: "음", "네", "아하" 등의 추임새를 통해 지속적인 관심 표현

나. 언어적 반영 요소: 소통의 정확성 확인 및 인지 명료화 촉진

- 재진술: 고객의 말을 코치의 언어로 다시 표현하여 이해 확인
- 요약: 고객의 말 속 핵심 내용을 간결하게 정리
- 직면: 고객의 말과 행동 사이의 불일치를 부드럽게 지적하여 자각을 유도

4.2 공감 경청

가. 감정 경청

- 방법론적 접근
  - 고객의 말 속에 담긴 감정의 어조 인식하기
  - 고객의 말 이면의 감정 상태 느끼고
  - 이를 언어로 정확히 표현하여 공감 전달하기
- 표현 구조: **[감정 언어]**하신가 보군요? / 보네요? / 보죠? / 것 같군요? / 되나요? 등의 추측형 어미 사용
- 예시: → **[속상]**하신가 보군요?

나. 욕구·의도 경청

- 방법론적 접근
  - 감정 이면의 욕구와 의도 탐색하기

▸ 이를 보편적 인간 욕구와 연결하여 맥락화하고

▸ 인정과 확인을 통해 욕구를 유효화하기

◆ 욕구 · 의도 언어 단서:

▸ "~을 하고 싶어요" / "원해요" / "바라요"

▸ "~가 되면 좋겠어요" / "필요해요"

◆ 표현 구조:

▸ **[욕구 · 의도 언어]** 보군요? / 보네요? / 보죠? / 것 같군요? / 되나요? 등의 추측형 어미를 사용

◆ 예시: → **[인정받고 싶으셨나]** 보죠?

다. 이론적 근거

◆ 대화이론: 언어적 겸손

▸ "보군요", "보죠", "같네요" 등은 추론적 공감을 표현하는 방식으로, 판단을 유보하는 언어로 작용

▸ 이는 방어심리를 낮추고, 자기표현의 여지를 제공

▸ 예: "많이 힘드셨겠어요?" 보다 "많이 힘드셨던 것 같네요?"가 심리적으로 더 안전하게 느껴짐

◆ 코칭심리학: 공감적 추론(Empathic Inference)

▸ 감정을 단정하거나 해석하기보다, 고객의 내면을 추론해 확인하는 대화 방식

▸ "~같네요?", "~보군요?" 등의 표현은 진단이 아닌 탐색을 유도

▸ Margaret Moore, David Drake 등에 따르면, '탐색형 진술+확인형 질문' 조합이 가장 효과적인 공감 언어

◆ 인지언어학: 모호성의 전략적 활용

▸ "같다", "보인다", "되나요" 등의 표현은 불확실성을 전제로 한 언어적 장치

▸ 이는 고객이 자신의 감정이나 욕구를 명확히 정리하고 표현할 수 있는 공간을 제공

라. 공감 경청 언어 실습

표 21 공감 경청 언어 실습

사례	감정 경청하기	욕구 경청하기
1. 그 고객은 우리에게 터무니 없는 불만을 얘기했어요. 우리가 조종당하는 것처럼 느껴집니다.	- **[억울]**한가 보군요?	- 정당함을 **[인정받고 싶었나]** 보군요?
2. 우리 팀은 고생만 하고 하는 일이 표가 안 나요. 버림받은 느낌입니다.	- **[화]**가 나나 보죠?	- 고생하고 있음을 **[인정받고 싶었나]** 보죠?
3. 그 선배님은 나를 못마땅하게 여기는 것 같아요. 무시당한 느낌입니다.	- **[속상]**한가 보네요?	- **[관심받고 싶었나]** 보네요?
4. 우리 팀장님은 정말 마음이 너그러워요. 우리는 보호받는 것 같은 느낌이 들어요.	- **[행복]**하신 것 같네요?	- **[보호받고 싶었던]** 것 같네요?
5. 우리 팀장님은 회의 내내 나한테 아무 것도 물어보지 않았어요. 날 좋아하시지 않는 것 같아요.	- **[걱정]** 되나요?	- **[존중 받고 싶었나]**요?

이처럼 외적 경청 언어와 공감 경청 언어는 코칭대화에서 심리적 안전감과 신뢰 형성, 그리고 감정적 공명을 이끌어 내는 핵심적인 경청 언어 체계로 작동한다.

5 알아주기 언어

코칭 커뮤니케이션에서 알아주기 언어는 체계적으로 분류되고 구조화된 언어적 패턴이며, KCA 코칭역량 중 신뢰감과 안전감_알아주기(5.2.3)의 핵심적 실행 메커니즘으로 작용한다. 이 언어 시스템은 코칭대화의 모든 단계에서 활용되는 비구조화 핵심 기술로 기능한다.

5.1 알아주기 언어의 구조적 이해

가. 위계적 단계 구성:

1단계(긍정 반응) → 2단계(사실 인정) → 3단계(사장 칭찬)으로 이어지는 위계적 구조는 점진적으로 더 심화된 인정과 공감을 가능하게 한다.

나. 핵심 기능:

이 언어 체계는 단순한 커뮤니케이션 기술을 넘어서, 코칭 관계에서 신뢰감과 심리적 안전감을 형성하는 중심적 메커니즘으로 작동한다.

다. 적용 예시

- 1단계: "아, 그렇군요!"
- 2단계: "그 부분을 어제와는 다르게 시도해 보셨네요."
- 3단계: "그렇게 실천하신 점 정말 인상 깊어요. 실천의 비결이 무엇인가요?"

5.2 알아주기 언어의 단계별 체계

가. 긍정 반응 (1단계): 기초적 소통 환경 확립

- 기본 원칙 1: 무조건적 수용을 통한 판단 유보
  - 고객의 말이 마음에 들지 않더라도, 먼저 "아, 그렇군요!"와 같은 긍정 반응을 통해 경청하고 있음을 명확히 전달
  - 목적: 즉각적인 평가와 판단을 유보하고, 수용 중심의 태도를 보여 줌으로써 심리적 안전감의 기반을 조성
- 기본 원칙 2: 수용 이후 자신의 관점 제시
  - 고객의 말에 동의되지 않거나 불편하게 느껴질 때에도, 먼저 긍정 반응으로 수용한 후, 자신의 의견을 덧붙이는 것이 바람직함
  - 목적: 방어적 반응을 최소화하고, 신뢰와 상호 존중이 깃든 균형 있는 소통 환경 조성

- ◆ 심리학적 기반과 효과
  - ▶ 고객의 방어적 태도 감소
  - ▶ 개방적인 소통 증진
  - ▶ 관계적 신뢰 구축의 기초 확립

나. 사실 인정 (2단계): 구체적 관찰 기반 표현

- ◆ 기본 정의:
  - ▶ 고객의 말, 행동, 결과와 성과를 객관적이고 구체적으로 포착하여 명시적으로 인정하는 언어 방식
- ◆ 핵심 원칙:
  - ▶ 작은 변화도 포착할 수 있는 세심한 관찰력 필요
  - ▶ 구체적인 사실에 기반한 언어 사용
  - ▶ 진정성 있는 표현을 통한 의미 있는 인정
- ◆ 구조 공식: **[감탄]** + **[사실 인정]**
  - ▶ 예: "우와, 오늘 코칭대화를 29분 15초에 마쳐서 30분 시간을 정확하게 지키셨네요!"
- ◆ 핵심 가치:
  - ▶ 주관적 평가가 아닌 관찰에 기반한 객관적 사실 중심의 인정
  - ▶ 진정성 확보: 실제로 관찰된 사실에 기반한 인정
  - ▶ 변화 인식: 작지만 의미 있는 변화를 포착하여 동기부여로 연결

다. 사장 칭찬 (3단계): 인정을 넘어 탁월성 부각

- ◆ 기본 정의:
  - ▶ 단순한 사실 인정에 그치지 않고, 고객의 말이나 행동, 결과와 성과에 담긴 의미와 가치, 장점, 탁월성을 부각하여 칭찬으로 확장하는 방식
- ◆ 구조 공식: **[감탄]** + **[사실 인정]** + **[후렴]** + **[장점 칭찬]**
- ◆ 세부 구성 요소
  - ▶ 감탄과 함께 사실을 구체적으로 인정

▶ 후렴 표현 추가: “대단합니다“ / ”멋집니다“ / ”감동입니다” 등

→ 인정한 사실을 탁월성에 대한 질문으로 확장: “그 비결이 무엇인가요?”

라. 사장 칭찬 실습

표 22 사장 칭찬 실습

사례	사장 칭찬	
A 상담사가 까다로운 고객을 밝은 미소로 상담하고 있다.	**사실** 인정	- 우와, **밝은 미소**로 상담하네요!
	장점 칭찬	- 밝은 미소의 **비결이 뭐예요**?
B 대리는 작업복이 항상 깔끔하다.	**사실** 인정	- 오오, **작업복이 깔끔**한 게 멋지네요!
	장점 칭찬	- 깔끔한 작업복의 **비결을 내게도 알려주면 어때요**?
C 과장은 회의 10분 전에 미리 와서 준비하고 있다	**사실** 인정	- 와아, **미리 와서 회의 준비**하고 있네요!
	장점 칭찬	- 미리 준비하는 습관의 **비결이 있다면 무엇인가요**?

알아주기는 영어 단어 Acknowledgement를 코칭의 맥락으로 확장하여, 인정(recognition)과 존중(respect)의 의미로 활용한다.

이는 고객의 언어적·비언어적 커뮤니케이션에 진심 어린 관심을 기울이며, 그 표현을 인정·감사·답신·존중 등의 형태로 드러내는 코칭 관계의 핵심 언어이다.

즉, 알아주기는 단순한 반응이 아니라, 고객의 존재와 경험을 있는 그대로 수용하고 가치 있게 바라보는 존재 중심의 언어적 존중이다.

알아주기 언어 체계는 기술이 아닌 태도의 표현이며, 고객의 존재를 있는 그대로 인정하고, 변화의 여정을 함께 축하하는 심리적 동반자의 언어이다. 이를 통해 코치는 고객과의 깊은 신뢰 관계와 심리적 안전감을 구축하고, 내면의 동기를 강화하는 코칭 환경을 조성할 수 있다.

제5장 핵심 코칭기술 훈련

1. 적극경청 훈련
2. 의식확장 훈련
3. 목표설정 훈련
4. 관점전환 훈련

핵심 POINT

- ▶ 적극경청의 목적과 훈련의 핵심은 무엇인가?
- ▶ 의미확장의 목적과 훈련의 핵심은 무엇인가?
- ▶ 목표설정의 목적과 훈련의 핵심은 무엇인가?
- ▶ 관점전환의 목적과 훈련의 핵심은 무엇인가?

1 적극경청 훈련

1.1 적극경청의 핵심

코칭대화에서 적극경청은 단순한 듣기를 넘어, 체계적이고 정교하게 구조화된 과정이다. 이는 KCA 코칭역량의 공감(6.3) 및 고객의 표현지원(6.4)과 직접적으로 연결되며, 코칭대화의 필수 핵심 기술로서 다음의 3단계 구조로 접근할 수 있다.

가. 적극경청의 통합적 3단계 프로세스

◆ 사실 분별 (1단계)

▶ 정의: 고객의 이야기에서 사실과 해석을 분별하여 객관적 사실을 식별하는 것.

▶ 의의: 명확한 경청을 위해 주관적 해석과 객관적 사실을 분리함.

▶ 실행 방법: 고객의 이야기에서 객관적으로 검증 가능한 사실을 선별함.

▶ 비유: 뿌리작물에서 흙을 털어 내고 실제 작물을 드러내는 과정과 유사함.

◆ 공감 (2단계)

▶ 정의: 사실 이면에 담긴 고객의 감정을 인식하고 이를 표현하는 것.

▶ 의의: 고객과의 정서적 연결을 통해 심리적 안전감을 형성함.

▶ 실행 방법: 언어적·비언어적 단서를 통해 감정을 포착하고 표현함.

▶ 비유: 뿌리작물의 품질과 특성을 평가하는 과정

◆ 욕구·의도 탐색 (3단계)

▶ 정의: 감정의 이면에 있는 욕구나 의도를 파악하는 것.

▶ 의의: 고객의 행동과 감정 이면의 근본적 동기를 이해함.

▶ 실행 방법: 표현된 감정의 원인을 구성하는 인간의 기본 욕구를 식별함.

▶ 비유: 뿌리작물이 자라난 토양과 환경적 조건을 분석하는 과정.

이 적극경청 3단계는 단순히 들리는 것을 넘어 고객의 경험 세계를 다차원적으로 이해하는 인지·정서 통합 모델이다. 사실-감정-욕구의 삼각 구조는 경청의 본질을 체계적으로 설명해 준다.

1.2 감정과 욕구의 관계

효과적인 경청은 감정과 욕구 간의 유기적인 관계에 대한 이해를 전제로 한다. 이 두 요소는 인간 경험을 구성하는 핵심적인 심리 구조이다.

가. 감정의 구조적 분류: 퇴계 이황의 7정(情)

- 기쁨(喜): 원하는 일이 이루어졌을 때 느끼는 긍정적 감정
- 분노(怒): 부당하거나 억울한 상황에 대한 분개
- 슬픔(哀): 상실에서 비롯된 감정
- 두려움(懼): 위험 또는 불확실성에 대한 반응
- 사랑(愛): 애정과 관심이 담긴 긍정적 끌림
- 증오(惡): 불쾌하거나 해로운 것에 대한 거부감
- 욕망(慾): 어떤 것을 얻고자 하거나 이루고자 하는 강한 의지

나. 욕구의 구조적 분류

- 자기실현 관련 욕구
    - 자아실현의 욕구
    - 성취하고 싶은 욕구
    - 성공하고 싶은 욕구
- 관계적 욕구
    - 사랑받고 싶은 욕구
    - 인정받고 싶은 욕구
    - 관심받고 싶은 욕구
- 안전 관련 욕구
    - 존중받고 싶은 욕구
    - 보호받고 싶은 욕구
    - 격려받고 싶은 욕구

다. 욕구 기반 감정의 작동 원리

- ◆ 기본 원리: 감정은 욕구 충족 여부에 따라 발생함
- ◆ 전형적 패턴:
  - ▶ 충족된 욕구 → 긍정적 감정
  - ▶ 충족되지 않은 욕구 → 부정적 감정
- ◆ 실용적 통찰
  - ▶ 모든 감정은 욕구의 신호로 간주할 수 있음
  - ▶ 감정을 통해 욕구를 이해하면 코칭대화의 방향성이 명확해짐

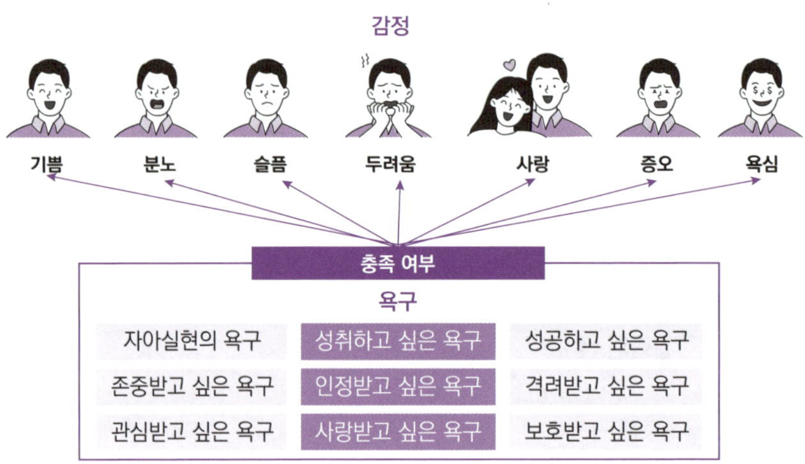

• 그림 11 • 욕구 기반 감정의 작동 원리

라. 적극경청의 실용적 함의

- ◆ 진단적 경청 체계
  - ▶ 표면적 내용 → 사실 추출 → 감정 인식 → 욕구 탐색으로 이어지는 단계적 경청 흐름
  - ▶ 각 단계에 맞는 적합한 기술 적용과 주의 집중 필요
- ◆ 변혁적 전환 대화 가능성
  - ▶ 욕구에 기반한 접근은 문제 중심 대화를 가치 중심 대화로 전환시킴

▶ 충족되지 않은 욕구를 새로운 방식으로 충족할 가능성을 탐색

◆ 경청 실패의 방지

▶ 단편적 듣기에 머무르지 않고, 고객의 내면 욕구까지 통합적으로 이해

▶ 고객의 행동과 감정에 대해 더 깊은 차원의 통찰 제공

마. 공감 경청 연습

표 23 공감 경청 연습

<table>
<tr><th>사례</th><th colspan="3">사장 칭찬</th></tr>
<tr><td rowspan="6">우리 팀장님은 회의 내내 나한테 아무것도 물어 보지 않았어요. 날 좋아하시지 않는 것 같아요.</td><td rowspan="3">경청이 되었을 때</td><td>사실 분별</td><td>- [팀장님이 고객님께 아무것도 물어보지 않았군요?]</td></tr>
<tr><td>감정 공감</td><td>- 그래서 [걱정] 되는가 보죠?</td></tr>
<tr><td>욕구·의도 탐색</td><td>- [팀장님이 고객님께 아무것도 물어보지 않아] [걱정]되는 [이유]는 무엇인가요?</td></tr>
<tr><td rowspan="3">경청이 안 되었을 때</td><td>사실 분별</td><td>- 고객님의 이야기에서 [사실]은 무엇인가요?
또는
- 고객님의 이야기에서 [사실과 해석을 구분] 한다면 어떠실까요?</td></tr>
<tr><td>감정 공감</td><td>- 그래서 고객님의 [기분]은 어떠하신가요?</td></tr>
<tr><td>욕구·의도 탐색</td><td>- [사실 KW] 상황에서 [감정 언어]가 생긴 [진짜 이유]는 무엇인가요?
또는
- [감정 언어]를 유발한 고객님의 [진짜 속마음]은 무엇인가요?</td></tr>
</table>

적극경청은 단순한 수용이나 반응의 차원을 넘어, 고객의 감정 표현을 통해 이면의 욕구를 체계적으로 추론하고 이해할 수 있도록 돕는다. 이는 코칭에서 고객 경험의 본질을 파악하고 정서적·인지적으로 통합된 개입을 가능하게 하는 핵심 기반이다. 궁극적으로, 적극경청은 사실-감정-욕구에 대한 통합적 이해를 바탕으로 코칭대화를 깊이 있게 이끌어 가는 핵심 역량임을 강조한다.

2 의식확장 훈련

2.1 의식확장의 개념적 구조

KCA 코칭역량의 의식확장(7)은 코칭 과정에서 핵심적인 변혁적 전환 메커니즘으로 작용한다. 이 역량은 CHUNK 개념을 중심으로 구조화되며, 수직(UP/DOWN, 위아래) 및 수평(SHIFT, 좌우)의 네 가지 방향성을 가진 통합적 시스템으로 설명할 수 있다.

가. 의식확장의 다차원적 구조

- ◆ 수직적 차원(UP/DOWN)
  - ▶ 의미확장(UP): 목적가치 및 존재(Being)로 사고를 확장
  - ▶ 구체화(DOWN): 사고의 명료화(Detail) 및 구체화
- ◆ 수평적 차원(SHIFT)
  - ▶ 관점전환: 새로운 시각으로 변혁적 전환
  - ▶ 가능성 확대: 선택지와 사고 범위의 확장

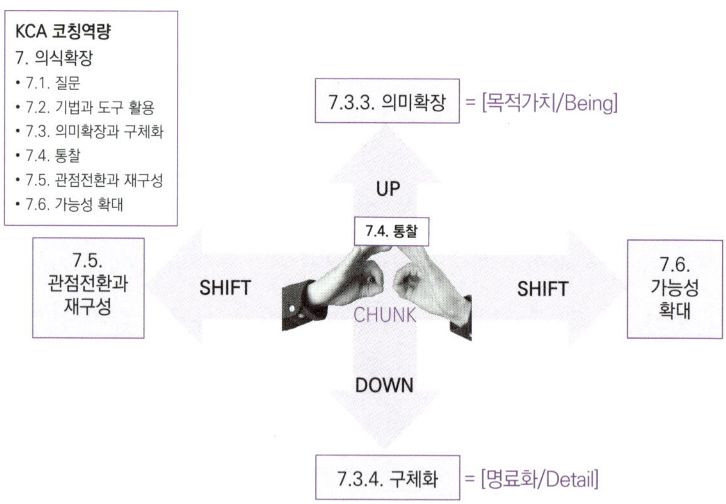

• 그림 12 • 의식확장의 다차원적 구조

나. 의식확장과 KCA 코칭역량

의식확장(7)은 다음과 같은 하위 핵심요소로 분할되어 활용된다.

- ◆ 의식확장 도구
  - ▶ 질문(7.1): 기본적이며 범용적인 도구
  - ▶ 기법과 도구 활용(7.2): 특정 목적을 지닌 확장 도구
- ◆ 의식확장 방법
  - ▶ 의미확장과 구체화(7.3): 수단가치를 목적가치로 의미확장, Having, Doing을 Being으로 의미확장
  - ▶ 관점전환과 재구성(7.5): 새로운 시각으로 사고의 전환 또는 변혁적 전환
  - ▶ 가능성 확대(7.6): 선택지와 사고 범위의 확장
- ◆ 의식확장 결과
  - ▶ 통찰(7.4): 알아차림, 깨달음, 인식의 확장 및 전환

이 구조적 접근법은 의식확장이 단순한 기술을 넘어선 고객의 인지적·정서적·실존적 차원을 아우르는 다차원의 변혁적 메커니즘임을 보여 준다.

다. 코칭대화 맥락과의 연결

의식확장 역량은 IGROW 코칭대화 모델의 각 맥락과 유기적으로 연결된다.

- ◆ 주제합의 맥락 (Goal: 주제합의)
  - ▶ 활용 역량: 의미확장(7.3.3)
  - ▶ 목적: 주제에 의미를 부여하고 확장함으로써 이유와 목적을 명확히 인식
  - ▶ 방법: 수단가치에서 목적가치로 의미확장
- ◆ 목표합의 맥락 (Goal: 목표합의)
  - ▶ 활용 역량: 구체화(7.3.4)
  - ▶ 목적: 진짜 주제가 이루어진 모습·상태·상황·수준을 생생하게 상상
  - ▶ 코칭목표: 무엇(진짜 주제)+양(얼마나)+기한(언제까지)
- ◆ 현실점검 맥락 (Reality)

▶ 활용 역량: 구체화(7.3.4)

▶ 목적: 꿈과 목표 대비 현실의 차이(GAP)를 인식하고 극복 가능성 확신

◆ 방안탐색 맥락 (Option)

▶ 활용 역량: 관점전환과 재구성(7.5)과 가능성 확대(7.6)

▶ 목적: 꿈과 목표를 이루기 위한 해 볼 수 있고, 하고 싶은 실현 가능한 방안을 탐색

◆ 실행계획 맥락 (Will)

▶ 활용 역량: 구체화(7.3.4)

▶ 목적: 실천하고 싶고, 실천할 수 있고, 실천할 수밖에 없는 구체적인 실행계획 수립

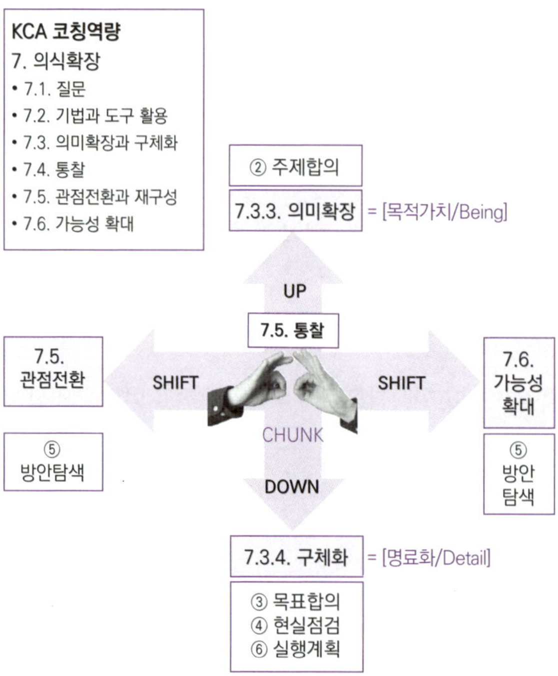

KCA 코칭역량
6.1. 맥락적 이해

코칭대화 맥락		목적
1. Ice Breaking 관계구축		
Goal	② 주제합의 (주제 명확화)	• 주제의 이유와 목적을 명료하게 인식 • 수단가치 → 목적가치
	③ 목표합의 (목표 명확화)	• 진짜 주제가 이루어진 모습/수준/상태/상황을 생생하게 상상하도록 지원 • 무엇+양+기한
④ Reality 현실점검		• 꿈과 목표 대비 현실의 GAP 인식 • 과거: 핑계와 구실 vs. 지금: 극복 가능
⑤ Option 방안탐색		• 꿈과 목표를 이룰 수 있는 해결방안 탐색 해 볼 수 있는 방안/하고 싶은 방안
⑥ Will 실행계획		• 실행할 수 있는 구체적인 실행계획 수립 • 과제+시작+실천+반복
7. 마무리		

• 그림 13 • 의식확장과 코칭대화 맥락

2.2 의미확장

의미확장은 의식확장의 상향적(CHUNK UP) 방향을 의미하며, 고객의 인식을 수단가치에서 목적가치로, 소유(Having)와 행위(Doing)에서 존재(Being)로 끌어올리는 인식의 상승 과정이다.

가. 의미확장의 정의

- 수단가치에서 목적가치로 전환하는 과정
- Having/Doing에서 Being으로 전환하는 과정
- 관점(CHUNK)을 재구성하여 상위 의미 체계로 이동하는 과정

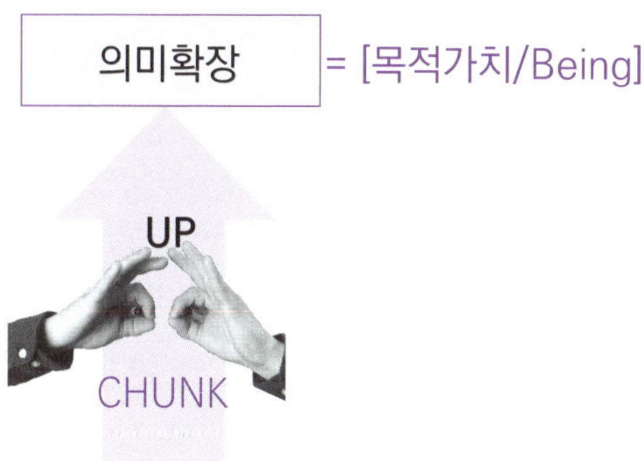

• 그림 14 • 의미확장 개념

나. 수단가치 vs. 목적가치

- 수단가치의 특성
  - 자기계발, 재정, 성공, 직업, 다이어트, 시간관리 등 외적 성취 중심
  - 대부분의 고객 주제는 수단가치에 머무름
- 목적가치의 특성
  - 정체성, 인간 존중, 영성, 행복, 평화, 자유, 이상실현, 자아실현, 성장, 깨달음, 기여, 헌신, 보람, 기쁨, 즐거움 등 내재적 가치 중심
  - 존재론적·의미적·본질적 목적에 기반

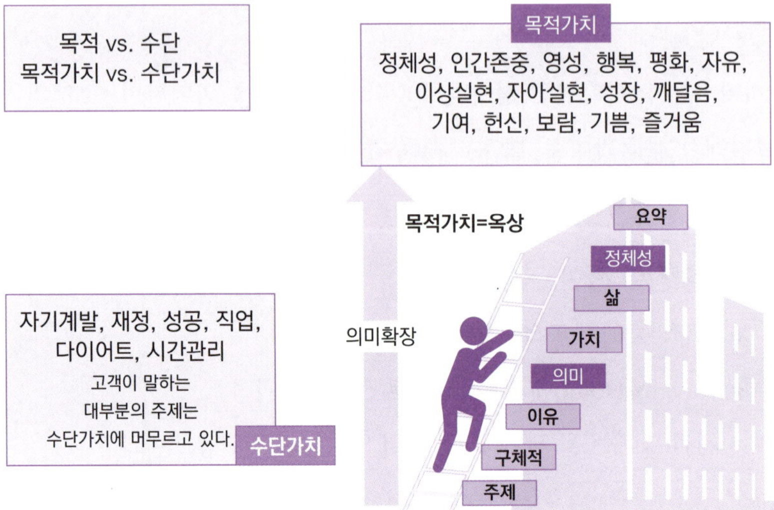

• 그림 15 • 의미확장: 수단가치 → 목적가치

다. 의미확장 방법

- ◆ 수단가치에서 목적가치로의 확장
  - ▶ 비유: 사다리를 타고 마음속 성(城: Castle)의 옥상으로 올라가는 과정
  - ▶ 단계적 접근: 주제 → 구체적 설명 → 이유 → 의미 → 가치 → 삶 → 사람(존재) → 요약
- ◆ Having(소유)-Doing(행위)-Being(존재) 성장 모델
  - ▶ 인간은 이 세 단계를 거치며 성숙해지고 성장한다.
  - ▶ Having(소유) → Doing(행위) → Being(존재)로 점진적 전환이 가능

의미확장은 코칭의 본질적 가치를 실현하는 핵심 역량이다. 이는 단순한 문제 해결을 넘어서, 고객의 존재 방식과 삶의 의미를 근본적으로 전환시키는 데 기여하는 변혁적 메커니즘으로 기능한다.

개념	Being을 찾게 하는 질문
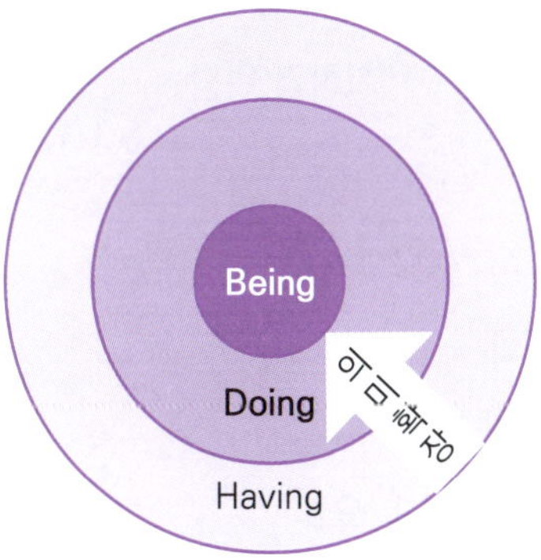	▶ **저는 영업에 재능이 없는 것 같아요.** (← Having) **〈질문 사례〉** • [Doing] **무엇을 잘하고 싶어서 그렇게 말씀하나요?** • 수주 실적을 많이 올리고 싶습니다. • [Being] **어떤 사람이 되고 싶어서 (수주)를 잘하고 싶은 건가요?** • 사람의 마음을 빨리 정확히 읽는 최고의 사업가가 되고 싶습니다. • [후속질문: 주제 명확화]

• 그림 16 • 의미확장: Having → Doing → Being

3 목표설정 훈련

3.1 구체화의 개념적 구조

구체화(Chunk Down)는 CHUNK 모델의 하향 방향 확장을 의미하며, 추상적 개념을 실행 가능한 구체적인 세부 사항으로 전환하는 과정이다. 이는 KCA 코칭역량의 구체화(7.3.4)와 직접적으로 연계되며, 목표설정, 현실점검 및 실행계획의 맥락에서 핵심적인 역할을 한다.

가. 구체화를 위한 체계적 질문 프레임워크

◆ SMART 질문 모델

- ▶ Specific(구체적): "그것은 구체적으로 무엇인가요?"
- ▶ Measurable(측정 가능): "스스로 측정 가능한 방법을 찾아본다면요?"
- ▶ Achievable(달성 가능): "달성 가능한 목표를 생각해 본다면요?"
- ▶ Relevant(관련성): "그 주제와 관련성 있는 실행과제를 찾아본다면 무엇일까요?"
- ▶ Time-based(시간 기반): "시간 또는 기한을 고려한다면 어떤 방안이 떠오를까요?"

◆ 육하원칙 기반 질문

▶ 기본 구조: "무엇을, 누가, 언제, 어디서, 어떻게, 얼마나?"

▶ 목적: 실행계획의 모든 요소를 명확히 구체화하기 위함

◆ 일반적인 세부화 질문 예시

▶ 우선순위: "그중 어떤 것이 가장 큰 문제인가요?"

▶ 구체화: "정확하게 누가 그렇게 말했나요?"

▶ 원인 탐색: "무엇 때문에 그렇다고 생각하시나요.?"

▶ 근거 확인: "어떤 근거로 그렇게 생각하시나요?"

▶ 세분화: "그것을 좀 더 세분화한다면 어떻게 될까요?"

나. 구체화(DOWN)와 의미확장(UP)의 상보적 관계

◆ 의미확장과 구체화는 사다리를 타고 오르내리듯이 반대 방향을 가지면서도, 서로를 보완하는 역할을 수행한다.

◆ 구체화는 명료화와 실행 가능성을 지향하며, 코칭대화의 전반적인 맥락에서 핵심적으로 활용된다. 특히 목표설정, 현실점검, 실행계획 맥락에서 필수적인 도구로 작동한다.

3.2 코칭대화에서의 목표의 구분

코칭대화에서는 세 가지 유형의 목표가 존재하며, 각각의 구조와 기능이 상이하다. 코치는 이들 목표의 특성과 관계를 명확히 분별하고, 그에 따라 코칭대화를 진행할 필요가 있다.

가. 목표 유형의 구분

◆ 코칭목표: 고객의 목표

▶ 유형 1: 미래의 꿈과 목표

• 고객이 자신의 꿈과 목표가 이루어진 모습·상황·상태·수준을 생생하게 상상할 수 있도록 설정하는 목표이며, 이는 일반적으로 코칭세션 내에서 즉각적으로 이룰 수 없는 특성

- 구성 요소: 무엇, 양, 기한

▶ 유형 2: 현재의 마음의 문제

- 고객이 자기자신(내적갈등/자신감/두려움/수치심) 또는 관계(대인갈등/조직갈등)와 관련된 문제를 해결하는 것이 목표이며, 이는 코칭세션 내에서 반드시 다루고 해결해야 하는 특성
- 구성 요소: 무엇, 양

▶ 유형 3: 복합 이슈:

- 미래의 꿈과 목표는 코칭세션에서 이룰 수 없는 특성과 현재의 마음의 문제는 코칭세션에서 다루고 해결해야 하는 특성이 복합된 주제
- 구성요소 1(꿈과 목표): 무엇, 양, 기한
- 구성요소 2(마음의 문제): 무엇, 양

▶ 평가 기준: 고객이 원하는 것을 실질적으로 이루었는지 여부

◆ 실행목표: 고객의 목표

▶ 정의: 고객이 자신의 꿈과 목표를 달성하기 위해 수립하는 구체적인 실행계획에 관한 목표

▶ 구성 요소: 실행과제, 시작목표, 실천목표, 반복목표

▶ 평가 기준: 실행계획이 실제로 수립되었는지 여부

◆ 코칭세션목표: 코치의 목표

▶ 정의: 코치가 코칭세션 내에서 달성해야 하는 목표

▶ 특징: 문제 해결 및 동기부여 중심

▶ 평가 기준: 고객이 코칭목표설정, 실행계획 수립, 마음의 문제 해결, 동기부여 되었는지 등의 여부

3.3 고객의 상황별 목표 연계 구조

코칭목표, 실행목표, 코칭세션목표는 고객의 주제 유형에 따라 상황별로 구분되며, 상호 유기적으로 연결된다.

3.3.1. 미래의 꿈과 목표를 위한 대화 상황

가. 다루어야 하는 목표: 코칭목표 vs. 실행목표 vs. 코칭세션목표

코치는 세 가지 목표 간의 관계를 명확히 분별하고, 맥락적으로 적절하게 다룰 수 있어야 한다.

① 고객의 코칭목표와 코치의 코칭세션목표가 다르다.

코칭목표는 고객이 세션 외부에서 이루고자 하는 꿈과 목표를 의미하며, 코칭세션목표는 그 코칭목표를 세션 안에서 다루기 위한 코치의 역할적 목표이다.

② 고객의 실행목표와 코치의 코칭세션목표가 같다.

실행목표는 고객이 세션 후 실제로 수행하게 될 구체적인 행동계획이며, 코칭세션에서 이 실행목표를 수립하도록 돕는 것이 코치의 실제 세션 운영 목표가 된다.

나. 코칭목표:

코칭목표는 코칭세션 외부에 존재하는 고객의 궁극적인 목표이다. 그럼에도 불구하고 고객은 자신의 꿈과 목표가 이루어진 모습·상황·상태·수준을 생생하고 명확하게 상상할 수 있어야 한다.

◆ 코치는 다음과 같이 코칭목표를 질문하는 것이 맥락적으로 적절하며 효과적이다.

"고객님께서 (주제)를 원하시는데 어떤 모습·상황·상태·수준이 되면 (주제)가 이루어졌다고 할 수 있나요?"

이 질문은 고객이 자신의 궁극적인 꿈과 목표를 구체적으로 그릴 수 있도록 돕는다.

◆ 반면에 "오늘 코칭대화가 끝났을 때 어떤 결과를 얻으면 만족하시겠나요?"라는 질문은 흔히 사용되지만, 이는 고객의 코칭목표라기보다는 코칭세션의 기대 결과를 묻는 것으로, 맥락적으로 부적절하고 불필요한 질문이다. 미래의 꿈과 목표를 다루는 대화에서는 이러한 질문은 고객의 목적성을 흐릴 수 있으므로, 가능하다면 사용을 지양하는 것이 바람직하다.

다. 실행목표:

실행목표는 고객이 코칭목표를 향해 나아가기 위해 세션 후 실제로 수행할 수 있는 구체적인 행동계획이다. 코치는 코칭세션에서 고객이 실천 가능한 구체적인 실행계획을 수립할 수 있도록 구조화된 지원을 제공해야 한다.

라. 코칭세션목표:

코칭세션목표는 코치의 역할과 의도에 해당하며, 세션 안에서 고객이 다음을 달성하도록 돕는 것을 의미한다.

- ◆ 고객이 코칭목표와 실행목표를 명확하고 구체적으로 수립할 수 있도록 돕고,
- ◆ 실행에 대한 내적 동기부여가 강화되도록 코칭세션을 운영해야 한다.

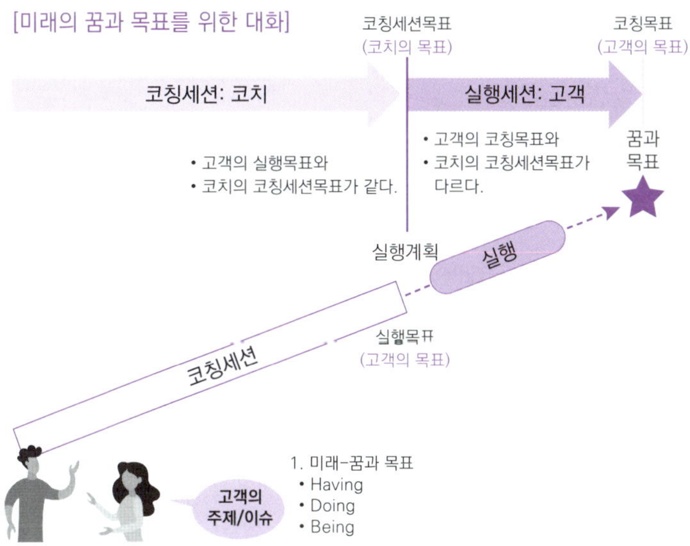

• 그림 17 • 미래의 꿈과 목표를 위한 대화: 코칭목표 vs. 실행목표 vs. 코칭세션목표

3.3.2. 현재 마음의 문제를 위한 대화 상황

가. 다루어야 하는 목표: 코칭목표 vs. 코칭세션목표

코치는 두 가지 목표 간의 관계를 명확히 분별하고, 맥락적으로 적절하게 다룰 수 있어야 한다.

① 고객의 코칭목표와 코치의 코칭세션목표가 같다.

현재 마음의 문제를 다루는 코칭에서는 고객이 세션을 통해 해결하고자 하는 이슈와 코치가 세션을 운영하는 목적이 일치한다.

따라서 코칭목표와 코칭세션목표가 동일한 방향성을 갖게 된다.

나. 코칭목표:

고객의 목표로서, 고객은 코칭을 통해 현재 자신이 겪고 있는 감정적 불편이나 내적갈등, 혹은 관계에서의 심리적 문제를 해결하고자 한다.

- 코치는 다음과 같은 질문을 통해 코칭목표를 도출하는 것이 맥락적으로 적절하고 효과적이다.
- "오늘 코칭대화가 끝났을 때 어떤 결과를 얻으면 만족하시겠나요?"
- 이 질문은 고객이 현재의 마음 상태와 코칭을 통해 기대하는 심리적 전환 지점을 구체화하도록 돕는다.
- 현재 마음의 문제에 대한 코칭목표는 일반적으로 고객의 현재 상태에 밀접하게 연결되어 있으며,
- 코칭세션 내에서 구체적이고 명료하게 설정하기에 비교적 용이하다.

다. 코칭세션목표:

코칭세션목표는 코치의 역할과 관련되며, 코치는 세션 안에서 고객이 현재의 정서적 문제나 심리적 이슈를 효과적으로 탐색하고, 해결의 실마리를 찾을 수 있도록 돕는 것을 목표로 삼아야 한다.

- 코치는 고객이 자신의 마음의 문제를 직면하고, 이를 스스로 인식하며, 정서적으로 안정되거나 해소될 수 있도록 지원하는 데 중점을 둔다.
- 이러한 접근은 고객의 내면적 전환을 유도하며, 이후의 실행 단계로 자연스럽게 이어질 수 있는 기반이 된다.

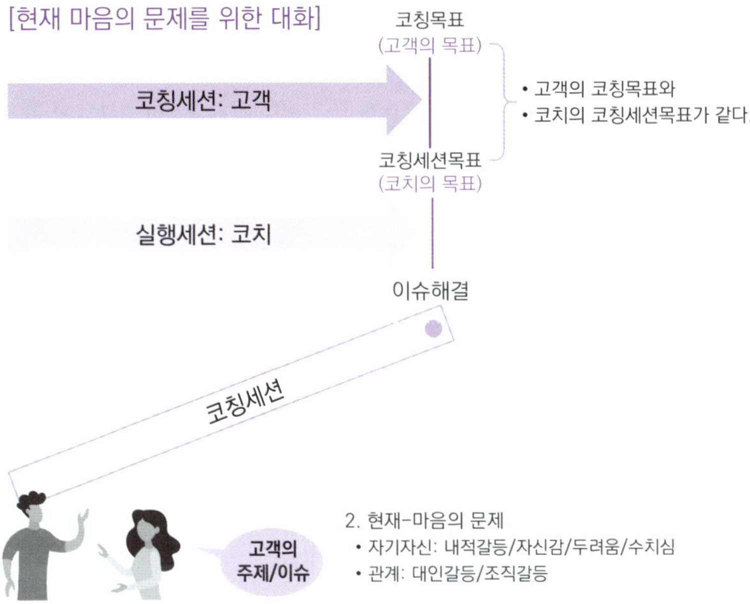

• 그림 18 • 현재 마음의 문제를 위한 대화: 코칭목표 vs. 코칭세션목표

3.3.3. 복합 주제를 위한 대화 상황

가. 다루어야 하는 목표: 코칭목표 1 vs. 코칭목표 2 vs. 실행목표 vs. 코칭세션목표

코치는 네 가지 목표를 명확히 분별하고, 각 목표 간의 관계를 맥락적으로 이해하며 효과적으로 다룰 수 있어야 한다.

① 고객의 코칭목표 1과 코치의 코칭세션목표가 다르다.
코칭목표 1은 고객이 세션 외부에서 이루고자 하는 꿈과 목표를 의미하며, 코칭세션목표는 그 코칭목표를 세션 안에서 다루기 위한 코치의 역할 목표이다.

② 고객의 코칭목표 2와 코치의 코칭세션목표가 같다.
코칭목표 2는 고객이 세션을 통해 해결하고자 하는 이슈이며 코치가 세션을 운영하는 목적과 일치한다. 따라서 코칭목표와 코칭세션목표가 동일한 방향성을 갖게 된다.

③ 고객의 실행목표와 코치의 코칭세션목표가 같다.

실행목표는 고객이 세션 이후 실제로 수행하게 될 구체적인 행동 계획이며, 코칭세션에서 이러한 실행목표를 수립하도록 돕는 것이 코치의 실제 세션 운영 목표가 된다.

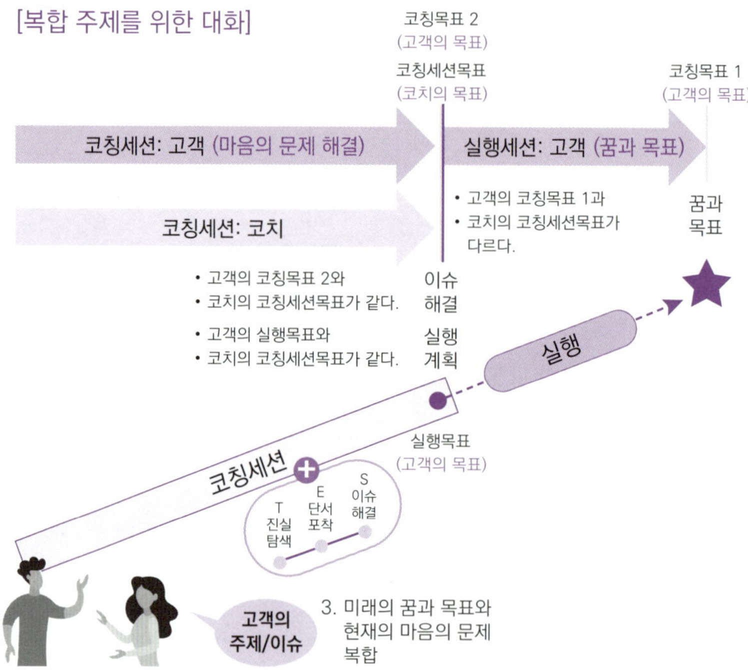

• 그림 19 • 복합 주제를 위한 대화: 코칭목표 1 vs. 코칭목표 2 vs. 실행목표 vs. 코칭세션목표

나. 코칭목표 1:

코칭목표 1은 코칭세션 외부에 존재하는 고객의 궁극적인 목표이다. 코치는 고객이 자신의 꿈과 목표가 이루어진 모습·상황·상태·수준을 생생하고 명확하게 상상할 수 있도록 지원해야 한다.

◆ 코치는 다음과 같이 코칭목표 1을 질문하는 것이 맥락적으로 적절하며 효과적이다.

"고객님께서 (주제)를 원하시는데 어떤 모습·상황·상태·수준이 되면 (주제)가 이루어졌다고 할 수 있나요?"

- 이 질문은 고객이 자신의 궁극적인 꿈과 목표를 구체적으로 그릴 수 있도록 돕는다.
- 단, 이 질문은 코칭목표 2와는 다른 맥락임을 인식하고, 분별하여 다루어야 한다.

다. 코칭목표 2:

코칭목표 2는 고객이 현재 자신이 겪고 있는 마음의 문제나 정서적 이슈를 코칭을 통해 해결하고자 하는 목표이다.

- 코치는 다음과 같은 질문을 통해 코칭목표 2를 명확히 할 수 있다.
  "오늘 코칭대화가 끝났을 때 어떤 결과를 얻으면 만족하시겠나요?"
- 이 질문은 고객이 현재 자신의 심리적 문제에 대해 명확히 인식하고, 기대하는 변화와 방향을 표현하도록 돕는다.
- 단, 이 질문은 코칭목표 1과는 특성과 맥락이 다르므로, 이를 분별하여 접근해야 한다.

라. 실행목표:

코치는 고객이 코칭목표를 달성하기 위한 실천 가능한 구체적인 실행계획을 수립할 수 있도록 도와야 한다.

마. 코칭세션목표:

코칭세션목표는 코칭세션 안에서 코치가 중점을 두어야 하는 운영 목표이다. 코치는 코칭세션을 통해

① 고객이 코칭목표 1을 설정하고 실행목표를 구체적으로 수립하도록 지원하고,
② 동시에 고객이 마음의 문제(코칭목표 2)를 효과적으로 탐색 및 해결할 수 있도록 돕고,
③ 실행에 대한 내적 동기부여가 강화되도록 세션을 운영해야 한다.

3.4 고객의 상황별 목표설정 질문 패턴

코치는 코칭목표, 실행목표, 코칭세션목표 간의 관계를 고객의 상황별로 구조화하여, 효과적인 목표설정을 위해 체계적으로 질문할 수 있어야 한다.

3.4.1. 고객의 미래의 꿈과 목표를 위한 대화 상황

가. 코칭목표설정: 코칭목표 = 무엇+양+기한

- **[무엇]** "고객님께서 (주제)를 원하시는데 어떤 모습·상황·상태·수준이 되면 (주제)가 이루어졌다고 할 수 있나요?"
- **[양]** "얼마나 원하시나요?"
- **[기한]** "언제까지 이루어지기를 원하시나요?"

나. 실행목표설정: 실행목표=실행과제+시작목표+실천목표+반복목표

- **[실행과제]** "(선택한 방안)은 구체적으로 무엇부터 해 볼 수 있나요?"
- **[시작목표]** "(실행과제)는 언제부터 시작할 수 있나요?"
- **[실천목표]** "(실행과제)는 (하루에) 얼마나 실천할 수 있나요?"
- **[반복목표]** "(실행과제)는 (1주일에) 며칠을 반복할 수 있나요?"

3.4.2. 고객의 현재의 마음의 문제를 위한 대화 상황

가. 코칭목표설정: 코칭목표=무엇+양

- **[무엇+양]** "오늘 코칭세션이 끝났을 때 어떤 결과를 얻고 싶나요?"

3.4.3. 복합 주제를 위한 대화 상황

가. 코칭목표설정:

- 미래의 꿈과 목표 1: 코칭목표=무엇+양+기한
  - **[무엇]** "고객님께서 (주제)를 원하시는데 어떤 모습·상황·상태·수준이 되면 (주제)가 이루어졌다고 할 수 있나요?"
  - **[양]** "얼마나 원하시나요?"

▶ **[기한]** “언제까지 이루어지기를 원하시나요?”

◆ 마음의 문제 관련 코칭목표 2: 코칭목표=무엇+양

▶ **[무엇+양]** “오늘 코칭세션이 끝났을 때 어떤 결과를 얻고 싶나요?”

나. 실행목표설정: 실행목표=실행과제+시작목표+실천목표+반복목표

◆ **[실행과제]** “(선택한 방안)은 구체적으로 무엇부터 해 볼 수 있나요?”

◆ **[시작목표]** “(실행과제)는 언제부터 시작할 수 있나요?”

◆ **[실천목표]** “(실행과제)는 (하루에) 얼마나 실천할 수 있나요?”

◆ **[반복목표]** “(실행과제)는 (1주일에) 며칠을 반복할 수 있나요?”

코칭에서는 목표의 본질과 구조를 명확히 이해하고, 고객의 주제 상황에 적합한 목표설정 접근법을 선택하는 것이 필수적이다. 구체화(Chunk Down)는 코칭목표를 설정하고, 이를 실행 가능한 세부 계획으로 전환하는 핵심 메커니즘으로 작용한다.

3.5 주제 속성별 코칭목표설정 전략

고객이 말하는 주제의 대부분은 피상적인 경우가 많다. 코치는 이러한 피상적 주제에서 진짜 주제를 찾아낸 후, 그 진짜 주제에 대한 코칭목표를 설정해야 한다. 이 과정은 비유적으로 껍질을 벗겨 알맹이 찾기에 비유할 수 있다. 이때 알맹이를 찾는 대표적인 접근 방법은 Having-Doing-Being 모델이 활용된다.

따라서 코칭목표를 설정할 때는, 고객이 제시한 주제의 속성을 정확히 파악하고, 그에 적합한 접근 방식을 선택할 수 있는 분별력이 요구된다.

가. 코칭목표설정의 체계적 접근 1: Having(소유) 차원

◆ 특성: 껍질째 먹어도 되는 과일(예: 사과, 감)처럼, 별다른 내면 탐색 없이도 바로 목표설정이 가능한 주제

• 그림 20 • Having: 소유

◆ 대표 주제: 자격증, 학위 등 외적 소유물 관련 주제

◆ 난이도: 비교적 단순하고 목표설정하기 쉬운 수준

◆ 비율: 전체 코칭 주제의 약 20%

나. 코칭목표설정의 체계적 접근 2: Doing(행위) 차원

◆ 특성: 껍질을 벗겨야 먹을 수 있는 과일(예: 오렌지, 바나나)처럼, 일정 수준의 내면 탐색이 요구되는 주제

◆ 대표 주제: 다이어트, 건강관리, 시간관리, 자기계발, 습관 바꾸기 등 행위 관련 주제

◆ 난이도: 중간 수준이며, 목표설정 훈련의 표준

◆ 비율: 전체 코칭 주제의 약 70%

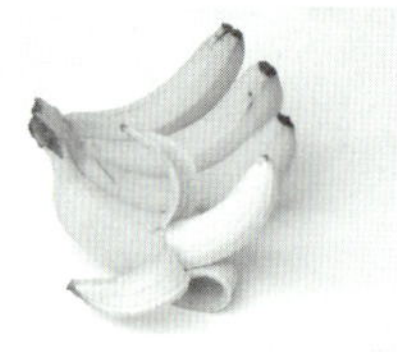

• 그림 21 • Doing: 행위

다. 코칭목표설정의 체계적 접근 3: Being(존재/정체성) 차원

◆ 특성: 껍질을 여러 번 벗겨야 알맹이에 도달할 수 있는 과일(예: 밤)처럼, 깊은 자기 탐색과 반복적인 질문이 요구되는 주제

◆ 대표 주제: 나, 삶의 의미, 존재 방식 등과 관련된 주제

◆ 난이도: 가장 본질적이며, 목표설정이 어려운 수준

◆ 비율: 전체 코칭 주제의 약 10%

• 그림 22 • Being: 존재

3.5.1. 코칭목표설정 사례: Doing 주제

Doing(행위) 차원의 주제는 전체 코칭 주제의 약 70%를 차지하며, 난이도도 중간 수준에 해당하므로 코칭훈련의 표준으로 삼는 것이 바람직하다.

귤이나 바나나처럼 반드시 껍질을 벗겨야 먹을 수 있는 과일에 비유되는 Doing 주제는, 다음과 같은 질문으로 시작하는 것이 효과적이다.

▶ "고객님께서 (주제)를 원하시는데 어떤 모습·상황·상태·수준이 되면 (주제)가 이루어졌다고 할 수 있나요?"

▶ 이 질문은 피상적인 주제의 껍질을 벗기는 역할을 하며, 동시에 코칭목표의 무엇을 구체화하는 데 기여한다.

표 24 코칭목표설정 사례: Doing 주제

주제 종류	코치		고객	
	구분	질문	대답	속성
Doing (사례 1)	• 고객의 주제	- 오늘 어떤 주제로 이야기하면 고객님께 유익할까요?	- **다이어트**에 대해 얘기하고 싶어요.	• **다이어트: 껍질=피상 주제**
	• 껍질 벗기기 • 코칭목표=**무엇**+양+기한	- 고객님이(다이어트)를 원하시는데 어떤 상태나 모습이 되면 (다이어트)에 성공했다고 할 수 있나요?	- **체중**이 줄면 성공했다고 할 수 있겠어요.	• **체중: 알맹이=진짜 주제** • **체중=무엇**
	• 코칭목표=무엇+**양**+기한	- **얼마나** 줄기를 원하나요?	- **10Kg이** 줄면 좋겠어요.	• 10Kg=양
	• 코칭목표=무엇+양+**기한**	- 체중 10Kg이 **언제까지** 줄면좋겠나요?	- **6개월** 안에 줄이고 싶어요.	• 6개월=기한
Doing (사례 2)	• 고객의 주제	- 오늘 어떤 주제로 이야기하면 고객님께 유익할까요?	- 시간관리에 대해 얘기하고 싶어요.	• **시간관리: 껍질=피상 주제**
	• 껍질 벗기기 • 코칭목표=**무엇**+**양**+기한	- 고객님이 (시간관리)를 원하시는데 어떤 상태나 상황이 되면 (시간관리)를 잘하고 있다고 할 수 있나요?	- 올해 **일이 두 배로 늘어났음**에도 불구하고 **일을 제대로 다 해내면** 시간관리를 잘하고 있다고 할 수 있겠습니다.	• **일을 해내기: 알맹이=진짜 주제** • **두 배로 늘어난 일=무엇** • **제대로 다=양**
	• 코칭목표=무엇+양+**기한**	- 두 배로 늘어난 일을 제대로 다 잘 해내는 상황을 **언제까지** 만들고 싶은가요?	- 적어도 **한 달** 안에 만들고 싶어요.	• **한 달=기한**

( ): 고객의 말 Key Word

3.5.2. 코칭목표설정 사례: Having 주제

사과나 감처럼 껍질째 먹어도 되는 과일에 비유되는 Having(소유) 차원의 주제는, "고객님께서 (주제)를 원하시는데 어떤 모습·상황·상태·수준이 되면 (주제)가 이루어졌다고 할 수 있나요?"와 같은 껍질 벗기기 유형의 질문이 오히려 어색하고 부자연스럽게 느껴질 수 있다.

이러한 경우에는, 코칭목표=무엇+양+기한의 구성 요소에 따라, 세 가지 항목을 직접적으로 질문하는 방식이 더 자연스럽고 효과적인 접근이다.

표 25 코칭목표설정 사례: Having 주제

주제 종류	코치		고객	
	구분	질문	대답	속성
Having (어색한 사례)	• 고객의 주제	- 오늘 어떤 주제로 이야기하면 고객님께 유익할까요?	- **코치 자격증**을 취득하고 싶어요.	• **코치 자격증: 껍질=피상 주제** • **코치 자격증: 알맹이=진짜 주제** • **코치 자격증: 무엇**
	• 껍질 벗기기	- 고객님이(코치 자격증)을 취득하고 싶다고 하셨는데 어떤 상태나 모습이 되면 (코치 자격증)을 취득했다고 할 수 있나요?	- 코치 자격증을 받으면 되죠.	코칭목표 질문이 어색하게 느껴짐.
Having (자연스러운 사례)	• 고객의 주제	- 오늘 어떤 주제로 이야기하면 고객님께 유익할까요?	- **코치 자격증**을 취득하고 싶어요.	• **코치 자격증: 껍질=피상 주제** • **코치 자격증: 알맹이=진짜 주제** • **코치 자격증: 무엇**
	• 코칭목표=**무엇**+**양**+기한	- 고객님이(코치 자격증)을 취득하고 싶다고 하셨는데 **어떤 자격**을 원하시나요?	- **KPC 자격**을 준비하고 있습니다.	• **코치 자격증: 알맹이=진짜 주제** • **코치 자격: 무엇** • **KPC: 양**

주제 종류	코치		고객	
	구분	질문	대답	속성
	• 코칭목표=무엇+양+**기한**	- KPC 자격을 **언제까지** 취득하고 싶은가요?	- 적어도 **올해** 안에 취득하고 싶어요.	• **올해=기한**

( ): 고객의 말 Key Word

3.5.3. 코칭목표설정 사례: Being 주제

밤과 같이 껍질을 여러 번 벗겨야 알맹이가 나오는 과일처럼, Being(존재) 차원의 주제는, 다음과 같은 질문으로 시작한 후, 진짜 주제를 탐색하기 위한 속껍질 벗기기 질문을 반복하는 것이 효과적이다.

- ◆ "고객님께서 (주제)를 원하시는데 어떤 모습·상황·상태·수준이 되면 (주제)가 이루어졌다고 할 수 있나요?"
- ◆ 이후에도, '진짜 주제', 즉 알맹이가 나올 때까지 '속껍질을 벗기기' 위한 추가 질문이 반복적으로 요구된다.
- ◆ "(1차 속껍질)을 위하여 고객님께서 직접 할 수 있는 것은 무엇인가요?"

표 26 코칭목표설정 사례: Being 주제

주제 종류	코치		고객	
	구분	질문	대답	속성
Being	• 고객의 주제	- 오늘 어떤 주제로 이야기하면 고객님께 유익할까요?	- **훌륭한 코치가** 되고 싶어요.	• **훌륭한 코치: 껍질=피상 주제**
	• 껍질 벗기기 1	- 고객님이 (훌륭한 코치)가 되고 싶다고 하셨는데 어떤 모습이나 수준이 되면 (훌륭한 코치)가 되었다고 할 수 있나요?	- 코칭이 끝나고 고객이 진정성 있게 고맙다는 인사를 하면 훌륭한 코치가 되었다고 할 수 있을 것 같습니다.	• **고맙다는 인사: 속껍질=피상 주제**

주제 종류	코치		고객	
	구분	질문	대답	속성
Being	• 껍질 벗기기 2	- 고객으로부터 고맙다는 인사를 받기 위하여 고객님이 직접 할 수 있는 것은 무엇인가요?	- 경청을 잘하는 것입니다.	• **경청: 알맹이=진짜 주제** • **경청: 무엇**
	• 코칭목표=무엇+**양**+기한	- 그러면 코칭 **10번 중 몇 번 정도**를 스스로 경청을 잘했다고 인정하면 훌륭한 코치가 되었다고 할 수 있나요?	- 최소한 **8번 이상**이면 좋겠습니다.	• **8번: 양**
	• 코칭목표=무엇+양+**기한**	- 스스로 경청을 잘했다고 8번 이상을 인정할 수 있는 수준을 **언제까지** 만들면 좋겠나요?	- **3개월** 안에 그렇게 만들고 싶어요.	• **3개월: 기한**

( ): 고객의 말 Key Word

고객이 제시하는 주제는 대부분이 피상적이므로 코칭목표를 설정하는 과정에서는 피상적 주제에서 진짜 주제를 찾아내는 과정이 핵심임을 인식해야 한다. Having-Doing-Being 모델은 주제의 속성을 구분하여, 속성에 맞는 전략적 접근법을 설계하는 데 유용한 프레임워크이다.

이 모델의 전략적 가치는 다음과 같다.

- ◆ 속성이 다른 주제는 본질적으로 다른 질문과 개입 방식을 요구한다.
- ◆ 이를 정확히 분별하고 적용할 수 있는 코치의 전문성과 감별력이 코칭 효과성의 핵심 요인이 된다.

3.6 주제와 목표의 위계

미래의 꿈과 목표를 다루는 코칭대화에서는 논리 전개, 코칭대화 맥락, 대화 결과물, 주제의 위계, 목표의 위계가 유기적으로 통합되고 정렬되어 작동한다. 이 다섯 요소 간의 통합적인 관계를 이해하면, 코칭대화의 전체 구조와 실제 전개 방식을 한눈에 파악할 수 있다.

가. 각 요소에 대한 이해

◆ 논리 전개: BYK Golden Circle

실행계획을 수립할 때는 BYK Golden Circle: Why → What → How의 논리 흐름을 따르는 것이 효과적이다. 미래의 꿈과 목표를 위한 코칭대화 또한 실행계획 수립을 핵심으로 하므로, 이와 같은 논리 전개 구조가 적용된다.

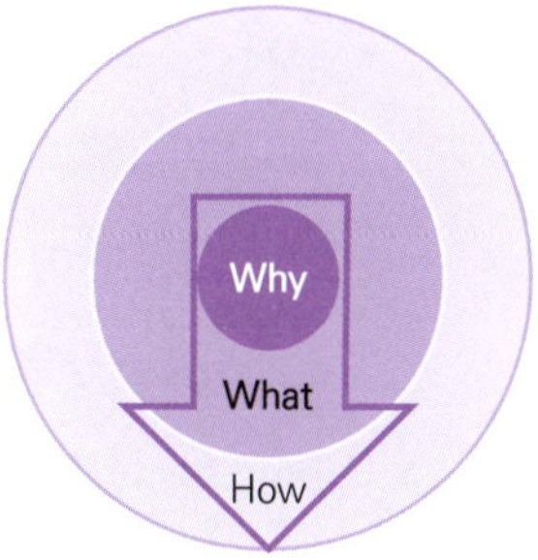

• 그림 23 • BYK Golden Circle

◆ 코칭대화 맥락: IGROW 모델

코칭대화는 관계구축 → 주제합의 → 목표합의 → 현실점검 → 방안탐색 → 실행계획의 6단계 코칭대화 흐름을 따른다.

◆ 주제의 위계

고객이 제시한 주제는 코칭주제 → 실행방안 → 실행과제의 3단계 위계로 세분화되며 다루어진다. 이러한 전개는 쪼개기(Cascading) 방식으로 이루어진다.

◆ 목표의 위계

주제의 위계에 연동되어 목표도 위계적으로 설정된다.

▶ 코칭목표는 코칭주제에 대응하며, 무엇+양+기한으로 구성된다.

▶ 실행목표는 실행과제에 대응하며, 실행과제+시작목표+실천목표+반복목표로 구성된다.

▶ 실행방안은 목표가 아닌, 실행과제를 도출하기 위한 중간 탐색 과정이므로 별도의 목표를 설정하지 않는다.

코칭목표는 방향성과 도착지를 명확히 설정하는 목적 중심의 목표이고, 실행목표는 그 코칭목표에 정렬되어 일상적인 실행에 초점을 맞춘 실천 중심 목표로서, 코칭목표를 향해 누적하며 접근해 가는 실행 시스템으로 작동한다.

나. BYK Golden Circle과 IGROW 모델의 통합

◆ Why: 주제합의 및 목표합의

▶ 고객이 "오늘 코치님과 다이어트에 대해 얘기하고 싶어요."라고 말하면, 코칭주제는 '다이어트'로 정해진다.

▶ 코치가 "고객님께서 다이어트를 원하시는데, 어떤 상태가 되면 다이어트에 성공했다고 할 수 있나요?"라고 질문했을 때, 고객이 "체중을 10kg 감량하고, 6개월 안에 달성하면 다이어트에 성공했다고 생각해요."라고 답하면, 코칭목표는 '체중(무엇), 감량 10Kg(양), 6개월 이내(기한)'로 구체화된다.

◆ What: 현실점검 및 방안탐색

▶ 코치가 "체중 10kg을 6개월 안에 감량하고 싶은데 현재 상황은 어떠한가요?"라고 질문했을 때, 고객이 "식탐이 많고, 생활이 불규칙하고, 움직이는 것을 싫어합니다."라고 답하면 이것이 현실점검이 된다.

▶ 코치가 "이러한 세 가지 상황임에도 불구하고, 목표 달성을 위해 시도해 볼 수 있는 방안 세 가지를 찾아본다면요?"라고 질문하면, 이는 방안탐색이고, 고객이 "운동, 식이요법, 개인 PT"라고 답하면 이 세 가지가 실행방안이 된다.

◆ How: 실행계획

▶ 이어 "이 중에서 가장 먼저 집중하고 싶은 것을 하나 선택한다면 무엇인가요?"라는 질문에 "운동"이라 대답하고, 다시 "그 운동은 구체적으로 어떤 것부터 해 보고 싶으신가요?"라는 질문에 "걷기운동"이라고 하면, 이 걷기운동이 실행과제가 된다.

▶ 이후 고객이 "오늘부터 하루 1만 보씩 주 5일 걷겠다"고 정하면, 실행목표는 '걷기운동(실행과제), 오늘부터 시작(시작목표), 하루 1만 보(실천목표), 주 5일(반복목표)'이 된다.

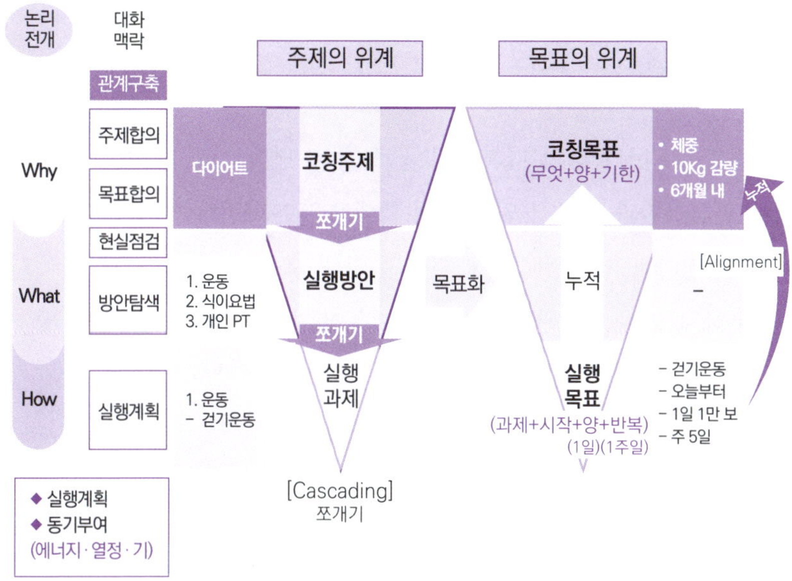

• 그림 24 • 주제와 목표의 위계

다. 핵심 요약

- ◆ 코칭목표는 무엇+양+기한 구성으로 방향성과 최종 도착지를 명확히 설정하는 목적 중심의 목표이다.
- ◆ 실행목표는 코칭목표에 정렬되어 실행과제+시작목표+실천목표+반복목표로 구성되며, 일상 실행을 통해 누적적으로 코칭목표에 접근하는 행동 중심의 목표이다.
- ◆ BYK Golden Circle과 IGROW 모델을 연계한 구조화된 접근은, 고객이 실행 가능한 계획을 수립하고 실천에 필요한 강력한 동기와 열정을 활성화하도록 돕는다.
- ◆ 이러한 통합적 설계는 단지 실행계획의 수립을 넘어, 코칭의 흐름에 따라 기(氣)의 순환과 에너지를 생성해 내는 촉매 역할을 한다.

4 관점전환 훈련

관점전환은 의식확장의 다차원적 구조 중 수평적 차원(SHIFT-좌우)에 해당하며, 이는 관점전환과 재구성 및 가능성 확대로 세분화된다. 이들은 각각 KCA 코칭역량 관점전환과 재구성(7.5) 및 가능성 확대(7.6)와 연계된다. 본 장에서는 별도로 구분하지 않는 한, 관점전환이라는 용어를 관점전환과 재구성 및 가능성 확대를 모두 포함하는 포괄적인 의미로 정의하여 설명한다.

• 그림 25 • CHUNK SHIFT

4.1 상태 5단계 기반 방안탐색

코칭의 핵심 목적은 고객이 미래의 꿈과 목표를 실현할 수 있는 실행계획을 수립하거나, 혹은 현재의 마음의 문제를 효과적으로 해결할 수 있도록 돕는 데 있다. 이러한 목적을 달성하기 위한 코칭대화에서 관점전환은 세 가지 주요 맥락에서 활용된다.

① 미래의 꿈과 목표 달성을 위한 방안탐색 맥락

② 현재의 문제를 진단하고 자각을 돕는 단서포착 맥락

③ 미래의 꿈과 목표와 현재와 마음의 문제가 복합된 맥락

이때 상태 5단계 모델 기반 방안탐색을 이해하고 적용하면, 코칭목표설정, 마음의 문제 해결, 실행계획 수립 과정이 보다 정교하고 효과적으로 전개될 수 있다.

가. 상태 5단계 모델 이해

- ◆ 상태 1단계: 결과 · 성과
  - ▶ 고객이 궁극적으로 이루고자 하는 결과나 성과를 의미하며, 코칭목표와 직접적으로 연결된다.
- ◆ 상태 2단계: 행동 · 일
  - ▶ 원하는 결과나 성과를 얻기 위해 필요한 바람직한 행동 또는 실행과제를 뜻한다. 이 단계는 GAP(차이) 인식에서 출발하여 피드백 → 실행방안 도출로 이어지는 논리적 흐름으로 전개된다.
- ◆ 상태 3단계: 생각
  - ▶ 바람직한 행동을 이끌어 내는 긍정적인 사고의 틀을 말한다. 이 단계에서는 Reframing(사고 전환) 기법을 통해 기존 사고를 전환하거나 확장함으로써 새로운 가능성을 여는 것이 핵심이다.
- ◆ 상태 4단계: 감정
  - ▶ 바람직한 행동을 자극하는 긍정적인 감정 상태를 의미한다. 이 단계에서는 Transformation(변혁적 전환) 기법을 통해 부정적인 감정을 긍정적인 감정으로 전환하도록 돕는 것이 목표이며, 이를 변혁적 전환이라고 한다.
- ◆ 상태 5단계: 욕구
  - ▶ 바람직한 행동을 이끄는 내면의 선한 의도나 욕구를 의미한다. 여기서는 이기적이거나 방어적인 욕구를 이타적이고 성장 지향적인 욕구로 전환하는 것이 핵심이다. 역시 Transformation의 핵심 대상이다.
- ◆ 존재(Being)
  - ▶ 상태 5단계의 기저에는 존재가 자리한다. 이는 코칭에서 매우 중요한 핵심 요소이며, 자신의 존재 방식이나 정체성에 대한 인식이 변화하면 문제에 대한 인식과 해석을 포함하여 세상을 바라보는 관점까지 근본적으로 변화할 수 있다. 이것이야말로 코칭에서의 가장 심층적인 변혁적 전환이다.
- ◆ Reframing(사고 전환)은 생각의 구조를 재구성하는 것이며, Transformation(변혁적 전환)은 감정 · 욕구 · 존재 차원에서의 의미 전환을 뜻한다. 이 두가지 요소가 통합적으로 작용할 때 비로서 진정한 관점전환이 이루어진다.

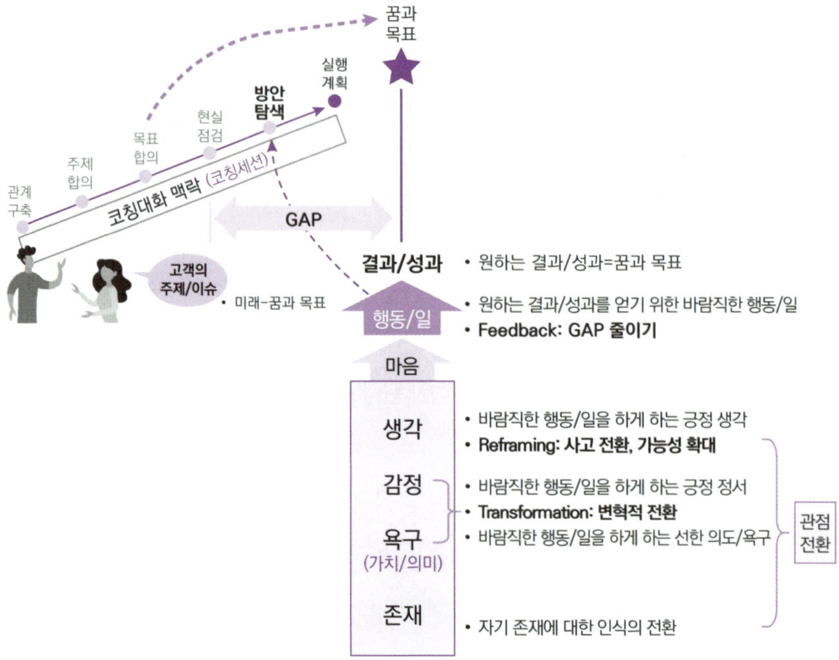

• 그림 26 • 상태 5단계

이처럼 상태 5단계 모델은 고객의 내면 인식 변화 → 행동 변화 → 결과 창출로 이어지는 구조적 접근을 가능하게 하며, 코칭대화의 설계와 실행에 매우 강력한 프레임워크로 기능한다.

나. 상태 5단계 관점에서의 방안탐색

방안탐색은 코칭목표를 달성하기 위한 구체적인 실행전략을 탐색하고 설계하는 과정이다. 이 과정은 상태 5단계 모델을 기반으로 다음 세 가지 전략을 체계화할 수 있다.

① Feedback: GAP 줄이기

코칭목표와 현재 사이의 차이(GAP)를 인식하고, 이를 줄이기 위한 바람직한 행동이나 실행방안을 탐색하는 접근 방식이다. 이 전략은 행동 중심의 해결방안 설계에 초점을 맞춘다.

② Reframing: 사고 전환 및 가능성 확대

문제 상황이나 주제를 바라보는 기존 사고의 틀을 전환함으로써, 새로운 해석과 시도를 가능하게 하는 접근 방법이다. 이는 생각 중심의 해석 전환에 전략적으로 초점을 맞춘다.

③ Transformation: 변혁적 전환

감정·욕구·존재 차원의 내면 탐색을 통해 부정적인 정서를 해소하고, 선한 의도와 긍정적인 욕구, 그리고 존재에 대한 깊은 차원의 인식 전환을 이끌어 내는 접근 방식이다. 이 전략은 정서·의도·존재 중심의 심층적이고 근본적인 해결에 집중한다.

이처럼 상태 5단계 기반의 방안탐색 전략은 고객의 문제 인식 수준에 맞춘 맞춤형 개입을 가능하게 하며, 실행 중심뿐 아니라 정서적·존재론적 수준까지 포괄하는 통합적 코칭 개입을 설계할 수 있는 근거를 제공한다.

4.2 관점전환 실제

상태 5단계 중, 생각에 초점을 맞추어 사고의 틀을 전환하거나 가능성을 확대하고, 감정과 욕구에 집중하여 부정적인 정서를 선한 의도와 욕구로 전환하며, 존재에 집중해 자기 존재에 대한 인식을 변화시키는 과정을 통틀어 관점전환이라고 한다. 이제 이러한 관점전환이 실제로 어떻게 적용되는지 다양한 사례를 통해 살펴보자.

가. Reframing 1: 사고의 전환

사고를 전환하는 데에는 다음과 같은 방법들이 효과적이다.

- ◆ 대가·혜택
  - ▶ 현 상황을 계속 유지할 때 감수하게 되는 대가, 또는 변화를 시도했을 때 얻게 되는 혜택을 떠올리게 함으로써 사고 전환을 촉진할 수 있다.
- ◆ 입장 바꾸기
  - ▶ 문제에 매몰되어 있는 자신의 입장에서 벗어나, 제3자의 시각에서 자신을 바라보게 함으로써 자신의 문제를 객관화할 수 있다.

- ▶ 이때 제3자는 존경하거나 신뢰할 수 있는 인물일수록 효과가 높다.

◆ 시간선(Time Line)

- ▶ 현재의 상황을 과거의 시점에서 되돌아보게 하여, 과거의 자원을 재인식하게 한다.
- ▶ 또는 미래의 시점에서 현재의 상황을 조망하게 하여, 미래의 가능성을 발견하도록 돕는다.
- ▶ 특히, 입장 바꾸기와 결합하여, 현재의 문제를 극복한 미래의 자신이 지금의 자신에게 조언하게 함으로써 사고 전환의 효과를 극대화할 수 있다.

◆ 사분면(Four Quadrant)

- ▶ 양가감정이 얽힌 이슈의 경우, 다음의 네 가지 관점에서 현재 상황을 바라보게 한다.

  ① 과제를 이행할 때 얻게 되는 유익

  ② 과제를 이행할 때 감수해야 하는 불이익

  ③ 과제를 이행하지 않을 때 얻게 되는 유익

  ④ 과제를 이행하지 않을 때 감수하게 되는 불이익
- ▶ 이 기법은 척도화와 함께 사용하면 비교와 분석이 더욱 명확해진다.

◆ 예외·반대

- ▶ 문제에 매몰되어 있는 사람은 자신의 문제를 지나치게 일반화하는 경향이 있다,
- ▶ 이때 "그렇지 않았던 때가 있었다면, 그때는 어떤 상황이었나요?"라는 질문으로 예외 상황을 떠올리게 한다.
- ▶ 또는 "지금의 상황을 반대의 관점으로 바라본다면, 어떤 변화가 생길까요?"라는 질문을 통해 사고의 틀을 유연하게 전환하도록 돕는다.

표 27 Reframing 1: 사고의 전환 사례

[입장 바꾸기+시간선] 미리에 성공한 자신이 현재를 바라보게 함.

코치 질문	고객 대답
- (다이어트)로 (6개월 안에 체중 10Kg 감량)을 성공하기 위하여 시도해 보고 싶은 방법이 있다면 무엇이 있을까요?	- 솔직히 말해서 무엇부터 해야 할지 잘 모르겠습니다.
- 아, 그렇군요! - (6개월 안에 체중 10Kg 감량)을 성공한 고객님이 지금 (다이어트)로 고민하는 자신에게 뭐라고 조언하고 싶나요?	- 자신을 믿고 일단 해 보라고 하고 싶습니다.
- (6개월 안에 다이어트)에 성공한 고객님 자신의 (자신을 믿고 일단 해 보라)는 조언을 들은 고객님의 생각이나 느낌은 어떤가요?	- 일단 하면 성공할 수 있겠다는 믿음 같은 것이 생겼습니다.
- 그 (일단 하면 성공할 수 있겠다는 믿음)을 지금의 이 상황에 적용해 본다면 무엇을 해 볼 수 있을까요?	- 지금이라도 당장 시작할 수 있는 걷기운동부터 해 볼 수 있을 것 같습니다.

( ): 고객의 말 Key Word

나. Reframing 2: 가능성 확대

가능성을 확대하는 데에는 다음과 같은 방법들이 효과적이다.

- ◆ 장애 제거
  - ▶ 현재의 제약을 걷어 낸 가상의 상태를 상정하게 하여, 보다 자유롭고 창의적인 가능성을 탐색할 수 있도록 돕는다.
  - ▶ 예: "고객님께서 능력, 시간, 비용 등 모든 조건에서 제한이 없다면 무엇을 해 볼 수 있을까요?"
- ◆ 기적 질문(Miracle Question)
  - ▶ "오늘 밤 잠자는 동안 기적이 일어나 고객님이 고민하고 있는 문제가 모두 해결되었다고 가정해 본다면, 무엇이 달라져 있을까요?"라는 질문을 통해 고객이 현실의 제약을 넘어서 새로운 가능성과 미래의 변화된 모습을 상상하도록 돕는다.
  - ▶ 기적 질문은 드 세이저(S. D. Shazer)가 개발한 해결 중심 단기 치료(Solution-

Focused Brief Therapy, SFBT)에서 사용되는 핵심 도구 중 하나이다.

표 28 Reframing 2: 가능성 확대 사례

[기적 질문]

코치 질문	고객 대답
- (다이어트)로 (6개월 안에 체중 10Kg 감량)을 성공하기 위하여 시도해 보고 싶은 방법이 있다면 무엇이 있을까요?	- 솔직히 말해서 무엇부터 해야 할지 잘 모르겠습니다.
- 아, 그렇군요! - 아침에 일어났는데, (다이어트)와 관련하여 고객님께 기적이 일어났습니다. 어떤 기적이 일어났을까요?	- 다이어트에 성공하여 10Kg 이상 빠졌고, 가슴은 역삼각형의 근육질에 복부는 식스팩이 선명한 정말로 내가 원하는 모습으로 바뀌었습니다.
- 아, 그렇군요! 고객님이 원하는 정말 멋진 모습이군요! - 고객님이 (정말로 원하는 모습)으로 바뀐 이 기적이 고객님께 중요한 이유는 무엇인가요?	- 버킷 리스트 중의 하나가 이루어졌습니다.
- 우와, 축하합니다! (버킷 리스트)가 이루어졌군요! - 이 기적을 통해 고객님께서 알아차림이 있다면 무엇인가요?	- 무엇이 되었든 정말 해 보고 싶다 입니다.
- (정말로 해 보고 싶은 것)을 작은 것이라도 하나를 생각해 본다면 무엇인가요?	- 우선 당장 시작할 수 있는 생활 속 운동을 시작해 보겠습니다.

( ): 고객의 말 Key Word

이와 같이 Reframing은 고객의 사고 체계를 전환하거나 가능성을 확장하는 데 매우 효과적인 코칭 전략으로, 다양한 맥락에서 유연하게 활용될 수 있다.

다. Transformation: 변혁적 전환

변혁적 전환은 고객의 내면 깊숙한 감정, 욕구, 존재 인식의 전환을 통해 근본적인 변화를 이끌어 내는 과정으로, 다음과 같은 방법을 통해 효과적으로 이루어질 수 있다.

◆ 뒤집기 (Reversal)

▶ 고객이 느끼는 부정적인 정서를 선한 의도나 욕구의 관점에서 새롭게 바라보도록 함으로써, 현재 상황을 긍정적인 정서로 전환할 수 있도록 지원한다.

▶ 예: "그렇게 화가 났던 건, 고객님의 어떤 욕구에서 비롯된 것일까요?"

◆ 존재 인식 전환

▶ 고객이 문제를 인식하고 해석하는 자기 존재 방식에 대해 새로운 자각을 하게 함으로써, 해당 문제가 더 이상 문제로 여겨지지 않도록 돕는다.

▶ 이는 정체성, 삶의 태도, 존재 목적 등에 대한 근본적인 통찰을 통해 가능하다.

표 29 Transformation: 변혁적 전환 사례

[뒤집기] 부정 정서 → 선한 의도

코치 질문	고객 대답
- (다이어트)로 (6개월 안에 체중 10Kg 감량)을 성공하기 위하여 시도해 보고 싶은 방법이 있다면 무엇이 있을까요?	- 식이요법이 제일 좋을 것 같은데 자신이 없고 걱정이 앞섭니다.
- 고객님이 (자신이 없고 걱정이 앞서게)한 고객님의 진짜 속마음은 무엇인가요?	- 이번에는 다이어트에 꼭 성공하고 싶다는 간절함입니다.
- 아, 그렇군요! (다이어트에 꼭 성공하고 싶다)는 선한 의도가 간절하시군요!	- 네, 그렇습니다.
- (자신이 없고 불안함)을 (다이어트에 꼭 성공하고 싶다)는 선한 의도로 전환해 보니 고객님 마음에 무엇이 올라오나요?	- 어떤 희망과 함께 각오 같은 것이 올라옵니다.
- 그 (희망과 각오)의 마음으로 (체중 10Kg을 6개월 안에 감량)에 성공하기 위한 작은 것이라도 실행방안을 생각해 본다면 무엇이 있을까요?	- 아내의 도움을 받아 간헐적 단식을 시작해 보겠습니다.

( ): 고객의 말 Key Word

이러한 Transformation 기법은 감정, 욕구, 존재라는 심층 차원에서의 전환을 유도함으로써, 일시적인 해결이 아닌 지속 가능한 내면의 변화와 성장을 이끌어 낸다.

제6장 코칭대화 맥락별 접근 전략

1. 코칭대화의 구조 이해
2. 고객의 3가지 상황과 코칭대화 맥락
3. 코칭대화 1: 미래의 꿈과 목표를 위한 대화
4. 코칭대화 2: 현재의 마음의 문제를 위한 대화
5. 코칭대화 3: 복합 주제를 위한 대화

핵심 POINT

- ▶ 코칭대화는 어떤 구조로 구성되며, 정교한 반구조화란 무엇인가?
- ▶ 코칭고객의 상황은 어떤 유형으로 나뉘는가?
- ▶ 코칭대화는 맥락에 따라 어떤 종류로 구분되는가?
- ▶ 코칭대화의 유형별 목적과 접근 방법은 무엇인가?

1 코칭대화의 구조 이해

코칭대화의 구조는 이론적으로 구조화와 비구조화로 구분한다. 그러나 실제 코칭 현장에서는 이를 보다 실용적으로 반구조화와 정교한 반구조화로 구분하여 이해하고 적용하는 것이 유용하다. 이에 따라 본 장에서는 코칭대화의 구조화, 반구조화, 정교한 반구조화의 개념과 특성을 순차적으로 탐구하고자 한다.

1.1 구조화

구조화란 사전에 설계된 코칭대화의 전체 맥락과 이를 세분화한 상세 맥락별 질문 순서, 명확한 코칭목표 등을 포함하는 대화 방식이다. 이는 질문과 다음 단계 질문이 반복되는 일련의 대화 패턴을 통해 진행된다.

구조화를 요리에 비유하면 레시피에 해당한다. 예를 들어 중식당에서 짜장면을 만들기 위해서는 짜장면 레시피에 따라 조리해야 원하는 짜장면이 완성된다. 그렇지 않으면 의도와 다른 엉뚱한 음식이 만들어질 수 있다.

가. IGROW 모델 기반 구조화 요소

◆ 코칭대화 맥락:

IGROW 모델은 미래의 꿈과 목표를 위한 코칭대화에 유용한 구조화 틀로, 다음과 같이 7개의 핵심요소와 단계로 구성된다.

- ▶ 관계구축(Ice Breaking)
- ▶ 주제합의(Goal_Issue)
- ▶ 목표합의(Goal_Objectives)
- ▶ 현실점검(Reality)
- ▶ 방안탐색(Option)
- ▶ 실행계획(Will)
- ▶ 마무리

나. IMTES 모델 기반 구조화 요소

◆ 코칭대화 맥락:

IMTES 모델은 현재의 마음의 문제를 다루는 코칭대화에 적합한 구조화 틀로, 다음과 같이 5개의 주요 요소와 단계로 구성된다.

▶ 관계구축(Ice Breaking)

▶ 주제와 목표 합의(Mind Issue & Objectives)

▶ 진실탐색(Truth)

▶ 단서포착(Explore)

▶ 이슈해결(Shift)

다. 구조화 속성 분석

◆ 특징:

▶ 정해진 대화 맥락과 사전 설계된 상호작용 패턴

▶ 체계적인 진행 방식

▶ 명확한 목표 달성 중심의 접근 방식

▶ 코칭 입문자(KAC 수준)에 적합한 훈련 방식

◆ 한계점:

▶ 고객의 예기치 못한 반응에 대한 제한된 적응력

▶ 고객의 새로운 통찰이나 감정 흐름에 대한 민감도 저하

▶ 깊은 탐색을 제한할 수 있는 구조적 제약

▶ 대화가 기계적 상호작용으로 전락할 위험

▶ 변혁적 전환(Transformation)의 가능성 감소

제3장에 다룬 IGROW 코칭대화 모델은 구조화 코칭의 대표적인 사례이다. 구조화는 코칭대화의 안정성과 일관성을 제공하는 장점이 있지만, 실제 코칭 상황에서는 유연성과 창의성이 함께 요구되기 때문에 한계도 존재한다. 따라서 이러한 한계를 보완하기 위해, 적절한 조정과 비구조화 요소의 병행이 필수적이다.

이를 요리에 비유하면, 짜장면 레시피에 따라 조리하면 짜장면을 만들 수는 있지만, 그 맛은 레시피 외에 조리하는 요리사의 손맛에 의해 달라진다. 이때의 손맛이 비구조화를 의미한다.

1.2 반구조화: 구조화+비구조화

코칭대화는 본질적으로 구조화된 흐름을 기반으로 비구조화 요소를 통합한 반구조화 커뮤니케이션 시스템으로 작동한다. 이러한 혼합적 접근법은 방법론적 일관성과 적응적 유연성 사이의 균형을 통해 정교하고 유기적인 코칭대화의 구조적 틀을 제공하며, 실시간 상호작용 속에서도 깊이 있는 대화를 가능하게 한다.

반구조화를 요리에 비유하면, 이는 레시피와 손맛의 조화를 의미한다. 짜장면 레시피에 따라 조리하되, 요리사의 손맛이 더해져야 진정으로 맛있는 짜장면이 완성되는 것과 같다.

반구조화에 대한 보다 깊은 이해를 위해 코칭훈련의 이론적 배경을 다룬 **[제8장 3절: 폴 가슨의 질문의 흐름이 주는 시사점]**을 먼저 참고한 후, 본 내용을 탐구할 것을 권장한다.

가. 반구조화의 특징

- ◆ 특징:
  - ▶ 일정한 구조 흐름을 기반으로 하되, 유연한 반응성과 상호작용을 통합
  - ▶ 구조화와 비구조화 요소의 균형적 통합이 코칭 효과성의 핵심
  - ▶ 전문코치(KPC 수준)를 위한 훈련 방식에 적합
- ◆ 통찰:
  - ▶ 실제 효과적인 코칭대화는 비구조화 요소의 비중이 더 높은 경향을 보임
  - ▶ 비구조화 구현을 위해 코치의 감응력(경청, 알아주기)과 직관적 유연성(CAR)에 대한 훈련이 병행되어야 함

나. 비구조화 요소

- 고객의 반응에 대응하는 경청(6), 알아주기(5.2), 요약 확인(6.2), 후속 질문(7.1)
- 자연스럽고 역동적인 대화 흐름을 형성
- 코칭의 유연성과 감응력을 높임
- 코칭의 역동성과 깊이를 확장하는 데 중요한 역할

다. 비구조화 속성

- 고객의 언어와 정서에 대한 즉각적·역동적인 반응
- 새롭게 등장하는 주제에 대한 직관적 탐색
- 고객의 심리적 흐름과 정서 상태에 대한 민감하고 유연한 적응
- 대화 경로의 자연스러운 확장과 진화

라. 반구조화 훈련 방법과 순서

- 코칭목적별 코칭대화 맥락 흐름의 설계 및 UMP (이해-암기-연습)
- 코칭대화 맥락별 첫 질문 및 핵심 질문의 UMP
- 상세 맥락의 비구조화 설계 및 UMP
- 비구조화 핵심 기술의 체계적 습득: 경청, 알아주기, 요약 확인, 후속 질문

코칭대화의 효과성은 코치가 구조화된 흐름과 유연한 상호작용 사이에서 능동적으로 균형을 조절하는 역량에 달려 있다. 이는 단순한 기능적 이분법을 넘어서는 전문성과 직관이 융합된 유기적 전략 설계로 이해해야 한다.

이를 요리에 비유하면, 짜장면 레시피에 따라 조리하되, 요리사의 손맛이 더해져야 진정으로 맛있는 짜장면이 완성되는 것과 같은 원리이다.

1.3 정교한 반구조화: 구조화+정교한 비구조화

정교한 반구조화는 반구조화를 한층 더 고도화한 접근법으로, 이론적으로 체계화된 구조와 실행 메커니즘을 갖춘 고급 코칭 전략이다.

이는 구조화된 틀과 정교하게 설계된 비구조화 요소를 전략적으로 통합하여 코칭의 효과성을 극대화하는 데 목적이 있다. 일반적인 반구조화와 달리, 정교한 반구조화는 고객의 다양한 의식의 흐름에 더욱 깊이 집중하며, 코치-고객 상호작용을 기반으로 한 비구조화 요소가 더욱 세련되고 정교하게 구성된다는 점에서 차별화된다.

이를 요리에 비유하면, 짜장면 레시피에 따라 조리하되, 요리사만의 독창적이고 뛰어난 손맛이 더해짐으로써 비로소 진정으로 맛있는 최고의 짜장면이 완성되는 것과 같다.

가. 실용적 구현 전략

코칭대화 맥락별 상세 맥락의 정교한 비구조화는 세련되고 정교하게 다듬어진 경청, 알아주기, 요약 확인, 후속 질문의 유기적이고 상호작용적 연결을 전제로 한다.

- ◆ 구조적(역량요소: 코칭기술) 진행과 유연한 상호작용(역동요소: 비구조화)의 균형
  - ▶ 코칭대화 맥락에 따른 순차적 진행 유지
  - ▶ 고객 반응에 따른 맞춤형 비구조화 요소를 적시에 적용
- ◆ 경청 및 알아주기와의 정교하고 세련된 연계
  - ▶ 맥락적 이해, 반영, 공감, 표현지원 요소와 정교한 연계
  - ▶ 긍정반응, 인정과 칭찬 요소와 세련된 연계
  - ▶ CAR 및 ASA 기반 요약 확인 및 후속 질문 생성의 기반으로 작용

나. 훈련 방법과 순서

- ◆ 자격 단계별 훈련 체계
  - ▶ KAC, KPC, KSC 수준별 가이드라인 제공
  - ▶ 구조화, 반구조화, 정교한 반구조화의 점진적 숙달 경로 제시
  - ▶ 정교한 반구조화 훈련은 KSC 수준에 적합
- ◆ 훈련 방법
  - ▶ 코칭목적별 코칭대화 맥락 흐름의 설계 및 UMP(이해·암기·연습)

▶ 상세 맥락의 정교한 비구조화 설계 및 UMP+ASA(분별·연결·적용)

▶ 코칭대화 맥락별 첫 질문 또는 핵심 질문의 UMP+ASA

▶ 경청, 알아주기, 요약 확인, 후속 질문 등을 상호작용적 맥락 속에서 정교하게 ASA

다. KCA 코칭역량과의 연결

정교한 반구조화는 각 코칭대화 맥락과 KCA 코칭역량 중 관계구축(5), 적극경청(6), 의식확장(7)과의 체계적 연계를 통해 실현된다. 이는 코치가 상황에 맞는 역량 중심의 개입을 효과적으로 수행할 수 있도록 돕는 프레임워크로 기능한다.

정교한 반구조화 접근법은 코칭대화를 단순히 질문과 응답을 주고받는 수준을 넘어, 구조화된 맥락을 기반으로, 고객의 다양한 의식의 흐름에 더욱 깊이 있게 집중하며, 코치-고객 상호작용 속에서 직관적인 개입을 정교하고 유연하게 조화시킴으로써 복합적 전문 실행 체계로 자리매김한다.

요리에 비유하면, 짜장면 레시피에 따라 조리하되, 고객의 특별한 요구에 맞추어 요리사만의 독창적이고 세련된 손맛을 더함으로써, 비로소 진정한 '고객 맞춤형 최고의 짜장면'이 완성되는 원리와 같다.

2 고객의 3가지 상황과 코칭대화 맥락

코칭대화에서 고객의 상황은 중식당에서 고객이 음식을 주문하는 상황에 비유할 수 있다. 짜장면, 짬뽕, 짬짜면이라는 다양한 메뉴가 있듯이, 코칭에서도 고객의 상황은 다음의 세 가지 유형으로 구분할 수 있다.

① 미래의 꿈과 목표

② 현재의 마음의 문제

③ 미래의 꿈과 목표와 현재의 마음의 문제가 복합된 상황

코치는 이 세 가지 고객 상황을 정확하게 분별하고, 각 상황에 적합한 코칭대화 맥락을 선택하여 대화를 풀어 갈 수 있어야 하며, 이를 위해 분별력과 유연한 대응력이 요구된다.

가. 고객 상황 1: 미래의 꿈과 목표

- ◆ 특징: 변화와 성장 지향의 목표설정
- ◆ 접근법: 주제를 Having, Doing, Being의 속성으로 분별
- ◆ 적용 모델: IGROW 코칭대화 모델

나. 고객 상황 2: 현재의 마음의 문제

- ◆ 특징: 내적갈등 또는 관계에서 비롯된 정서적 이슈해결
- ◆ 접근법: 문제의 초점을 자기 자신과 관계로 나누어 분별
- ◆ 자기 자신: 내적갈등, 자신감, 두려움, 수치심 등
- ◆ 관계 문제: 대인갈등, 조직갈등
- ◆ 적용 모델: IMTES 코칭대화 모델

다. 고객의 상황 3: 미래의 꿈과 목표와 현재의 마음의 문제가 복합된 상황

- ◆ 특징: 미래 지향적 목표와 현재 정서적 이슈가 동시에 나타나는 복합적 상황
- ◆ 적용 모델: IGROW+TES 맥락
- ◆ 전략:
  - ▶ IGROW 코칭대화 맥락을 기본으로 대화를 시작
  - ▶ 대화 중 고객의 정서적 이슈가 드러날 경우, 해당 시점에서 TES 맥락으로 전환
  - ▶ 마음의 문제가 해결되면, 다시 IGROW 맥락으로 복귀하여 코칭을 지속

3 코칭대화 1: 미래의 꿈과 목표를 위한 대화

미래의 꿈과 목표를 다루는 코칭대화에서는 코칭세션 내에서 고객의 꿈과 목표 자체를 실현할 수는 없다. 따라서 코칭대화는 고객의 코칭목표와 실행목표, 그리고 코치의 코칭세션목표를 맥락적으로 정렬(Alignment)하여 진행되어야 한다. 이를 위해 코치는 다음의 세 가지 역할을 수행해야 한다.

① 코치는 고객이 코칭목표를 생생하고 명료하게 설정하도록 지원하고,
② 실행목표를 구체적으로 수립할 수 있도록 안내하며,
③ 실행계획을 실천에 옮길 수 있도록 동기를 부여하는 방향으로 코칭세션을 운영해야 한다.

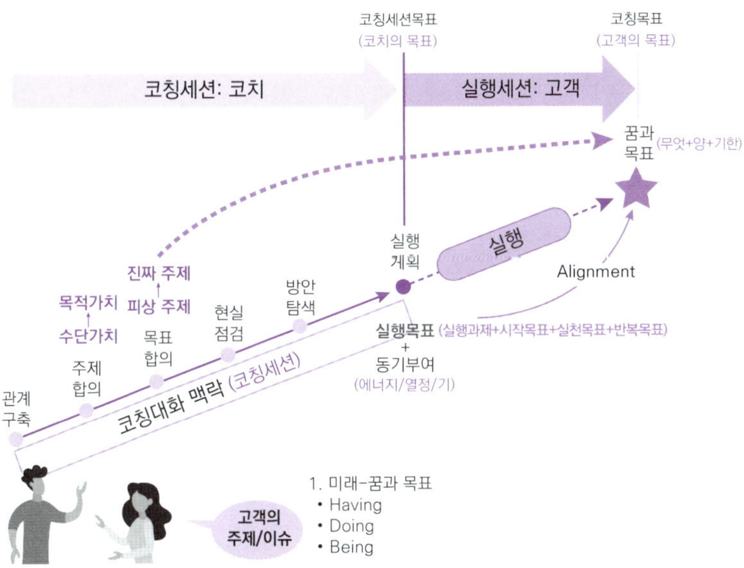

• 그림 27 • 미래의 꿈과 목표를 위한 코칭대화의 맥락적 정렬

가. 관계구축

◆ 목적

▸ 신뢰감과 심리적 안전감을 조성한다.

▶ 긍정적인 마음의 문을 연다.

◆ 상세 맥락

▶ 인사

▶ 호칭 확인

▶ 윤리규정 고지

▶ 코칭 시작

▶ 긍정마음 열기 ← 긍정기억 소환

표 30 관계구축 맥락 질문 사례

상세 맥락	질문 사례	자격			KCA 코칭역량
		A	P	S	
1. 인사	- 안녕하세요, 오늘 OOO님과 대화하게 되어 기쁩니다.	●	●	●	1.4 4.1.2 5.1 5.2.2
2. 호칭 확인	- 대화하는 동안 OOO님을 어떻게 불러드리면 편하실까요?	●	●	●	
3. 윤리규정 안내	- 지금부터 나누는 코칭대화는 한국코치협회 윤리규정에 따라 비밀이 보장되니, 편하게 말씀하셔도 됩니다.	●	●	●	
4. 코칭 시작	- 지금부터 코칭을 시작해도 될까요?	●	●	●	
5. 긍정마음 열기	- 지난주에 즐거웠던 일이 있었다면 무엇인가요?	●	●	★	

나. 주제합의

◆ 목적

▶ 고객이 주제에 담긴 이유와 목적을 명료하게 인식하도록 돕는다.

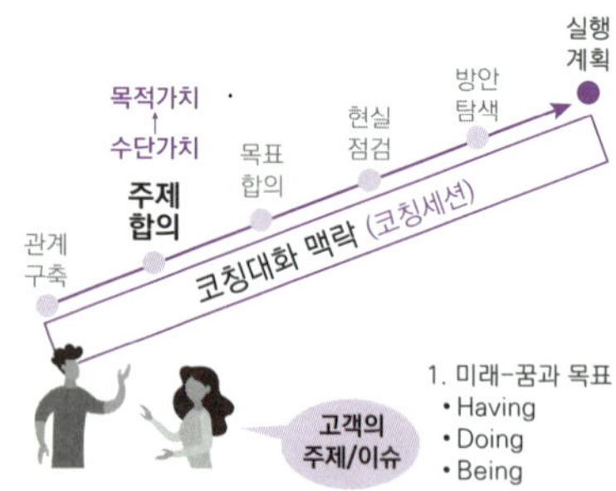

• 그림 28 • 주제합의의 맥락

◆ 방법

▶ 고객의 주제는 대부분이 수단가치에 해당한다.

▶ 이러한 수단가치에 의미를 부여하여, 목적가치의 차원으로 끌어올리는 과

정이 필요하다.

◆ 상세 맥락

▶ 주제

▶ (주제) 구체적

▶ (주제) 이유

▶ (이유 KW) 의미

▶ (의미 KW) 가치

▶ (가치 KW) 삶

▶ (삶 KW) 사람(존재정체성)

▶ 주제 요약

• 그림 29 • 의미확장

표 31 주제합의 맥락 질문 사례

상세 맥락	질문 사례	자격			KCA 코칭역량
		A	P	S	
1. 주제	- 지금 이 즐거운 마음으로 이야기하고 싶은 주제가 있다면 무엇인가요?	●	●	●	4.1.2 5.4 5.5 6.2 7.3
2. (주제) 구체적	- (주제)에 대해 조금 더 구체적으로 말씀해 주시겠어요?		●	●	
3. (주제) 이유	- (주제)에 대해 이야기하고 싶은 이유나 배경이 있다면 무엇인가요?	●	●	●	
4. (이유 KW) 의미	- (주제)는 고객님께 어떤 의미가 있나요?	●	●	●	
5. (의미 KW) 가치	- (의미 키워드)는 고객님께 어떤 유익이나 가치를 가져다 주나요?	●	●	●	
6. (가치 KW) 삶	- (가치 키워드)를 통해 고객님은 어떤 삶을 살고 싶으신가요?	-	-	●	
7. (삶 KW) 사람 (존재/정체성)	- (삶의 키워드)와 같은 삶을 살고자 하는 고객님은 어떤 분이라고 말할 수 있을까요?	-	-	●	

상세 맥락	질문 사례	자격			KCA 코칭역량
		A	P	S	
8. 주제 요약	- 아하, 고객님께서는 (삶의 키워드)를 살아가고자 하는 분으로서, 오늘 (주제)에 대해 이야기하고 싶으셨던 거군요?	●	●	●	

( ): 고객의 말 Key Word

다. 목표합의

◆ 목적

▶ 진짜 주제가 이루어진 모습·수준·상태·상황을 생생하게 상상하도록 지원한다.

◆ 방법

▶ 고객의 주제는 대부분이 피상적 주제에 해당한다.

▶ 이러한 피상적 주제에서 진짜 주제(Real Want)를 도출하는 과정이 필요하다.

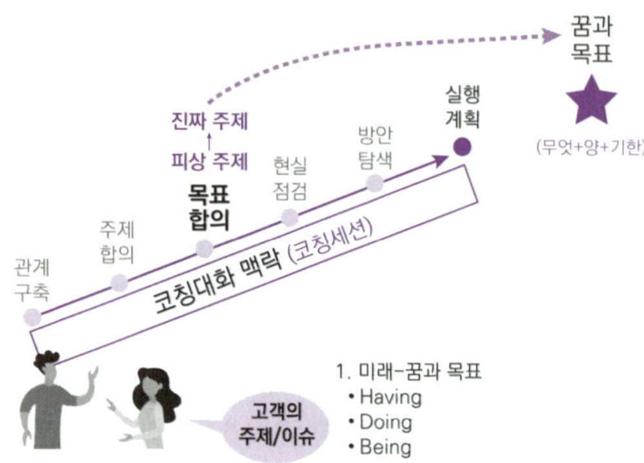

• 그림 30 • 목표합의 맥락

▶ 이를 비유적으로 껍질을 벗겨 알맹이를 끄집어내야 한다.

① Having: 자격증/학위

② Doing: 다이어트/건강관리/시간관리/자기계발

③ Being: 사람/모습(정체성)

▶ 도출된 진짜 주제(Real Want)에 대한 코칭목표는 '무엇+양+기한'의 세 가지 요소로 구성된다.

◆ 상세 맥락

▶ 목표_원하는 결과

▶ SMART 목표: 무엇+양+기한

▶ 주제와 목표 요약

표 32 목표합의 맥락 질문 사례

상세 맥락	질문 사례	자격			KCA 코칭역량
		A	P	S	
1. 목표_원하는 결과 (무엇)	**[무엇]** – 고객님이 (주제)를 원하시는데 어떤 모습·상황·상태·수준이 되면 (주제)가 이루어졌다고 할 수 있나요?	●	●	●	4.1.2 7.3
2. SMART 목표 (양+기한)	**[양]** – 얼마나 원하시나요? **[기한]** – 언제까지 이루어지기를 원하시나요?	●	●	★	
3. 주제와 목표 요약	– 지금까지 저와 나눈 주제와 목표를 간단하게 요약해 주시겠어요?	●	●	●	

( ): 고객의 말 Key Word

라. 현실점검

◆ 목적

▶ 고객이 꿈과 목표 대비 현재의 GAP(차이)을 명확하게 인식하도록 돕는다.

▶ 과거에는 이 GAP이 핑계나 구실처럼 여겨졌다면, 현재는 극복 가능한 영역이라는 인식 전환 일어나도록 한다.

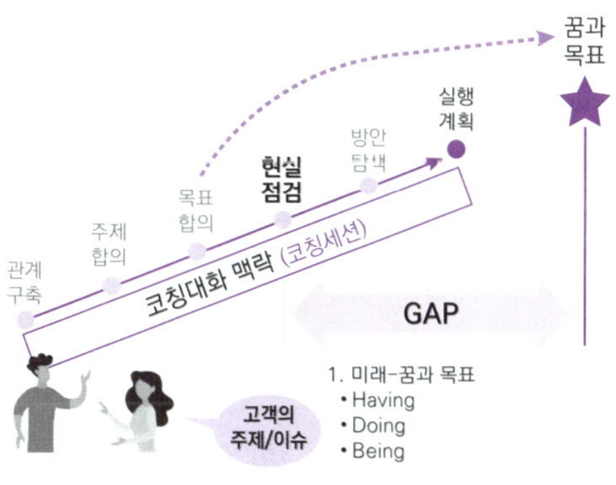

• 그림 31 • 현실점검 맥락

◆ 방법

▶ 현재 상황을 3가지 관점에서 바라보게 한다.

▶ 코치는 고객의 상황을 '관점'으로 듣는다.

◆ 상세 맥락

▶ 현재 상황 1(관점 1)

▶ 현재 상황 2(관점 2)

▶ 현재 상황 3(관점 3)

표 33 현실점검 맥락 질문 사례

상세 맥락	질문 사례	자격			KCA 코칭역량
		A	P	S	
1. 현재 상황 1	◆ 3번 반복: 3가지 관점에서 상황을 바라보도록 하기 위함 - 현재는 어떤 상황인가요?	●	●	★	7.3 8.2
2. 현재 상황 2	- 다른 상황이 있다면 어떤 상황인가요?	●	●	★	
3. 현재 상황 3	- 또 다른 상황이 있다면 어떤 상황인가요?	●	●	★	

( ): 고객의 말 Key Word

마. 방안탐색

◆ 목적

▶ 고객이 꿈과 목표를 이룰 수 있는 실행 가능한 해결방안을 탐색하도록 돕는다.

◆ 방법

▶ GAP 줄이기: Feedback 기반 접근

▶ 관점전환 : Reframing / Transformation 기법 활용

◆ 상세 맥락

▶ 해결방안 1

▶ 관점전환_대입시사례, 뒤집기, 존재

▶ 관점전환_느낌/교훈

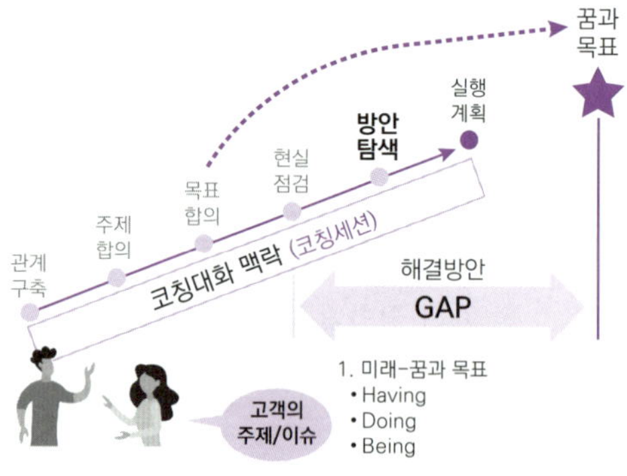

• 그림 32 • 방안탐색 맥락

- ▶ 해결방안 2
- ▶ 가능성 확대_장애 제거, 기적
- ▶ 가능성 확대_알아차림/깨달음
- ▶ 해결방안 3
- ▶ 해결방안 요약

표 34 방안탐색 맥락 질문 사례

<table>
<tr><th rowspan="2">상세 맥락</th><th rowspan="2" colspan="2">질문 사례</th><th colspan="3">자격</th><th rowspan="2">KCA
코칭역량</th></tr>
<tr><th>A</th><th>P</th><th>S</th></tr>
<tr><td rowspan="3">1. 해결방안 1</td><td colspan="2">- (현재 상황 1/2/3)임에도 불구하고, (주제)와 (목표)를 이루기 위해 시도해 볼 수 있는 방안을 찾아본다면 무엇이 있을까요?</td><td>●</td><td>●</td><td>●</td><td rowspan="11">7.2
7.3
7.4
7.5
7.6
8.2</td></tr>
<tr><td colspan="2">- 다른 방안을 찾아본다면 무엇이 있을까요?</td><td>●</td><td>●</td><td rowspan="2">-</td></tr>
<tr><td colspan="2">- 또 다른 방안을 찾아본다면 무엇이 있을까요?</td><td>●</td><td>-</td></tr>
<tr><td rowspan="2">2. 관점전환
_입시사례</td><th>사례 1</th><th>사례 2</th><td rowspan="2">-</td><td rowspan="2">●</td><td rowspan="2">★</td></tr>
<tr><td>- (기한)에 (목표)를 이룬 고객님이 현재 (주제)로 고민하는 자신에게 뭐라고 조언하고 싶나요?</td><td>- 과거에 지금과 유사한 상황을 극복하여 성공한 경험이 있다면 무엇인가요?</td></tr>
<tr><td>3. 관점전환
_느낌/교훈</td><td>- 성공한 고객님이 조언을 들은 지금의 고객님의 생각이나 느낌은 어떤가요?</td><td>- 그 (성공 경험)으로부터 얻은 교훈은 무엇인가요?</td><td>-</td><td>●</td><td>★</td></tr>
<tr><td>4. 해결방안 2</td><td>- 그 (생각이나 느낌)을 지금의 이 상황에 적용해 본다면 무엇을 해 볼 수 있을까요?</td><td>- 그 (교훈)을 지금의 이 상황에 적용해 본다면 무엇을 해 볼 수 있을까요?</td><td>-</td><td>●</td><td>★</td></tr>
<tr><td>5. 가능성
확대</td><td colspan="2">- 고객님의 능력이나 조건에 제한이 없다면, 지금의 이 상황은 어떻게 바뀔 수 있을까요?
- 바뀐 상황을 떠올리면, 마음속에 어떤 알아차림이나 깨달음이 떠오르시나요?</td><td>-</td><td>-</td><td>●</td></tr>
<tr><td>6. 해결방안 3</td><td colspan="2">- 지금 떠오른 그 (알아차림이나 깨달음)을 현재 상황에 적용해 본다면, 무엇을 시도해 보고 싶으신가요?</td><td>-</td><td>-</td><td>●</td></tr>
<tr><td>7. 해결방안
요약</td><td colspan="2">- 지금까지 찾아낸 방안을 요약해 보면 어떨까요?</td><td>●</td><td>●</td><td>●</td></tr>
</table>

( ): 고객의 말 Key Word

바. 실행계획

◆ 목적

▶ 실행 가능한 구체적인 실행계획을 수립하도록 돕는다.

▶ 실행을 지속할 수 있도록 후원환경을 조성한다.

◆ 방법

▶ 실행목표는 다음 네 가지 요소로 구성된다:

▶ 실행과제+시작목표+실천목표+반복목표

▶ 실행 과정에서의 점검과 지원 체계를 함께 설계한다.

◆ 집중

▶ 실행과제

▶ 시작목표

▶ 실천목표

▶ 반복목표

▶ 정체성과 통합

▶ 점검

▶ 지원표현

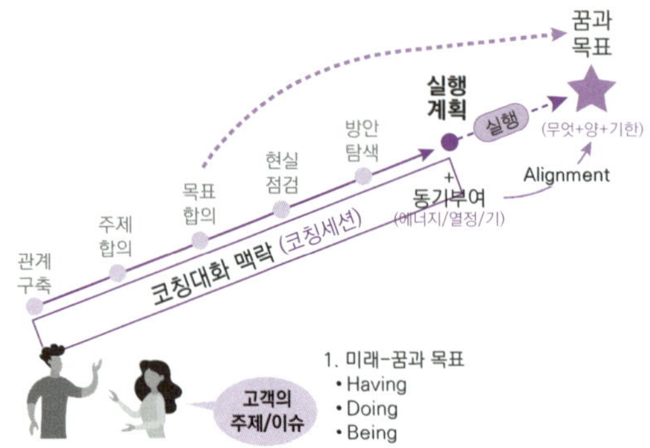

• 그림 33 • 실행계획 맥락

표 35 실행계획 맥락 질문 사례

상세 맥락	질문 사례	자격			KCA 코칭역량
		A	P	S	
1. 집중	- 그중에서 집중하고 싶은 것을 하나 선택한다면 어느 것인가요?	●	●	●	7.3 8.1 8.3
2. 실행과제	- 그 (집중할 것)은 구체적으로 무엇부터 할 수 있나요?	●	●	●	
3. 시작목표	- (실행과제)는 언제부터 시작하고 싶나요?	●	●	★	
4. 실천목표	- (실행과제)는 (하루에) 얼마나 할 수 있나요?	●	●	★	
5. 반복목표	- (실행과제)는 (일주일에) 며칠을 반복할 수 있나요?	–	–	★	
6. 정체성과 통합	- (주제)와 (목표)를 이루기 위해 세운 이 실행계획은 고객님의 어떤 가치관이나 정체성과 연결되나요?	–	●	★	
7. 점검	- 잘 실행하고 있음을 스스로 언제, 어떻게 알 수 있을까요?	●	●	●	

상세 맥락	질문 사례	자격			KCA 코칭역량
		A	P	S	
8. 지원 표현	- 혹시 제가 도와드릴 것이 있다면 무엇인가요?	●	●	●	

( ): 고객의 말 Key Word

사. 마무리

◆ 목적

▶ 성찰: 코칭대화에서 얻은 통찰과 배움을 정리하고 내재화하도록 돕는다.

▶ 지지와 응원: 실행 의지를 북돋고 심리적 지지를 제공한다.

◆ 상세 맥락

▶ 성찰

▶ 지지와 응원

▶ 코칭 종료

표 36 마무리 맥락 질문 사례

상세 맥락	질문 사례	자격			KCA 코칭역량
		A	P	S	
1. 성찰	- 오늘의 대화에서 정리된 생각이나 얻은 유익함이 있다면 무엇인가요?	●	●	★	7.3 8.2
2. 지지와 응원	- (주제)를 잘 실행해서 성공체험과 함께 (목표)를 이루고 변화와 성장하심을 미리 축하드리며 지지와 응원합니다.	●	●	★	
3. 코칭 종료	- 이제 코칭을 마무리해도 될까요?	●	●	★	

( ): 고객의 말 Key Word

아. 종합

지금까지 살펴본 미래의 꿈과 목표를 위한 코칭대화의 각 맥락을 종합하면 다음과 같다. 아래의 표에서 '코칭대화 맥락'은 코칭대화의 방향을 구조적으로 설정해 주는 길라잡이 역할을 한다. 한편 '상세 맥락'은 정교한 비구조화의 대상으로서, 코치의 상호작용(역동요소)에 관한 코칭역량을 결정짓는 핵심 요소에 해당한다. 결국 코칭대화는 구조화된 코칭대화 맥락을 기반으로, 각 맥락의 목적과 방법에 따라 상세 맥락을 정교한 비구조화로 풀어 내야 한다. 이것이 바로 진정한 '정교한 반구조화 대화'의 본질이다.

표 37 미래의 꿈과 목표를 위한 코칭대화 종합

코칭대화의 목적	◆ 고객이 자신의 미래의 꿈과 목표를 달성할 수 있도록 ◆ 실행계획 수립을 지원하고 동기부여함	코칭대화의 목표	◆ 실행계획 수립 ◆ 동기부여

구조화	⟵ 정교한 반구조화 ⟶		정교한 비구조화의 대상
코칭대화 맥락	**목적**	**방법**	**상세 맥락**
1. 관계구축	• 신뢰감과 안전감 조성 • 긍정적인 마음의 문 열기	-	- 인사/호칭/윤리규정 안내/코칭 시작 - 긍정마음 열기
2. 주제합의	• 주제의 이유와 목적을 명료하게 인식	1. 의미확장: 주제(수단가치) → 의미부여 → 목적가치	- 주제/(주제) 구체적 설명 - (주제) 이유/(이유 KW) 의미/(의미 KW) 가치 - (가치 KW) 삶/(삶 KW) 사람(존재정체성) - 주제 요약
3. 목표합의	• 진짜 주제가 이루어진 모습·상황·상태·수준을 생생하게 상상	1. 피상적 주제 → 진짜 주제 (Real Want) **[껍질 벗기기 → 알맹이]** ▶ Having: 자격증/학위 ▶ Doing: 다이어트/건강관리/시간관리/자기계발 ▶ Being: 사람/모습(정체성) 2. 코칭목표=무엇+양+기한	- 목표_원하는 결과 - SMART 목표(무엇+양+기한) - 주제와 목표 요약
4. 현실점검	• 꿈과 목표 대비 현실의 GAP 인식 • 과거: 핑계와 구실 vs. 지금: 극복 가능	1. 현재 상황 → 3가지 관점	- 현재 상황 1 (관점 1) - 현재 상황 2 (관점 2) - 현재 상황 3 (관점 3)

구조화	정교한 반구조화		정교한 비구조화의 대상
코칭대화 맥락	목적	방법	상세 맥락
5. 방안탐색	• 꿈과 목표를 이룰 수 있는 해결방안 탐색 • 해 볼 수 있는 방안/하고 싶은 방안	1. GAP 줄이기: Feedback 2. 관점전환: Reframing/Transformation	- 해결방안 1 - 관점전환_입시사례/느낌/교훈/해결방안 2 - 가능성 확대/해결방안 3 - 해결방안 요약
6. 실행계획	• 실행할 수 있는 구체적인 실행계획 수립 • 후원환경 조성	1. 실행계획=실행과제+시작목표+실행목표+반복목표 2. 점검과 지원	- 집중 - 실행과제/시작목표/실행목표/반복목표 - 정체성과 통합/점검/지원표현
7. 마무리	• 성찰 • 지지와 응원	-	- 성찰 - 지지와 응원 - 코칭 종료

4 코칭대화 2: 현재의 마음의 문제를 위한 대화

현재의 마음의 문제를 다루는 코칭대화는 코칭세션 내에서 해당 문제의 해결을 목표로 진행되어야 한다. 이를 위해 코칭대화는 고객의 코칭목표와 코치의 코칭세션목표를 맥락적으로 정렬(Alignment)하여 운영되어야 한다.

이를 효과적으로 수행하기 위해 코치는 다음의 세 가지 역할을 수행해야 한다.

① 고객이 현재의 마음의 문제에 집중할 수 있도록 지원하고,

② 그 마음의 문제를 해결할 수 있는 방향으로 코칭을 진행하며,

③ 문제 해결 이후에는 이를 긍정적 에너지로 전환하여, 고객이 바람직한 삶을 살아갈 수 있도록 돕는다.

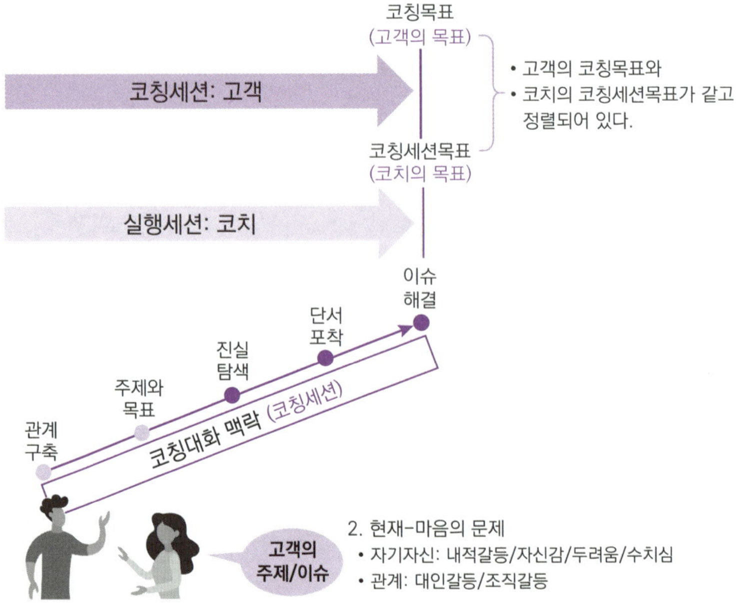

• 그림 34 • 현재의 마음의 문제를 위한 코칭대화의 맥락적 정렬

가. 관계구축

◆ 목적

▶ 신뢰감과 심리적 안전감을 조성한다.

▶ 긍정적인 마음의 문을 연다.

◆ 상세 맥락

▶ 인사

▶ 호칭 확인

▶ 윤리규정 고지

▶ 코칭 시작

▶ 의미 있는 변화

표 38 관계구축 맥락 질문 사례

상세 맥락	질문 사례	자격			KCA 코칭역량
		A	P	S	
1. 인사	- 안녕하세요, 오늘 OOO님과 대화하게 되어 기쁩니다.	●	●	●	1.4 4.1.2 5.1 5.2.2
2. 호칭 확인	- 대화하는 동안 OOO님을 어떻게 불러드리면 편하실까요?	●	●	●	
3. 윤리규정 안내	- 지금부터 나누는 코칭대화는 한국코치협회 윤리규정에 따라 비밀이 보장되니, 편하게 말씀하셔도 됩니다.	●	●	●	
4. 코칭 시작	- 지금부터 코칭을 시작해도 될까요?	●	●	●	
5. 의미 있는 변화	- 최근 고객님이 경험한 것 중 의미 있는 변화가 있었다면 무엇인가요?	●	●	★	

나. 주제와 목표

◆ 목적

▶ 고객이 해결하고 싶은 이슈 또는 주제를 명확히 인식하고,

▶ 이를 바탕으로 코칭 목표를 구체화하도록 돕는다.

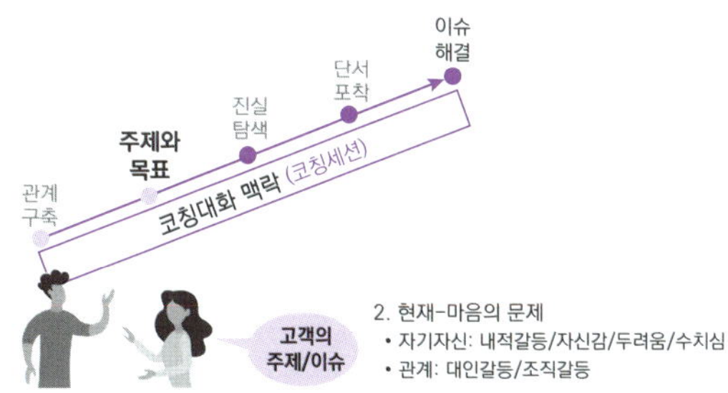

• 그림 35 • 주제와 목표 맥락

◆ 방법

▶ 고객의 이슈나 주제에 의미를 부여하여, 이를 목적가치의 차원으로 끌어올린 후,

▶ 코칭목표를 '무엇+양'의 형식으로 명료하게 설정한다.

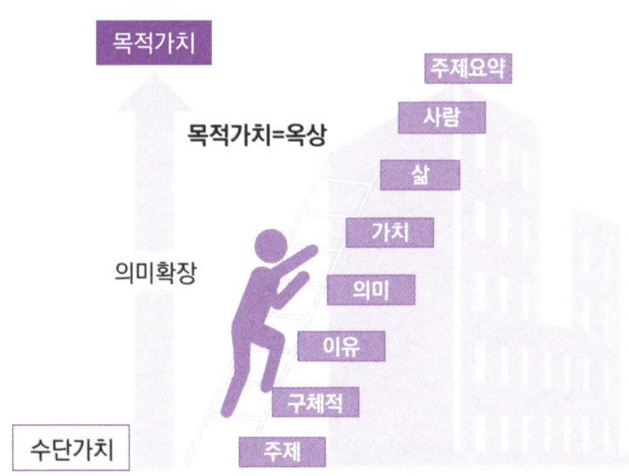

• 그림 36 • 의미확장

◆ 상세 맥락

- ▶ (주제) 구체적
- ▶ (주제) 이유
- ▶ (이유 KW) 의미
- ▶ (의미 KW) 가치
- ▶ (가치 KW) 삶
- ▶ (삶 KW) 사람(존재정체성)
- ▶ 주제 요약
- ▶ 목표 합의

표 39 주제와 목표 맥락 질문 사례

상세 맥락	질문 사례	자격			KCA 코칭역량
		A	P	S	
1. 주제	- 지금 이 즐거운 마음으로 이야기하고 싶은 주제가 있다면 무엇인가요?	●	●	●	4.1.2 5.4 5.5 6.2 7.3
2. (주제) 구체적	- (주제)에 대해 조금 더 구체적으로 말씀해 주시겠어요?		●	●	
3. (주제) 이유	-(주제)에 대해 이야기하고 싶은 이유나 배경이 있다면 무엇인가요?	●	●	●	
4. (이유KW) 의미	- (주제)는 고객님께 어떤 의미가 있나요?	●	●	●	
5. (의미 KW)가치	- (의미 키워드)는 고객님께 어떤 유익이나 가치를 가져다 주나요?	●	●	●	
6. (가치 KW) 삶	- (가치 키워드)를 통해 고객님은 어떤 삶을 살고 싶으신가요?	-	-	●	
7. (삶 KW) 사람 (존재/정체성)	- (삶의 키워드)와 같은 삶을 살고자 하는 고객님은 어떤 분이라고 말할 수 있을까요?	-	-	●	
8. 주제 요약	- 아하, 고객님께서는 (삶의 키워드)를 살아가고자 하는 분으로서, 오늘 (주제)에 대해 이야기하고 싶으셨던 거군요?	●	●	●	

상세 맥락	질문 사례	자격			KCA 코칭역량
		A	P	S	
9. 목표 합의	- 오늘 이 대화를 통해 고객님께서 얻고자 하시는 결과는 무엇인가요?	●	●	●	

( ): 고객의 말 Key Word

다. 진실탐색

◆ 목적

▶ 겉으로 드러난 현상으로부터 사실과 해석을 분별하여 진짜 사실을 인식하고,

▶ 그 진짜 사실에 대한 감정을 공감하며, 그 감정의 이면에 있는 욕구를 탐색하도록 돕는다.

◆ 방법

▶ 사실과 해석 분별 → 감정 공감 → 욕구 탐색

◆ 상세 맥락

▶ 사실 확인

▶ 해석 확인

▶ 사실과 해석 분별

▶ 진짜 사실 인식

▶ 감정 공감

▶ 감정 원인(욕구)탐색

▶ 감정 변화 기대

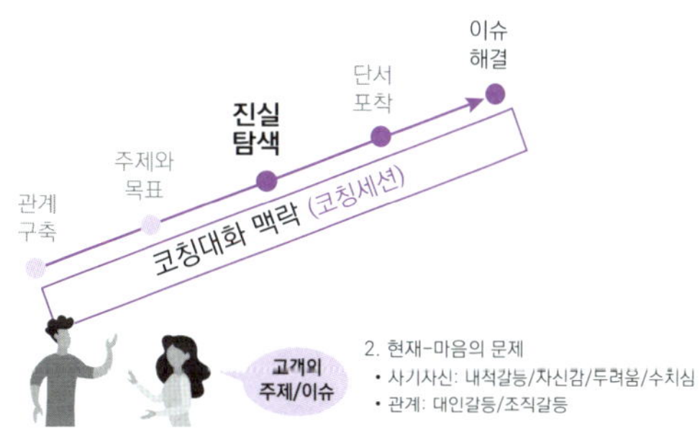

• 그림 37 • 진실탐색 맥락

표 40 진실탐색 맥락 질문 사례

상세 맥락	질문 사례	자격			KCA 코칭역량
		A	P	S	
1. 사실 확인	- (주제)와 관련하여 고객님이 생각하는 구체적인 사건이나 사실은 무엇인가요?	-	●	★	6.1 6.2
2. 해석 확인	- 이 상황을 고객님은 어떻게 바라보거나 또는 어떤 의미로 다가오나요?	-	●	★	

상세 맥락	질문 사례	자격			KCA 코칭역량
		A	P	S	
3. 사실과 해석 분별	- 고객님께서 이 상황을 객관적으로 바라볼 때, 무엇을 새롭게 발견할 수 있나요?	-	●	★	6.3 6.4 7.4 7.5 7.6
4. 진짜 사실 인식	- 그렇다면, 이 상황에서 고객님이 확인할 수 있는 객관적인 진짜 사실은 무엇인가요?	-	●	★	
5. 감정 공감	- 그 상황에서 고객님이 느낀 감정을 한 단어로 표현한다면, 어떤 감정 단어가 떠오르나요?	-	●	★	
6. 감정 원인 (욕구) 탐색	- 고객님이 (감정 KW)를 느낄 때, 고객님이 간절히 바랐던 것은 무엇인가요?	-	●	★	
7. 감정 변화 기대	- 만약 이 (욕구 KW)가 온전히 충족된다면, 고객님의 감정은 어떻게 변할까요?	-	●	★	

( ): 고객의 말 Key Word

라. 단서포착

◆ 목적

▶ 내외적 장애물 또는 단서 탐색

▶ 다양한 각도와 맥락에서 문제를 폭넓게 이해하고 관점전환

◆ 방법

▶ Reframing: 사고의 전환/가능성 확대

- 대가·혜택입장 바꾸기/시간선/사분면/예외·반대
- 장애 제거/기적

▶ Transformation: 변혁적 전환

- 뒤집기/존재

◆ 상세 맥락

▶ 문제 영향 검토

▶ 문제해결 이유 인식

▶ 관점전환_과거 경험

▶ 관점전환_교훈

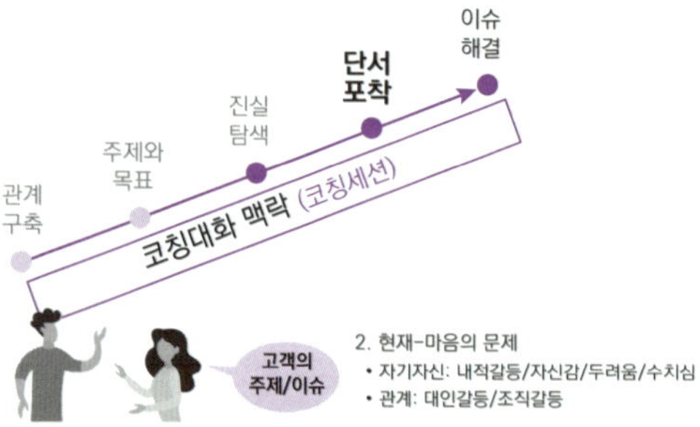

• 그림 38 • 단서포착 맥락

표 41 단서포착 맥락 질문 사례

상세 맥락	질문 사례	자격			KCA 코칭역량
		A	P	S	
1. 문제 영향 검토	- 이 상황이 해결되지 않는다면, 고객님의 삶에 어떤 영향을 미치게 되나요?	-	●	★	7.2 7.3 7.4 7.5 7.6
2. 문제해결 이유 인식	- 이 상황을 지금 해결하는 것이 고객님께 중요한 이유는 무엇인가요?	-	●	★	
3. 관점전환_과거 경험	- 과거에 지금과 유사한 상황에서 작은 것이라도 성공적으로 대응한 경험이 있다면 무엇인가요?	-	●	★	
4. 관점전환_교훈	- (과거 경험 KW)에서 얻은 가장 중요한 교훈은 무엇인가요?	-	●	★	

( ): 고객의 말 Key Word

마. 이슈해결

◆ 목적

▶ 관점전환을 기반으로 현재의 이슈를 기회와 역동으로 전환하여 해결한다.

▶ 통찰을 행동으로 전환하여 실질적인 변화를 인도한다.

① 관계 개선을 위한 실행계획 수립

② 예방을 위한 실행계획 수립

▶ 변화된 상태를 지속하고 확장할 수 있도록 지원한다.

◆ 방법

▶ 관점전환을 통해 얻은_교훈을 실제 이슈해결에 적용한다.

◆ 상세 맥락

▶ 기회 전환

▶ 역동 전환

▶ 이슈해결과 미래 상상

▶ 실행과제

▶ 시작목표

▶ 실행방법

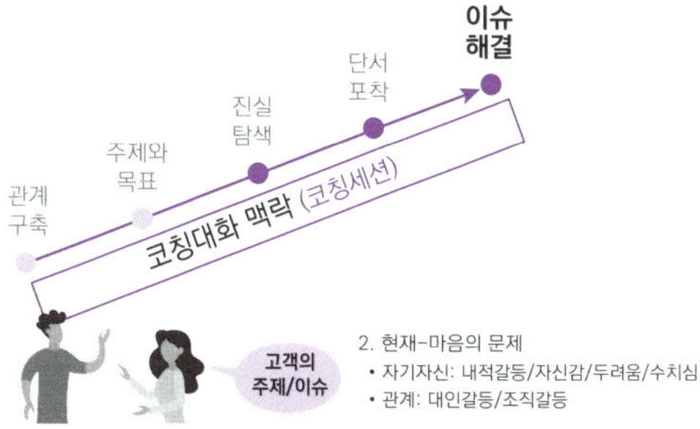

• 그림 39 • 이슈해결 맥락

▶ 점검

▶ 지원 표현

▶ 코칭 마무리

표 42 이슈해결 맥락 질문 사례

상세 맥락	질문 사례	자격			KCA 코칭역량
		A	P	S	
1. 기회 전환	- (관점전환_교훈)을 이 상황에 적용다면, 고객님이 얻을 수 있는 가장 중요한 배움과 가능성은 무엇인가요?	-	●	★	4.1.2 7.3 8.1 8.3
2. 역동 전환	- 이 (기회 전환 KW)를 통해 고객님이 새롭게 발견한 자신의 변화된 모습은 무엇인가요?	-	●	★	
3. 이슈해결과 미래 상상	- (변화된 모습 KW)가 된 미래를 떠올려 본다면, 고객님은 무엇을 하고 있을까요?	-	●	★	
4. 실행과제	- 알아차림과 변화된 마음으로 (관계개선 주제/주제 예방)를 위하여 작은 것이라도 실행할 수 있는 과제를 생각해본다면 무엇일까요?	-	●	★	
5. 시작목표	- (실행과제)는 언제 실행하고 싶나요?	-	●	●	
6. 실행방법	- (실행과제)는 어떤 방법으로 할 수 있나요?	-	●	●	
7. 점검	- 잘 실행하고 있음을 스스로 언제, 어떻게 알 수 있을까요?	-	●	●	
8. 지원 표현	- 혹시 제가 도와드릴 것이 있다면 무엇인가요?	-	●	●	
9. 코칭 마무리	- 이제 코칭을 마무리하면 어떨까요?	-	●	●	

( ): 고객의 말 Key Word

바. 종합

지금까지 살펴본 현재의 마음의 문제를 위한 코칭대화의 각 맥락을 종합하면 다음과 같다. 아래의 표에서 '코칭대화 맥락'은 코칭대화의 방향을 구조적으로 안내하는 길라잡이 역할을 한다. 한편 '상세 맥락'은 정교한 비구조화의 대상으로서, 코치의 상호작용(역동요소)에 관한 코칭역량을 결정짓는 핵심 요소에 해당한다. 결국 코칭대화는 구조화된 코칭대화 맥락을 기반으로 하되, 각 맥락의 목적과 접근 방식에 따라 상세 맥락을 정교하게 비구조화하여 풀어 가는 과정이다. 이것이 바로 진정한 정교한 반구조화 대화의 본질이다.

표 43 마음의 문제를 위한 코칭대화 종합

코칭대화의 목적	◆ 고객이 자신의 현재의 마음의 문제를 해결하고 긍정적 에너지로 전환할 수 있도록 지원함	코칭대화의 목표	◆ 마음의 문제 해결 ◆ 긍정 에너지로 전환

구조화	⟵ 정교한 반구조화 ⟶		정교한 비구조화의 대상
코칭대화 맥락	목적	방법	상세 맥락
1. 관계구축	• 신뢰감과 안전감 조성	• 라포 형성	- 인사/호칭/윤리규정 고지/코칭 시작 - 의미 있는 변화
2. 주제와 목표	• 해결하고 싶은 이슈/주제를 목표로 명확히 설정	• 주제 확인 • 목표 공감	- 주제 - (주제) 구체적 - 목표설정
3. 진실탐색	• 겉으로 드러난 현상으로부터 사실과 해석을 분별하고 진짜 사실을 인식	• 상황(사실)과 해석 분별 • 감정/의도 공감 → 진짜 사실 확인	- 사실 확인/해석 확인/사실과 해석 분별 - 진짜 사실 인식/감정 공감/감정 원인(욕구) 탐색 - 감정 변화 예측
4. 단서포착	• 내·외적 장애물/단서 탐색 • 다양한 각도와 맥락에서 문제를 폭넓게 이해하고 관점전환	• Reframing(사고의 전환/가능성 확대): 입장 바꾸기/시간선/사분면/예외·반대/장애제거/기적 • Transformation(변혁적 전환): 뒤집기/존재	- 문제 영향 검토/문제해결 이유 인식 - 관점전환/관점전환_교훈
5. 이슈해결	• 관점전환을 기반으로 기회와 역동으로 전환하여 이슈해결 • 통찰을 행동으로 전환 • 변화된 상태를 확장유지하기	관점전환_교훈 이슈해결에 적용 관계 개선 위한 실행계획 예방위한 실행계획 후원환경 조성	- 기회 전환 - 역동 전환 - 이슈해결된 미래 상상 - 실행과제 - 시작목표/실행방법/점검 - 지원 표현 - 코칭 마무리

5 코칭대화 3: 복합 주제를 위한 대화

미래의 꿈과 목표와 현재의 마음의 문제가 복합된 주제를 다루는 코칭대화는 상대적으로 복잡하게 진행된다. 이 경우, 대화는 일반적으로 미래 지향적 대화인 IGROW 모델을 기반으로 시작되며, 관계구축 이후, 주제합의부터 실행계획 단계 사이에서 고객의 마음의 문제가 드러나면, 그 시점에서 TES 맥락을 적용하여 해당 문제 해결에 집중해야 한다. 이후 마음의 문제가 해결되면, 다시 IGROW 모델로 복귀하여 고객의 코칭목표와 코치의 코칭세션목표를 맥락적으로 정렬(Alignment)하여 대화를 이어가야 한다. 이를 위해 코치는 다음의 다섯 가지 역할을 수행해야 한다.

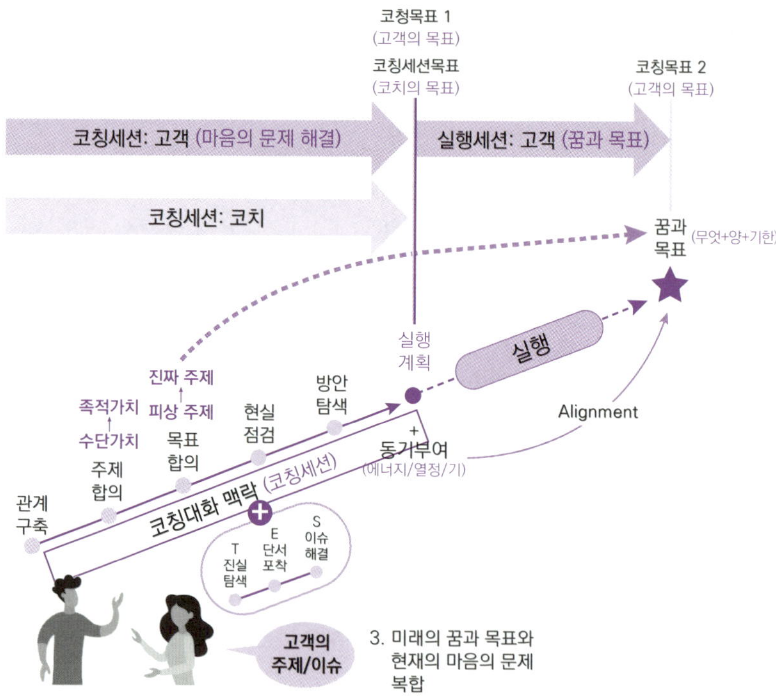

• 그림 40 • 복합 주제를 위한 코칭대화의 맥락적 정렬

① 미래의 꿈과 목표를 위한 코칭대화 맥락(IGROW 모델)을 기본으로 운영하고,

② 주제합의, 목표합의, 현실점검, 방안탐색, 실행계획 등의 맥락 중 어느 지점에서든 고객의 마음의 문제가 드러나면,

③ 그 시점에서 TES 맥락을 활용하여, 한시적으로 마음의 문제 해결을 위한 대화로 전환한다.

④ 고객의 마음의 문제가 충분히 다루어지고 해결되었다면,

⑤ 다시 IGROW 모델로 복귀하여 코칭세션을 마무리까지 이어간다.

가. TES 맥락: 진실탐색+단서포착+이슈해결

◆ 목적

- 겉으로 드러난 현상에서 사실과 해석을 분별하여 진짜 사실을 인식하게 한다.
- 내적·외적 장애 요인 및 단서를 탐색한다.
- 다양한 각도와 맥락에서 문제를 폭넓게 이해하고, 관점전환을 촉진한다.
- 관점전환을 바탕으로 문제를 기회와 역동으로 전환하여 이슈를 해결한다.

◆ 방법

- 상황(사실)과 해석을 명확히 분별한다.
- 감정과 의도 공감 → 진짜 사실 확인
- Reframing: 사고의 전환과 가능성 확대
  - 대가와 효과/입장 바꾸기/시간선/사분면/예외와 반대
  - 장애 제거/기적
- Transformation: 변혁적 전환
  - 뒤집기/존재

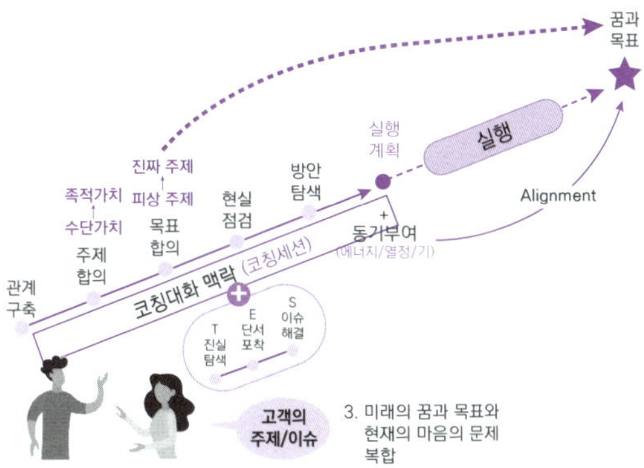

• 그림 41 • TES 맥락

- 관점전환을 통해 얻은 교훈을 실제 이슈해결에 적용

표 44 TES 맥락 질문 사례

대화 맥락	상세 맥락	질문 사례	자격 A	자격 P	자격 S	KCA 코칭역량
진실 탐색	1. 사실 확인	- (주제)와 관련하여 고객님이 생각하는 구체적인 사건이나 사실은 무엇인가요?	-	●	★	6.1 6.2 6.3 6.4 7.4 7.5 7.6
	2. 해석 확인	- 이 상황을 고객님은 어떻게 바라보거나 또는 어떤 의미로 다가오나요?		●	★	
	3. 사실과 해석 분별	- 고객님께서 이 상황을 객관적으로 바라볼 때, 무엇을 새롭게 발견할 수 있나요?		●	★	
	4. 진짜 사실 인식	- 그렇다면, 이 상황에서 고객님이 확인할 수 있는 객관적인 진짜 사실은 무엇인가요?		●	★	
	5. 감정 공감	- 그 상황에서 고객님이 느낀 감정을 한 단어로 표현한다면, 어떤 감정 단어가 떠오르나요?		●	★	
	6. 감정 원인(욕구) 탐색	- 고객님이 (감정 KW)를 느낄 때, 고객님이 간절히 바랐던 것은 무엇인가요?		●	★	
	7. 감정 변화 기대	- 만약 이 (욕구 KW)가 온전히 충족된다면, 고객님의 감정은 어떻게 변할까요?		●	★	
단서 포착	1. 문제 영향 검토	- 이 상황이 해결되지 않는다면, 고객님의 삶에 어떤 영향을 미치게 되나요?	-	●	★	
	2. 문제 해결 이유 인식	- 이 상황을 지금 해결하는 것이 고객님께 중요한 이유는 무엇인가요?		●	★	
	3. 관점전환_과거 경험	- 과거에 지금과 유사한 상황에서 작은 것이라도 성공적으로 대응한 경험이 있다면 무엇인가요?		●	★	
	4. 관점전환_교훈	- (과거 경험 KW)에서 얻은 가장 중요한 교훈은 무엇인가요?		●	★	
이슈 해결	1. 기회 전환	- (관점전환_교훈)을 이 상황에 적용다면, 고객님이 얻을 수 있는 가장 중요한 배움과 가능성은 무엇인가요?	-	●	★	
	2. 역동 전환	- 이 (기회 전환 KW)를 통해 고객님이 새롭게 발견한 자신의 변화된 모습은 무엇인가요?		●	★	
	3. 이슈해결과 미래 상상	- (변화된 모습 KW)가 된 미래를 떠올려 본다면, 고객님은 무엇을 하고 있을까요?		●	★	

( ): 고객의 말 Key Word

나. 종합

지금까지 살펴본 복합 주제를 위한 코칭대화의 각 맥락을 종합하면 다음과 같다. 아래의 표에서 '코칭대화 맥락'은 대화의 방향을 구조적으로 안내하는 길라잡이 역할을 한다. 한편 '상세 맥락'은 정교한 비구조화의 대상으로서, 코치의 상호작용(역동요소)에 관한 코칭역량을 결정짓는 핵심 요소에 해당한다. 결국 코칭대화는 구조화된 코칭대화 맥락을 기반으로 하되, 각 맥락의 목적과 방법에 따라 상세 맥락을 정교하게 비구조화해 가는 과정이다. 이것이 바로 진정한 정교한 반구조화 대화의 본질이다.

표 45 복합 주제를 위한 코칭대화 종합

코칭대화의 목적	◆ 고객이 자신의 미래의 꿈과 목표를 달성할 수 있도록 ◆ 현재의 마음의 문제를 해결하고 ◆ 실행계획 수립을 지원하고 동기부여함.	코칭대화의 목표	◆ 마음의 문제 해결 ◆ 실행계획 수립 ◆ 동기부여

구조화	⟸ 정교한 반구조화 ⟹		정교한 비구조화의 대상
코칭대화 맥락	목적	방법	상세 맥락
1. 관계구축	• 신뢰감과 안전감 조성 • 긍정적인 마음의 문 열기	-	- 인사/호칭/윤리규정 안내/ 코칭 시작 - 긍정마음 열기
2. 주제합의	• 주제의 이유와 목적을 명료하게 인식	1. 의미확장: 주제(수단가치) - 의미부여 - 목적가치	- 주제/(주제) 구체적 설명 - (주제) 이유/(이유 KW) 의미/(의미 KW) 가치 - (가치 KW) 삶/(삶 KW) 사람(존재 정체성)

3. 목표합의	• 진짜 주제가 이루어진 모습·상황·상태·수준을 생생하게 상상	1. 피상적 주제→진짜 주제(Real Want) **[껍질 벗기기 → 알맹이]** - Having: 자격증/학위 - Doing: 다이어트/건강관리/시간관리/자기계발 - Being: 사람/정체성 2. 코칭목표=무엇+양+기한	- 주제 요약 - 목표_원하는 결과 - SMART 목표: 무엇+양+기한 - 주제와 목표 요약
4. 현실점검	• 꿈과 목표 대비 현실의 GAP 인식 • 과거: 핑계와 구실 vs. 지금: 극복 가능	1. 현재 상황 → 3가지관점	- 재 상황 1 (관점 1) - 현재 상황 2 (관점 2) - 현재 상황 3 (관점 3)

\+

구조화	**정교한 반구조화**		**정교한 비구조화 대상**
대화맥락	목적	방법	상세 맥락
진실탐색	겉으로 드러난 현상으로부터 사실과 해석을 분별하고 진짜 사실을 인식	상황(사실)과 해석 분별 감정/의도 공감→진짜 사실 확인	사실 확인/ 해석 확인/ 사실과 해석 분별 진짜사실 인식/ 감정 공감/감정 원인(욕구) 탐색 감정 변화 예측
단서포착	내·외적 장애물/단서 탐색 다양한 각도와 맥락에서 문제를 폭넓게 이해하고 관점전환	Reframing: 사고의 전환/가능성 확대 입장/시간선/ 사분면/예외·반대 장애제거/기적/Transfor-mation: 뒤집기/존재	문제영향검토/문제해결 이유 인식 관점전환/관점전환_교훈

5. 방안탐색	• 꿈과 목표를 이룰 수 있는 해결방안 탐색 • 해 볼 수 있는 방안/하고 싶은 방안	1. GAP 줄이기: Feedback 2. 관점전환: Reframing/Transfor-mation	- 해결방안 1 - 관점전환_입시사례/느낌/교훈/해결방안 2 - 가능성 확대/해결방안 3 - 해결방안 요약
6. 실행계획	• 실행할 수 있는 구체적인 실행계획 수립 • 후원환경 조성	1. 실행계획=실행과제+시작목표+실행목표+반복목표 2. 점검과 지원	- 집중 - 실행과제/시작목표/실행목표/반복목표 - 정체성과 통합/점검/지원표현
7. 마무리	• 성찰 • 지지와 응원	-	- 성찰 - 지지와 응원 - 코칭 종료

이슈 해결	관점전환을 기반으로 기회와 역동으로 전환하여 이슈해결 통찰을 행동으로 전환 변화된 상태를 확장유지하기	관점전환_교훈 이슈해결에 적용 관계 개선 위한 실행계획 예방위한 실행계획 후원환경 조성	기회 전환 역동 전환 이슈해결된 미래 상상 실행과제 시작목표/실행방법/점검 지원 표현 코칭 마무리

PART III

수퍼비전 마스터리

제7장 코칭훈련의 이론적 체계화

1 지식과 기술의 유기적 연결
2 Competency와 Proficiency의 상호 연계
3 NCS 직무수준과 코칭역량의 체계적 연결
4 코칭 이론과 지식의 체계화

핵심 POINT

▶ 지식과 기술의 유기적 연결에서 어떤 시사점을 찾아낼 수 있을까?

▶ 학습 4단계, KCA 코치 자격, Competency, Proficiency 간의 관계에서 어떤 시사점을 도출해 낼 수 있을까?

▶ NCS 기반에서 KCA 코치 자격과 역량 간의 관계를 통해 어떤 통찰을 끌어낼 수 있을까?

▶ 코치 자격별로 요구되는 지식, 이론, 기술을 어떻게 구조화하고 체계화할 수 있을까?

1 지식과 기술의 유기적 연결

코칭훈련에서 지식(Knowledge)과 기술(Skill)의 유기적 연결은 효과적인 코칭역량을 구축하는 핵심이자 지름길이다. 이는 단순히 정보를 습득하는 수준을 넘어서, 실제 코칭 상황에서 활용 가능한 실천적 역량으로 전환하는 과정을 의미한다. 본 내용은 서론 2절에서 다룬 코칭대화 훈련 핵심인 UMP+AA+SA 훈련 원칙과 연계하여 학습하면 그 효과가 극대화된다.

가. 지식 체계에 대한 구조적 이해

지식은 다음과 같은 위계적 단계로 체계화된다.

- 사실(Fact): 관찰 가능한 기본적인 현실 요소
- 기록(Data): 사실 중에서 기록으로 정리되어 남겨진 것
- 정보(Information): 기록 중에서 의미 있거나 중요하다고 평가된 것
- 지식(Knowledge): 정보가 구조적으로 정리되고 체계적으로 조직된 상태
- 지혜(Wisdom): 최상위 수준의 통합적 이해와 통찰력

이러한 지식 체계는 정적(Static) 특성을 가지며, 시간의 흐름에 따라 소멸되기 쉬운 휘발성의 특성을 지닌다. 따라서 지식을 단순히 '알고 있는 것'에 머물지 않고, 실제 상황에서 활용할 수 있는 능력, 즉 기술로 전환하는 것이 중요하다.

나. 기술 체계의 동적 특성

기술 체계는 블룸의 교육목표 분류(BLOOM'S Taxonomy, 1956) 이론을 응용하여 다음과 같이 구성할 수 있다.

- Knowledge(이해·기억): 이해(U)하고 기억(M)하는 단계
- Application(적용): 연습(P)을 통해 실제 상황에 적용(A)하는 단계
- Analysis(분석·분별): 유사한 이론이나 기술을 비교·분석하고 분별하는 역량
- Synthesis(연결·통합): 기존의 다양한 지식과 기술을 연결하여 창의적으로 통합하는 역량

◆ 지혜: 최고 수준의 통합적 실행 능력

이 기술 체계는 동적(Dynamic) 특성을 가지며, 시간이 지나도 쉽게 소멸되지 않고 유지되는 비휘발성의 특징을 갖는다. 이는 '사용하고 활용하는 능력'으로서 반복적이고 지속적인 실천을 통해 강화되고 발전한다.

다. 지식과 기술의 유기적 연결이 주는 시사점

◆ 체계적 통합의 필요성

▶ 첫째, KCA 코칭역량을 계발하려면 먼저 코칭역량에 대한 지식을 FDIK 체계에 따라 학(學)의 과정을 먼저 밟아야 한다.

▶ 둘째, 이를 습(習)으로 내재화하기 위해서는 기술 5단계 체계에 기반한 점진적이고 반복적인 훈련이 필요하다. 이 과정은 반복, 지속, 인내를 바탕으로 하며, 체계적인 훈련 설계가 요구된다.

◆ 훈련 과정의 구조화

▶ 지식(K) 단계에서는 이해(U)와 암기(M)가 중점이 되어야 한다.

▶ 적용(A) 단계에서는 연습(P)을 중심으로 실행 기반 실습이 중요하다.

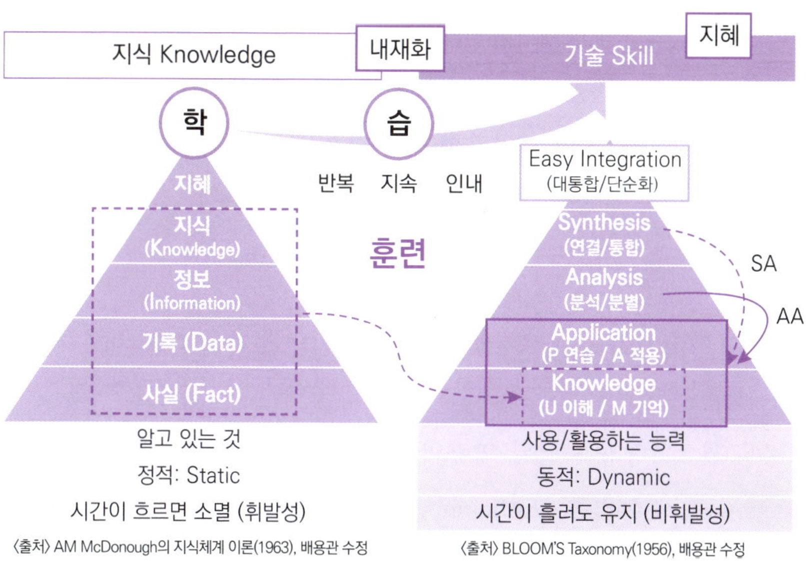

• 그림 42 • 지식과 기술의 연결

◆ 통합적 훈련 방법의 체계화

▶ 코칭역량 훈련은 UMP(이해·암기·연습) 기반의 체계적이고 점진적인 방법으로 진행되어야 한다.

① 개념 이해 단계: UM(이해·암기)

② 내재화 1단계: UMP(이해·암기·연습)

◆ 통합의 고도화

③ 내재화 2단계: AA(분별·적용)

적용(Application)의 핵심은 Analysis(분석·분별)이다. 관련 지식(K)과 개념을 비교·분석하고 분별함으로써 목적에 맞는 정확한 적용을 가능하게 하며, 이는 내재화의 필수 조건이 된다.

④ 내재화 3단계: SA(연결·적용)

나아가 Synthesis(연결·통합) 능력을 통해 기존의 관련 지식과 기술을 창의적으로 조합하거나 새로운 지식이나 기술로 재구성이 가능해진다. 이는 곧 적용(A)의 고도화로 이어진다. 더 나아가, 코치-고객 간 상호작용을 반영한 통합적 접근을 통해 실제 코칭대화에서 고급역량이 발휘된다.

이처럼 지식과 기술의 유기적인 연결은 단순한 지식 습득을 넘어, 상호작용을 통한 실천적 역량의 내재화를 가능하게 하는 중요한 과정이다. 이는 앞서 서론 2절에서 다룬 UMP+AA+SA 훈련 원칙과도 일맥상통하며, 코칭을 단순한 교육을 넘어 전문 역량으로 전환하고 변화와 성장시키는 통합적 학습 전략임을 의미한다.

2 Competency와 Proficiency의 상호 연계

역량은 필요역량과 숙달된 역량의 관점에서 구분할 수 있다. 본 장에서는 Competency를 필요역량, Proficiency를 숙달된 역량으로 정의하고 구분한다. 코칭역량의 발전을 체계적으로 이해하기 위해서는 학습 4단계 이론을 기반으로

KCA 코치 자격과 관련된 Competency와 Proficiency 간의 관계를 살펴보고, 그 차이점과 연계성을 이해하는 것이 중요하다.

Competency는 KAC와 KPC 자격 수준에서 요구되는 기초 및 실무 중심의 역량과 연계되며, Proficiency는 KAC에서 KPC, KSC로 발전하는 과정에서 숙련도를 기반으로 한 고급 역량과 관련된다. 또한 Competency는 자격 취득을 위한 필수 역량과 연결되고, Proficiency는 자격 취득 이후의 유지보수 훈련과 연계된다.

2.1 학습 4단계 이론

윌리엄 하웰(William Howell, 1981)이 제시한 학습 4단계 이론에 따르면, 인간은 다음과 같은 학습 단계를 거치며 역량이 향상된다.

가. 1단계: 무의식적 무능력 단계 (Unconscious Incompetence)

- 특성: 필요성을 인식하지 못하므로 능력도 필요하지 않다고 느끼는 상태
- 코칭 맥락: 코칭 자체에 대한 필요성이나 가치를 아직 인식하지 못한 수준
- 훈련 단계: 초기 입문 전 단계

나. 2단계: 의식적 무능력 단계 (Conscious Incompetence)

- 특성: 필요성을 인식하나, 아직 능력이 부족한 상태이며, 자신의 능력의 부재를 인식하고 학습 동기가 생성되는 단계
- 코칭 맥락: 코칭역량의 필요성을 인식하나 실제 코칭기술은 부족한 수준
- 역량 연계: Competency 인식 단계

다. 3단계: 의식적 능력 단계 (Conscious Competence)

- 특성: 의식적 노력과 집중을 통해 기술을 사용할 수 있는 단계
- 코칭 맥락: 구조화된 질문을 통해 코칭기술을 발휘하는 수준이며, 고객과의 상호작용에 의도적으로 집중하는 단계
- 역량 연계: Competency 습득 단계 (KAC, KPC 수준)

4단계: 무의식적 능력 단계 (Unconscious Competence)

- ◆ 특성: 기술이 완전히 내재화되어, 신경 쓰지 않아도 자연스럽게 발휘되는 숙달된 단계
- ◆ 코칭 맥락: 코칭역량이 코치의 존재 방식과 통합되어 상호작용 속에서 자연스럽고 유연하게 발현되는 수준
- ◆ 역량 연계: Proficiency 기반 숙달된 수준 (KPC, KSC)

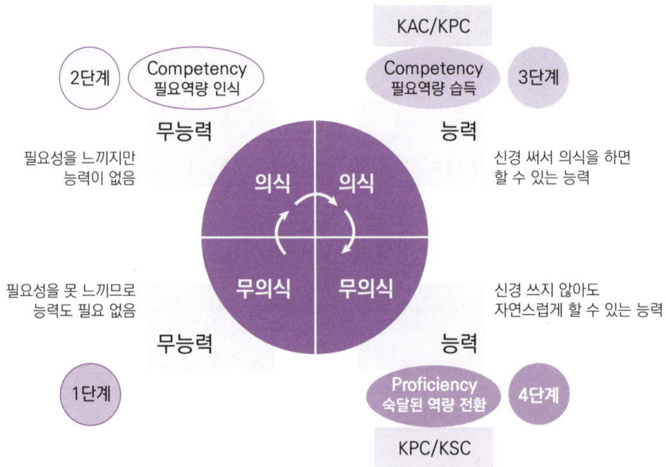

• 그림 43 • 학습 4단계 기반 Competency와 Proficiency의 연결

이처럼 Competency는 필요역량으로서 의식적 노력에 기반한 기술 실행의 3단계 능력이며, Proficiency는 숙달된 역량으로서 코치-고객 상호작용 속에서 기술이 무의식적으로 발현되는 통합적 숙련의 4단계 능력이다. 따라서 코치 역량의 진정한 성장은 반복적이고 지속적인 훈련을 거쳐, 상호작용과 더불어 무의식적 실행에 도달하는 과정으로 설명될 수 있다.

2.2 Competency와 Proficiency의 차별적 특성

가. Competency(필요역량): 학습 2~3단계에 해당

- ◆ 정의: 코칭기술 수행에 필요한 기본적 역량
- ◆ 특성: 의식적 노력과 체계적 방법론에 의존
- ◆ 대상 자격: KAC, KPC

나. Proficiency(숙달된 역량): 학습 4단계에 해당

- ◆ 정의: 반복적이고 지속적 훈련과 경험을 통해 숙달된 고급 역량
- ◆ 특성: 무의식적이고 직관적으로 발현되며, 상황과 코치-고객 상호작용에 따른 유연한 대응 가능
- ◆ 대상 자격: KPC, KSC

다. Competency와 Proficiency의 상호 연계가 주는 시사점

- ◆ 역량 발전에 대한 단계적 이해
  - ▶ KCA 코칭역량은 Competency와 Proficiency로 구분되며, 각 단계에 맞는 훈련이 요구된다.
  - ▶ Competency는 KAC, KPC 자격 취득을 위한 기본 훈련에 적합하며,
  - ▶ Proficiency는 KPC 이후 KSC로 발전하기 위한 심화 훈련에 적합하다.
- ◆ 역량의 숙달을 위한 체계적 전환
  - ▶ Competency에서 Proficiency로의 이행은 학습 3단계에서 4단계로의 진화를 의미하며,
  - ▶ 이는 코치 자격 취득 이후 유지보수 중심의 역량 숙달 훈련에 초점을 맞출 때 효과적이다.

라. Competency 훈련 방법의 체계화

- ▶ Competency 1단계 훈련: UM(이해·암기) 중심 훈련으로 지식과 이론(K)의 학습
- ▶ Competency 2단계 훈련: UMP(이해·임기·연습) 중심 훈련으로, 이해(U)하고

암기(M)한 지식(K)을 반복적으로 연습(P)하여 기술(S)로 체화해 나가는 단계

▸ KAC 수준에 적합한 훈련 방식이다.

마. Proficiency로의 내재화 과정

◆ Proficiency 1단계: AA(분별·적용)

▸ 다양한 코칭 상황에 코칭기술을 적용하고, 그 결과를 성찰하면서 비교 및 분석하고 분별하는 역량을 키우는 단계

▸ 맥락과 상호작용적 흐름에 따른 유연한 적용 능력 함양

▸ KPC 수준에 적합한 훈련 방식이다.

◆ Proficiency 2단계: SA(연결·적용)

▸ 다양한 코칭 상황에 코칭기술을 적용하고, 그 결과를 성찰하면서 관련 지식과 기술을 창의적으로 연결하고 통합하여 역량을 고도화하는 단계

▸ 코치-고객 상호작용을 기반으로 코칭기술의 자연스러운 통합 및 개인화된 스타일 형성

▸ KSC 수준에 적합한 훈련 방식이다.

이러한 단계적 접근은 코칭역량이 단순한 기술 습득을 넘어서, 상호작용을 통한 역량의 내재화와 존재 기반의 통합으로 진화하는 과정임을 보여 준다. 특히 KPC에서 KSC로의 발전은 Competency의 확장을 넘어서 Proficiency로의 질적 성장을 의미한다. 이는 코칭기술이 코치의 존재 방식과 상호작용적으로 통합되어 직관적으로 발현되는 마스터리 수준을 지향하는 여정이다.

3 NCS 직무수준과 코칭역량의 체계적 연결

3.1 NCS 직무수준 체계 분석

가. NCS 직무수준의 체계적 구조화

NCS 직무수준은 지식 및 기술과 역량이라는 두 축으로 구성되며, 각각 8단

계로 세분화되어 있다. 이 체계는 국가 차원의 인재 개발과 직무 역량 평가를 위한 표준화된 프레임워크로 기능한다.

표 46 NCS 직무수준

<table>
<tr><th>수준</th><th>구분</th><th>설명</th></tr>
<tr><td rowspan="2">8수준</td><td>지식·기술</td><td>• 해당 분야에 대한 최고도의 이론 및 지식을 활용하여 새로운 이론을 창조할 수 있는 수준
• 최고도의 숙련으로 광범위한 기술적 작업을 수행할 수 있는 수준</td></tr>
<tr><td>역량</td><td>• 조직 및 업무 전반에 대한 권한과 책임이 부여된 수준</td></tr>
<tr><td rowspan="2">7수준</td><td>지식·기술</td><td>• 해당 분야의 전문화된 이론 및 지식을 활용할 수 있으며, 근접 분야의 이론 및 지식을 사용할 수 있는 수준
• 고도의 숙련으로 광범위한 작업을 수행할 수 있는 수준</td></tr>
<tr><td>역량</td><td>• 타인의 결과에 대하여 의무와 책임이 필요한 수준</td></tr>
<tr><td rowspan="2">6수준</td><td>지식·기술</td><td>• 해당 분야의 이론 및 지식을 자유롭게 활용할 수 있는 수준
• 일반적인 숙련으로 다양한 과업을 수행할 수 있는 수준</td></tr>
<tr><td>역량</td><td>• 타인의 결과에 대하여 의무와 책임이 필요한 수준
• 독립적인 권한 내에서 과업을 수행할 수 있는 수준</td></tr>
<tr><td rowspan="2">5수준</td><td>지식·기술</td><td>• 해당 분야의 이론 및 지식을 자유롭게 사용할 수 있는 수준
• 매우 복잡하고 비일상적인 과업을 수행할 수 있는 수준</td></tr>
<tr><td>역량</td><td>• 타인에게 해당 분야의 지식을 전달할 수 있는 수준
• 매우 복잡하고 비일상적인 과업을 수행할 수 있는 수준</td></tr>
<tr><td rowspan="2">4수준</td><td>지식·기술</td><td>• 해당 분야의 이론 및 지식을 제한적으로 사용할 수 있는 수준
• 복잡하고 다양한 과업을 수행할 수 있는 수준</td></tr>
<tr><td>역량</td><td>• 일반적인 권한 내에서 과업을 수행할 수 있는 수준</td></tr>
<tr><td rowspan="2">3수준</td><td>지식·기술</td><td>• 해당 분야의 기초이론 및 일반지식을 사용할 수 있는 수준
• 다소 복잡한 과업을 수행하는 수준</td></tr>
<tr><td>역량</td><td>• 제한된 권한 내에서 과업을 수행하는 수준</td></tr>
<tr><td rowspan="2">2수준</td><td>지식·기술</td><td>• 해당 분야의 일반지식을 사용할 수 있는 수준
• 절차화되고 일상적인 과업을 수행할 수 있는 수준</td></tr>
<tr><td>역량</td><td>• 일반적인 지시 및 감독하에 과업을 수행할 수 있는 수준</td></tr>
<tr><td rowspan="2">1수준</td><td>지식·기술</td><td>• 문자 이해, 계산 능력 등 기초적인 일반지식을 사용할 수 있는 수준
• 단순하고 반복적인 과업을 수행할 수 있는 수준</td></tr>
<tr><td>역량</td><td>• 구체적인 지시 및 철저한 감독하에 과업을 수행하는 수준</td></tr>
</table>

나. NCS 직무수준의 특성 분석

NCS는 지식과 기술의 발전이 위계적이며 단계적으로 이루어진다는 점에서 다음과 같은 발전 경로를 보여 준다.

- 기초지식·기초이론 단계 (1~2 수준)
  - 특성: 기본적 이해와 단순한 적용 가능 수준
  - 역량: 절차적 과업 수행과 일상적 업무 처리 능력
- 전문지식·전문이론 단계 (3~5 수준)
  - 특성: 체계적 지식 활용과 복잡한 문제 해결 가능 수준
  - 역량: 비일상적 과업 수행과 전문적 판단 능력
- 근접이론 단계 (6~7 수준)
  - 특성: 전문 분야의 자유로운 활용과 근접 영역 간 연계 가능 수준
  - 역량: 광범위한 작업 수행과 통합적 접근 능력
- 신규이론 단계 (8수준)
  - 특성: 새로운 이론 창출과 혁신적 사고 기반 접근 가능 수준
  - 역량: 창조적 문제 해결과 패러다임 전환 능력
- 역량의 수준 구분
  - 사용 수준: 1~5 수준
  - 활용 수준: 6~8 수준

3.2 KCA 코칭역량과 NCS 직무수준의 정렬

NCS의 8단계 직무수준을 6단계 역량 위계로 재정의한 후, KCA 코치 자격 체계와 Competency 및 Proficiency, 그리고 지식과 기술을 유기적으로 정렬하여 다음과 같은 시사점을 도출하였다.

가. KCA 코치 자격과 NCS 직무수준의 정렬

◆ KSC:

▶ Proficiency: 창조적 통합 역량

▶ 지식 수준: 신규이론 및 근접이론

▶ NCS 수준: 7~8 수준

▶ 역량 수준: 상호작용을 통한 활용 수준

◆ KPC:

▶ Competency + Proficiency: 전문역량 심화와 유연한 적용

▶ 지식 수준: 전문이론 및 전문지식의 내재화

▶ NCS 수준: 5~6 수준

▶ 역량 수준: 코칭기술 사용 및 활용 수준

◆ KAC:

▶ Competency: 필요역량의 체계적 적용 중심의 기본 역량

▶ 지식 수준: 기초이론 및 기초지식, 관련 전문지식

▶ NCS 수준: 3~4 수준

▶ 역량 수준: 코칭기술 사용 수준

표 47 KCA 코치 자격과 NCS 직무수준 정렬

<table>
<tr><th>KCA
코치 자격</th><th colspan="2">역량 위계</th><th>NCS
직무수준</th></tr>
<tr><td rowspan="2">KSC</td><td rowspan="3">숙달된 역량
Proficiency</td><td>신규이론</td><td>8수준</td></tr>
<tr><td>근접이론</td><td>7수준</td></tr>
<tr><td rowspan="2">KPC</td><td>내재화</td><td>6수준</td></tr>
<tr><td rowspan="5">필요역량
Competency</td><td rowspan="2">전문이론
전문지식</td><td>5수준</td></tr>
<tr><td rowspan="2">KAC</td><td>4수준</td></tr>
<tr><td>기초이론</td><td>3수준</td></tr>
<tr><td rowspan="2">일반인</td><td rowspan="2">기초지식</td><td>2수준</td></tr>
<tr><td>1수준</td></tr>
</table>

나. 시사점

◆ 국가 표준과의 체계적 정렬

▶ KCA 코칭역량을 NCS 체계와 정렬함으로써, 국가 공인 민간 자격으로서의 이론적 근거와 타당성을 확보할 수 있다.

▶ 이는 코칭이 단순한 기술이나 기법 수준을 넘어서, 코치-고객 상호작용을

포함한 체계적인 직무 영역으로 인정받을 수 있는 토대를 마련하고, 직무 기반 전문성을 확보하는 데 기여한다.

- ◆ 단계별 역량 발전 체계의 명확화
  - ▶ KCA 코칭역량은 NCS 체계를 기준으로 다음과 같이 체계화된다.
  - ▶ 지식 체계: 기초지식 → 기초이론 → 전문지식 → 전문이론 → 근접이론 → 신규이론
  - ▶ 역량 체계: Competency는 사용 수준 → Proficiency는 상호작용적 활용 수준
- ◆ 이러한 체계화는 다음과 같은 실용적 가치를 제공한다.
  - ▶ 코치 개인의 현재 수준을 진단할 수 있는 명확한 기준
  - ▶ 자격별 훈련목표 및 성취 기준의 구체화
  - ▶ 자격 취득과 역량 향상을 위한 로드맵 설계
  - ▶ 수준별 차별화된 교육 및 훈련 프로그램 설계
  - ▶ 코칭기술 중심 훈련과 상호작용 기반 훈련을 구분한 맞춤형 훈련 방법론 적용
- ◆ 코칭역량 훈련의 혁신적 접근
  - ▶ KAC, KPC, KSC 각 자격 단계에 따라 지식을 기초지식에서 신규이론까지 체계적으로 확장하여 훈련함으로써,
  - ▶ 기존의 단순한 기술 중심의 훈련을 넘어, 코칭기술과 상호작용을 통합한 전문성 기반 훈련 프로그램으로 전환이 가능해진다.

이와 같은 NCS 기반의 체계적 접근은 코칭 분야의 전문성 확립과 공신력 있는 제도적 기반 구축에 중요한 기여를 하며, 코칭이 단순한 경험적 지혜를 넘어 과학적이고 체계적인 전문 영역으로 변화와 성장시키는 확고한 이론적 토대를 제공한다.

4 코칭 이론과 지식의 체계화

앞선 3절에서 다룬 NCS 직무수준과 코칭역량의 정렬을 기반으로, 본 절에서는 코칭에 대한 지식과 이론을 기초지식, 기초이론, 전문지식, 전문이론, 근접이론, 신규이론의 여섯 범주로 체계화하고, 각 범주의 정의와 세부 내용을 다음과 같이 정리하였다.

가. 기초지식

- 정의: 코칭에 대해 누구나 쉽게 이해할 수 있는 상식 수준의 지식
- 예시: 코칭의 출현 배경, 정의, 본질, 철학, 패러다임, 다른 전문 분야와의 차별성 등

나. 기초이론

- 정의: 코칭대화의 이론적 토대를 이루는 핵심 이론
- 주요 이론: 모델중심 코칭, 해결중심 코칭, 역량중심 코칭, 마스터풀 코칭
- 적용:
  - KAC: 모델중심 및 해결중심 코칭의 이론적 기초를 확립
  - KPC: 역량중심 코칭의 이론적 기반을 강화
  - KSC: 마스터풀 코칭의 이론적 토대 정립 요구

다. 전문지식

- 정의: 코칭대화와 직접 관련된 실천적 지식
- 예시: 코칭대화 모델, KCA 및 ICF 코칭역량, 수퍼비전 등

다. 전문이론

- 정의: 코칭 경험에서 출발하여 정립된 이론과 다학제적 융합을 기반으로 한 이론
- 예시:
  - 질문의 7가지 힘, 코칭 퀘스천, 해결중심 단기코칭, 역량이론, 토마스 레너

드의 코칭 시스템,

- ▶ 철학·심리·언어·교육·경영 등을 기반으로 한 융합 코칭 이론, NCS 기반 이론 등

라. 근접이론

- ◆ 정의: 코칭과 이론적 배경을 공유하거나 영향을 주는 외부 학문 이론
- ◆ 예시:
  - ▶ 욕구이론, 코칭심리학, 긍정심리학, 리더십이론, 뇌과학, NLP, 경험학습, 전환학습,
  - ▶ 실존주의 철학, 인지생물학, 추론의 사다리, 언어 게임 이론 등

마. 신규이론

- ◆ 정의: ICF(1995), KCA(2003) 설립 이후 본격적으로 발표 또는 소개된 최신 코칭 이론
- ◆ 예시:
  - ▶ 도구 이론, 변화와 성장의 두 바퀴 이론, 다회기 코칭 모델, 행동·실행 원리,
  - ▶ MPASS 모델, BYK 성과 5단계 모델, INKIS 코칭 설계 방법론 등

이 여섯 범주는 코치 자격 수준별로, 자격 취득을 위한 Competency(필요 역량) 훈련과 취득 후 유지보수를 위한 Proficiency(숙달된 역량) 훈련을 단계적으로 체계화하는 데 바람직한 기준이 된다. 본 절에서는 이를 토대로 각 범주의 명확한 정의와 세부 항목을 아래 표에 제시하였다.

표 48 코칭 이론 및 지식의 체계화 예시

구문	KAC		KPC		KSC	
	자격 취득 훈련	유지보수 훈련	자격 취득 훈련	유지보수 훈련	자격 취득 훈련	유지보수 훈련
훈련 범위	기초지식·이론 기반 언어 중심		전문지식·이론 기반 기술 중심		이론과 원리 기반 존재 중심	

<table>
<tr><th rowspan="2">구문</th><th colspan="2">KAC</th><th colspan="2">KPC</th><th colspan="2">KSC</th></tr>
<tr><th>자격 취득 훈련</th><th>유지보수 훈련</th><th>자격 취득 훈련</th><th>유지보수 훈련</th><th>자격 취득 훈련</th><th>유지보수 훈련</th></tr>
<tr><td>기초 지식</td><td colspan="6">• 코칭의 출현 배경 / 코칭의 정의 / 코칭의 본질 / 코칭의 철학 / 코칭의 패러다임
• 다른 전문 분야와의 차별점</td></tr>
<tr><td>기초 이론</td><td>모델중심 코칭</td><td>해결중심 코칭</td><td colspan="2">역량중심 코칭</td><td colspan="2">마스터풀 코칭</td></tr>
<tr><td>전문 지식</td><td>• 코칭대화 모델
• KCA코칭 역량 개요
• 코칭기술
- 상대중심 경청
- 질문
- 알아주기</td><td>• 공감화법
• 코칭기법·도구</td><td>• KCA 코칭역량
- 관계구축
• 호기심
- 적극경청
• 공감경청
- 질문
• 기법과 도구
• 의미확장과 구체화
- 성장지원
• 정체성과 통합 지원</td><td>• KCA 코칭 역량</td><td>• KCA 코칭 역량</td><td>• 수퍼비전</td></tr>
<tr><td>전문 이론</td><td>• 질문의 7가지 힘
• 코칭 퀘스천</td><td>• 해결중심 단기 코칭</td><td colspan="2">• KCA 코칭역량의 이론과 실제
• 역량이론
• NCS</td><td colspan="2">• 토마스 레너드 코칭 시스템
• 15가지 Proficiency
• 철학코칭
• 심리코칭
• 언어코칭
• 교육코칭
• 경영코칭</td></tr>
<tr><td>근접 이론</td><td colspan="2">• 5대 욕구 이론
• X-Y이론
• 코칭심리학
• 긍정심리학
• 리더십 이론
• 경영학
• 뇌과학
• NLP</td><td colspan="2">• 근접발달 이론
• 인본주의 심리학
• 정신역동 이론
• 전환학습 이론
• 경험학습 이론
• 성인학습 이론
• 사회학습 이론
• 자기주도학습 이론</td><td colspan="2">• 함께 생각하는 예술-대화
• 추론의 사다리
• 현상학
• 언어 게임과 그림 이론
• 실존주의 철학
• 인지생물학</td></tr>
</table>

구문	KAC		KPC		KSC	
	자격 취득 훈련	유지보수 훈련	자격 취득 훈련	유지보수 훈련	자격 취득 훈련	유지보수 훈련
신규 이론	• 도구 이론 • 변화와 성장 두 바퀴 이론		• 다회기 코칭 모델 • 행동원리와 실행원리 • MPASS 모델 • BYK 코칭성과 5단계 모델		• INKIS 코칭설계 방법론	

KCA 코치 자격별 지식과 이론 체계는 코칭 전문가들과 코칭 학자들의 지속적인 논의와 협업을 통해 확장되고 발전시켜 나가는 것이 바람직하다.

이와 같은 체계는 코치 자격별 교육과 훈련 과정을 단계별로 정교화하고, 자격 취득과 유지보수 교육의 방향성을 구체화하는 데 기여할 수 있다.

단, 코치 자격별 지식과 이론의 범주화 및 체계화는 어디까지나 본 연구자의 제안일 뿐이며, 앞으로 다양한 분야의 코칭 전문가들과 코칭학자들이 함께 논의하고 협업함으로써, 이 체계를 더욱 정교하게 다듬고 발전시켜 나가기를 희망한다.

제8장 정교한 반구조화 훈련

1. 기존 코칭대화 모델의 한계점
2. 피겨스케이팅 심사기준이 주는 시사점
3. 폴 가슨의 질문의 흐름이 주는 시사점
4. 코칭대화 모델 개선
5. 정교한 반구조화 훈련의 체계화
6. 고객과 춤추듯이

핵심 POINT

- ▶ 피겨스케이팅 심사기준에서 어떤 시사점을 도출할 수 있을까?
- ▶ 질문의 흐름에서 어떤 통찰을 얻을 수 있을까?
- ▶ 기존 코칭대화 모델이 내포한 치명적인 한계를 어떻게 극복할 수 있을까?
- ▶ 정교한 반구조화 훈련 방법을 어떻게 체계화할 수 있을까?
- ▶ 고객과 춤추듯이란 코칭에서 어떤 의미인가?

1 기존 코칭대화 모델의 한계점

제 3장에서 우리는 코칭대화 모델을 자세하게 고찰하고, 이를 코칭에 활용하는 데 필요한 지혜를 얻었다. 코칭대화 모델은 체계적인 코칭 접근을 가능하게 해 주는 유용한 프레임워크를 제공하지만, 동시에 몇 가지 본질적인 한계를 내포하고 있기도 하다. 이러한 한계를 인식하는 것은 코칭대화 모델을 보다 효과적으로 활용하고, 그 한계를 보완할 수 있는 새로운 접근법을 개발하는 데 중요한 계기를 제공한다.

코칭대화 모델의 가장 근본적인 한계는 그 본질이 '구조화'에 있다는 점이다. 구조화란 복잡한 현실을 단순화하고 체계화하는 과정이지만, 이 과정에서 코칭의 중요한 요소들이 간과되거나 충분히 포착되지 못할 수 있다. 주요 한계는 다음과 같다.

가. 현실의 복잡성 축소

- ◆ 코칭 상황의 다층적이고 역동적인 특성이 지나치게 단순화될 수 있음
- ◆ 고객 경험의 주관적이고 개인적인 차원이 추상화될 위험 존재

나. 선형적 사고의 한계

- ◆ 대부분의 모델은 순차적이고 선형적인 전개를 전제로 함
- ◆ 실제 코칭은 비선형적이고 순환적이며, 때로는 혼돈적인 특성을 지님

다. 비구조화 속성의 포착 한계

- ◆ 코칭대화 모델은 그 특성상, 비구조화된 흐름과 코치-고객 상호작용의 역동성을 충분히 담아내기 어려움

라. 보편화의 위험

- ◆ 표준화된 모델은 개인차와 상황적 특수성을 충분히 반영하지 못할 수 있음
- ◆ 문화적, 맥락적 다양성에 대한 민감성이 결여될 가능성 있음

마. 기계적 적용의 유혹

- 모델이 방법론적 조리법으로 오해되어 기계적으로 적용될 위험 존재
- 그 결과, 코칭의 역동성, 직관성, 그리고 프레즌스(Presence)가 경시될 우려가 있음

코칭대화 모델은 코칭에 필요한 체계성과 일관성을 제공하지만, 그 구조화의 한계로 인해 현실의 복잡성과 코칭의 상호작용적 역동성을 충분히 반영하지 못한다는 점을 알게 되었다. 또한, 선형적 사고, 보편화된 적용, 기계적 활용은 코칭의 본질을 훼손할 수 있는 요소로 작용할 수 있다는 사실도 인식하게 되었다.

이러한 한계를 극복하기 위해서는, 구조화된 프레임에 유연성과 창의성을 결합하는 통합적 접근이 요구된다. 이를 위하여 본 장에서는 다음과 같은 순서를 통해 새로운 통찰과 개선 방향을 모색하고자 한다.

- 첫째, 피겨스케이팅 심사기준을 검토하여 시사점을 도출하고,
- 둘째, 폴 가슨의 질문의 흐름을 분석하여 그로부터 유의미한 통찰을 얻은 후,
- 셋째, 개선된 코칭대화 모델을 설계하고,
- 넷째, 이에 기반한 바람직한 정교한 비구조화 훈련 방법을 제시하고자 한다.

2 피겨스케이팅 심사기준이 주는 시사점

피겨스케이팅의 심사 기준은 기술점수와 예술점수를 병행하여 평가하고, 감점 요소를 적용하는 구조로 이루어져 있다. 이러한 체계적 평가 방식은 코칭역량 훈련에 중요한 시사점을 제공하며, 이를 분석함으로써 코칭역량 훈련의 새로운 패러다임을 모색할 수 있다.

2.1 피겨스케이팅 심사기준

가. 기술점수 (Technical Elements Score)

- ◆ 기술점수는 요구기술의 수행 정도를 점프, 스핀, 스텝의 세 영역으로 평가한다.
- ◆ TES(Total Element Score): 기본점수, 수행 여부 평가, Competency 속성
  - ▶ 기술 요소의 수행 여부를 기준으로 점수 산정
  - ▶ 기본적인 수행 완성도를 객관적으로 측정
  - ▶ 표준화된 기준에 따른 일관된 평가
- ◆ GOE(Grade Of Execution) 수행 품질, Proficiency 속성
  - ▶ 기술 수행의 질적 수준을 평가
  - ▶ 기술의 완성도와 예술적 표현을 함께 고려
  - ▶ 개별 기술의 탁월성과 독창성 반영
- ◆ 세부 기술 요소 구성
  - ▶ Short 프로그램(2분 40초): 8개 기술 요소 (점프 3, 스핀 3, 스텝, 스파이럴)
  - ▶ Free Skating(4분): 12개 기술 (단독 점프 4, 콤비네이션 점프 3, 스핀 3, 스텝, 스파이럴)

나. 예술점수 (Program Component Score)

- ◆ 예술점수는 프로그램 전체의 완성도를 가중치(S: 0.8~1 / F: 1.8~2.0)를 적용하여 평가
- ◆ PCS(Total Program Component Score) 구성 항목
  - ▶ 스케이팅 기술: 기본적인 스케이팅 능력과 기술적 완성도
  - ▶ 동작의 연결: 개별 기술 간의 자연스러운 연결과 흐름
  - ▶ 연기: 음악과 동작의 조화로운 표현력
  - ▶ 안무: 프로그램 구성의 창의성과 구성력
  - ▶ 곡 해석: 음악에 대한 이해와 표현의 깊이

다. 감점요소 (Deductions)

- ◆ 객관적이고 명확한 기준에 따른 감점 적용
  - ▶ 엉덩방아, 시간 초과나 기술적 실수
  - ▶ 롱 에지: 잘못된 기술 수행
  - ▶ 경기 시간: 규정 시간 위반
  - ▶ 의상: 복장 규정 위반
  - ▶ 음악: 가사 사용 등 음악 관련 규정 위반

2.2 피겨스케이팅 심사기준의 코칭역량 훈련에 응용

가. 피겨 심사기준을 코칭역량 훈련 및 점검 기준으로 재구성

피겨스케이팅의 심사 체계를 참조하여, 이를 코칭역량 훈련 및 점검 기준에 다음과 같이 응용 및 재구성하였다.

- ◆ 피겨스케이팅의 기술점수는 코칭역량 훈련에서 역량요소(코칭기술)로 재구성하였다.
- ◆ 예술점수는 코칭역량 훈련에서 역동요소(상호작용)로 응용하고 재해석하였다.
- ◆ 감점은 코칭역량 훈련에서 감점요소로 전환하였다.

표 49 피겨 심사기준을 코칭역량 훈련기준으로 재구성

피겨스케이팅 심사기준	
구분	기준
기술 점수	◆ 요구기술 수행 정도 ▶ 점프, 스핀, 스텝 • TES: 기본 점수, 수행여부 • GOE: 추가 점수, 수행품질
예술 점수	◆ 프로그램 완성도 • 스케이팅 기술, 동작의 연결, 연기, 안무, 곡 해석

→

코칭역량 훈련 및 점검 기준	
구분	기준
역량요소 (코칭기술)	◆ 요구역량 수행 정도 ▶ 관찰 가능 KCA 코칭역량 • 기본: 역량 수행여부 • 가감: 역량 수행품질
역동요소 (상호작용)	◆ 상호작용 과정과 코칭대화 완성도 • 코칭세션 운영의 유연성 • 고객의 반응과 에너지

피겨스케이팅 심사기준	
구분	기준
감점	◆ 엉덩방아, 롱에지, 경기 시간, 의상, 음악(가사)

코칭역량 훈련 및 점검 기준	
구분	기준
	• 실행방안과 실행계획의 구체성 • 전체적인 느낌
감점요소	◆ 바람직하지 않은 질문·언어, 코칭 세션 시간 운영

나. 코칭역량 훈련 기준 체계화

◆ 역량요소(코칭기술)

▶ 코칭대화에서 실제 활용 여부의 관찰이 가능한 코칭기술 중심의 객관적 속성의 핵심요소와 행동지표

▶ 역량의 수행 여부(기본점수)와 수행 품질(가감점수)로 구분하여 정밀한 평가 가능

▶ 코칭대화 모델에서 제시하는 준비된 구조화 질문-코칭기술 훈련의 기반

▶ 코칭대화 훈련과 점검의 정형화와 체계화가 상대적으로 용이함

◆ 역동요소(상호작용)

▶ 코치와 고객 사이에서 일어나는 상호작용과 역동을 느낌으로 평가하는 주관적 속성의 핵심요소와 행동지표

▶ 코칭대화 모델로는 포착하기 어려운, 코치의 직관에 따라 즉흥적으로 생성되는 준비되지 않은 후속 질문- 상호작용 훈련의 기반

▶ 코칭대화의 맥락적 흐름, 고객과의 신뢰 관계, 대화의 역동성, 정서적 흐름, 실행방안과 실행계획의 구체성, 코칭세션 전체의 완성도와 전반적인 느낌으로 평가

▶ 상호작용 특성으로 인해 코칭대화 훈련 및 점검에서의 체계화가 상대적으로 어려움

◆ 감점요소

▶ 바람직하지 않은 질문·언어: 닫힌, 부정, 과거, 단정, 강요, 의무 판단 질문·언어 등

▶ 바람직하지 않게 드러난 핵심요소 또는 행동지표

▶ 코칭세션 운영 시간

- KAC: 15분~20분
- KPC: 25분~30분
- KSC: 35분~40분

이와 같은 접근은 코칭훈련 및 평가 과정에서 객관성과 주관성의 균형을 확보하고, 기본 역량인 코칭기술의 체계적인 구축과 함께 창의적인 상호작용으로서의 역동적인 코칭역량의 개발을 동시에 촉진할 수 있는 통합적 체계를 제공한다.

3 폴 가슨의 질문의 흐름이 주는 시사점

효과적인 코칭대화를 위한 질문 기법은 단순한 질문의 나열을 넘어, 체계적이고 순환적인 흐름을 가진 구조화된 과정이다. 폴 가슨(Paul Gossen)이 그의 저서 『Business Transformed』에서 제시한 질문의 흐름은 정교한 반구조화 코칭대화를 실현할 수 있다는 가능성을 보여 주는 중요한 통찰을 제공한다.

3.1 코칭대화 흐름 모형

폴 가슨의 질문의 흐름을 바탕으로 재구성된 코칭대화 흐름은, 코치와 코칭고객 간의 상호작용을 단계별로 정교하게 구조화한 통합적 접근 모델이다. 이 흐름은 질문과 경청 중심의 순환적 대화 구조를 통해 효과적인 코칭대화의 구현을 가능하게 한다.

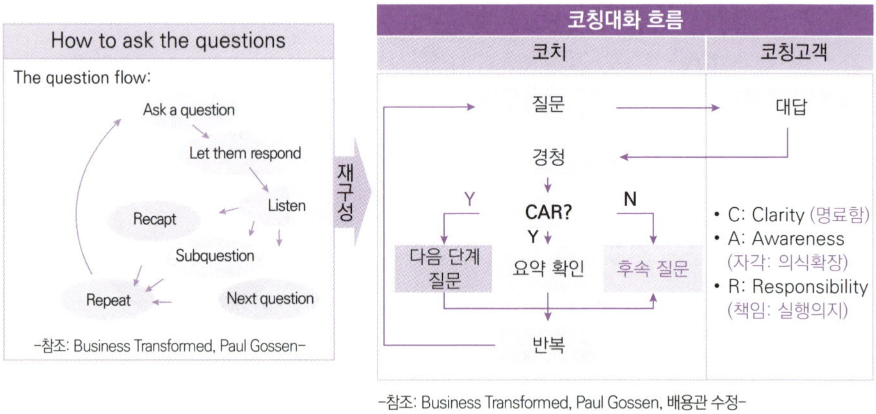

• 그림 44 • 코칭대화 흐름

가. 코칭대화 흐름의 핵심 구성요소

코칭대화 흐름은 코치와 코칭고객의 역할을 명확히 구분하면서도, 상호 연결된 순환적 과정으로, 다음과 같은 5단계로 구성된다.

- ◆ 1단계: 질문 (Ask a Question)
  - ▶ 목적: 고객의 사고와 탐색을 촉진하는 개방형 질문 제시
  - ▶ 특성: 구조화된 코칭대화 맥락에 따른 전략적 질문 필요
  - ▶ 중요성: 전체 대화 흐름의 방향성과 깊이를 결정하는 출발점
- ◆ 2단계: 대답 (Let them respond)
  - ▶ 목적: 고객이 충분히 생각하고 표현할 수 있는 시간과 공간을 제공
  - ▶ 특성: 코치는 개입을 최소화하고, 코칭고객의 주도권을 존중
  - ▶ 중요성: 고객의 내적 탐색과 자기 발견을 위한 필수 단계
- ◆ 3단계: 경청 (Listen)
  - ▶ 목적: 고객의 언어적·비언어적 메시지를 반영 및 공감하고, 그 의미를 정확히 파악
  - ▶ 특성: 언어적·비언어적 메시지를 통합적으로 수용
  - ▶ 중요성: 고객을 깊이 이해하고, 이후 개입의 방향과 수준을 결정하는 핵심 과정

◆ 4단계: CAR 진단

코칭대화 흐름에서 가장 핵심적인 전환점은 CAR 분기점이다. 이는 코칭고객의 대답을 직관적으로 진단하고, 이후 적절한 다음 접근을 선택하는 전략적 진단 지점이다.

- ▶ Clarity: 코칭고객의 대답이 명료한가?
- ▶ Awareness: 코칭고객의 자각이나 의식이 확장되었는가?
- ▶ Responsibility: 코칭고객에게 책임감 있는 실행 의지가 드러났는가?

◆ 5단계: 분기점 선택

CAR 조건이 충족되었는가(Y/N)에 따라 다음 세 가지 중 하나의 경로를 선택하여 대화를 이어 간다.

① 다음 단계 질문 (Next question):

- ▶ CAR 진단결과 '예'이면, 코칭모델에 따라 구조화된 다음 질문
- ▶ 구조화된 접근

② 요약 확인 (Recap):

- ▶ CAR 진단결과 '예'이면, 코칭대화 맥락 내에서 대화를 요약하여 명료성과 이해도를 확인
- ▶ 비구조화된 접근

③ 후속질문 (Subsequestion):

- ▶ CAR 진단결과 '아니오'이면, 코칭모델에 없는 준비되지 않은 후속 질문
- ▶ 더 깊은 탐색이나 구체화를 위한 추가 질문
- ▶ 비구조화된 접근

◆ 반복 (Repeat):

- ▶ 이 흐름을 순환적으로 반복하며, 고객의 사고를 점진적으로 확장하고 주제를 깊이 탐색해 간다.

3.2 코칭대화 모델링의 한계 분석

가. 구조화 관점에서의 한계

- 코칭대화는 질문 → 대답 → 경청 → CAR 진단 → 분기점(다음 단계 질문, 요약 확인, 후속 질문)의 흐름을 순환·반복하면서 진행된다.
- 그러나 기존 코칭대화 모델은 구조화된 질문 중심이기 때문에, 창발적 상호작용이나 정서적 반응, 즉흥적 질문 등 비구조화된 요소를 담기 어렵다.

나. 코칭대화 모델의 적용 한계

KPC 수준 IGROW 코칭대화 모델을 샘플로 분석한 결과, 관찰 가능한 25개 코칭역량 중 16개(64%)만 활용되는 것으로 나타났다. 이는 구조화된 코칭대화 모델이 모든 코칭역량을 충분히 반영하기 어렵다는 일반적 한계를 보여 준다.

표 50 코칭대화 모델링의 한계 분석: KPC 모델 기준

<table>
<tr><th colspan="2" rowspan="2">코칭대화 맥락</th><th rowspan="2">상세 맥락</th><th colspan="2">사용된 코칭역량</th><th rowspan="2">요구되는 코칭역량</th></tr>
<tr><th>맥락별 코칭역량</th><th>종합</th></tr>
<tr><td colspan="2">Ice Breaking 관계구축</td><td>1. 인사
2. 호칭
3. 윤리규정 고지
4. 코칭 시작
5. 긍정마음 열기</td><td>5.2.2. 신뢰감과 안전감
5.1. 수평적 파트너십
1.4 윤리실천
4.1.2. 코칭합의_시작
5.2.2. 신뢰감과 안전감</td><td rowspan="2">1.4 윤리실천
4.1.2. 코칭세션동의
4.1.2. 코칭합의_주제/목표
4.3. 성과관리
5.1. 수평적 파트너십
5.2.2. 신뢰감과 안전감
5.3. 존재인정
5.5. 호기심
7.1. 질문
7.2. 기법과 도구 활용
7.3. 의미확장과 구체화</td><td rowspan="2">1.4. 윤리실천
4.1.2. 코칭세션동의
4.1.2 코칭합의_주제/목표
4.2*. 과정관리_시간운영
4.2*. 과정관리_운영유연성
4.3. 성과관리
5.1. 수평적 파트너십
5.2.2. 신뢰감과 안전감
5.2.3*. 신뢰감과 안전감_인정</td></tr>
<tr><td>Goal</td><td>주제 합의</td><td>6. 주제
7. (주제) 구체적
8. (주제) 이유
9. (이유 KW) 의미
10. (의미 KW) 가치
11. 주제 요약</td><td>4.1.2. 코칭합의_주제
7.3.4. 구체화
7.3.3. 의미확장
5.5. 호기심
5.3. 존재인정</td></tr>
</table>

<table>
<tr><th rowspan="2">코칭대화 맥락</th><th rowspan="2">상세 맥락</th><th colspan="2">사용된 코칭역량</th><th rowspan="2">요구되는 코칭역량</th></tr>
<tr><th>맥락별 코칭역량</th><th>종합</th></tr>
<tr><td>목표 합의</td><td>12. 목표_원하는 결과
13. SMART목표 (무엇+양+기한)
14. 주제와 목표 요약</td><td>4.1.2. 코칭합의_목표
7.3.4. 구체화
7.2. 기법과 도구 활용</td><td rowspan="5">7.4. 통찰
8.1. 정체성과 통합 지원
8.2. 자율성과 책임 고취
8.3. 행동전환 지원
8.5. 변화와 성장 축하</td><td rowspan="5">5.3. 존재인정
5.5. 호기심
6.1*. 맥락적 이해
6.2*. 반영
6.3*. 공감
6.4*. 고객의 표현지원
7.1. 질문
7.2. 기법과 도구 활용
7.3. 의미확장과 구체화
7.4. 통찰
7.5*. 관점전환과 재구성
7.6*. 가능성 확대
8.1. 성제성과의 동합 지원
8.2. 자율성과 책임 고취
8.3. 행동전환 지원
8.5. 변화와 성장 축하</td></tr>
<tr><td>Reality
현실점검</td><td>15. 현재 상황 1/2/3</td><td>8.2. 자율성과 책임 고취
7.3.4. 구체화
7.4. 통찰</td></tr>
<tr><td>Option
방안탐색</td><td>16. 해결방안 1/2
17. 관점전환_입시사례
18. 관점전환_느낌/교훈
19. 해결방안 3
20. 해결방안 요약</td><td>7.1. 질문
8.2. 자율성과 책임 고취
7.3.4. 구체화
7.4. 통찰
7.2. 기법과 도구 활용</td></tr>
<tr><td>Will
실행계획</td><td>21. 집중
22. 실행과제
23. 시작목표
24. 실행목표
25. 반복목표
26. 정체성과 통합
27. 점검
28. 지원 표현</td><td>8.3. 행동전환 지원
8.1. 정체성과 통합 지원
7.3.4. 구체화</td></tr>
<tr><td>마무리</td><td>29. 성찰
30. 지지와 응원
31. 코칭 종료</td><td>4.3. 성과관리
7.4. 통찰
8.5. 변화와 성장 축하
4.1.2. 코칭합의_종료</td></tr>
<tr><td colspan="3">합계</td><td>16개 (64%)</td><td>25개</td></tr>
</table>

나. 미활용 코칭역량 특징 분석

활용되지 않은 9개의 코칭역량은 대부분 상호작용을 중심으로 한 비구조화 속성, 즉 역동요소에 해당하는 것을 알 수 있다.

표 51 미활용 코칭역량 특징 분석

구분	미활용 코칭역량	특징 분석			KCA 코칭역량
		속성	코칭훈련 기준	코칭기술	
가	4.2. 코칭세션시간 운영	구조화 속성	감점요소	과정관리	4. 전문계발
나	4.2. 전체 세션 운영의 유연성	비구조화 속성	역동요소		
다	5.2.3. 신뢰감과 안전감_인정	비구조화 속성	역동요소	알아주기	5. 관계구축
라	6.1. 맥락적 이해 6.2 반영 6.3. 공감 6.4. 고객의 표현지원	비구조화 속성	역동요소	경청	6. 적극경청
마	7.5. 관점전환과 재구성 7.6. 가능성 확대	비구조화 속성	역동요소	(후속) 질문	7. 의식확장

미활용 코칭역량 특징을 분석한 결과, 알아주기와 경청은 전형적인 상호작용 기반의 비구조화 속성의 역동요소임을 알 수 있다. 또한, 질문 중 후속 질문도 코치와 고객 간 상호작용 속에서 생성되는 비구조화 속성의 역동요소에 해당함을 알 수 있다. 더 나아가 전체 세션 운영의 유연성도 상호작용적 맥락을 반영하는 비구조화 속성의 역동요소로 분류할 수 있다. 반면, 코칭세션 시간 운영은 코칭세션 종료 후에야 시간 초과 여부를 알 수 있으므로 감점요소로 분류된다.

다. 코칭대화 흐름이 주는 시사점

첫째, 질문은 '다음 단계 질문'과 '후속 질문'의 두 가지로 구분되어야 한다.

- '다음 단계 질문'은 코칭대화 모델이 제시하는 모든 질문을 의미하며, 이는 구조화 속성을 지닌 역량요소에 해당한다.

◆ 후속 질문은 코칭대화 모델에 포함되지 않고 코치가 상호작용 과정에서 직관적으로 즉석에서 떠올려야 하는 질문이다. 이는 비구조화 속성의 역동요소에 해당한다.

둘째, '경청'과 '알아주기'는 전형적인 비구조화 속성을 가지며, 상호작용을 통해 드러나는 역동요소의 특성을 지닌다.

셋째, 기존 코칭대화 모델은 구조화된 질문의 집합으로, 경청, 알아주기, 후속 질문과 같은 상호작용 기반의 비구조화 속성인 역동요소를 포괄하지 못하므로, 구조화 속성의 역량요소와 비구조화 속성의 역동요소를 모두 훈련하는 데 한계가 있다.

넷째, 따라서 상호작용을 기반으로 한 비구조화 속성의 역동요소(경청, 알아주기, 후속 질문 등)에 대한 보완적 훈련이 반드시 병행되어야 하며, 이를 통해 정교한 반구조화 훈련이 가능해져야 한다.

4 코칭대화 모델 개선

4.1 코칭대화 흐름 모형 개선

가. 코칭대화 흐름 모형 개선

앞서의 분석 결과와 통찰을 바탕으로, 코칭대화 흐름 모형을 다음과 같이 개선하였다.

◆ 1단계: 질문

▶ 코칭대화 모델의 흐름에 따라 단계별로 정해져 있는 구조화된 질문

▶ KCA 코칭역량 의식확장(7)의 핵심요소인 질문(7.1)에 해당

▶ 구조화 속성의 역량요소

◆ 2단계: 대답

▶ 고객이 스스로 생각하고 답변하는 과정

◆ 3단계: 경청·알아주기

▶ 고객의 대답을 적극적으로 경청하고, 알아주기를 통해 그 의미를 정확히 파악

▶ KCA 코칭역량 중 적극경청(6)과 관계구축(5)의 핵심요소인 알아주기(5.2)에 해당

▶ 전형적인 상호작용에 기초한 비구조화 속성의 역동요소

◆ 4단계: CAR 진단

▶ 고객의 답변이 아래 세 기준 중 하나 이상을 만족하는지 직관으로 진단

▶ Clarity(명료함), Awareness(자각 및 의식확장), Responsibility(책임감 및 실행 의지)

▶ 대화의 방향과 깊이를 결정하는 핵심 분기점

◆ 5단계: 분기점 선택

CAR 진단 결과에 따라 다음 세 가지 중 하나를 선택하여 대화 진행

① 다음 단계 질문

▶ CAR 진단결과 '예'이면, 모델에 따라 다음 단계 질문 진행

▶ KCA 코칭역량 의식확장(7)의 핵심요소인 질문(7.1)에 해당

▶ 구조화 속성의 역량요소

② 요약 확인

▶ CAR 진단결과 '예'이면, 앞서의 대화 내용을 요약하여 명료성과 이해도를 확인

▶ KCA 코칭역량 적극경청(6)의 핵심요소인 반영(6.2)에 해당

▶ 상호작용에 기초한 비구조화 속성의 역동요소

③ 후속질문

▶ CAR 진단결과 '아니오'이면, 모델에 없는 상호작용 과정에서 직관적으로 생성되는 즉흥 질문으로 더 깊이 있게 탐색

▶ KCA 코칭역량 의식확장(7)의 핵심요소인 질문(7.1)에 해당

▶ 구조화 질문 이후, 코차와 고객의 상호작용 속에서 더 깊은 탐색이나 구체화를 위하여 추가하는 질문

- ▶ 질문(7.1)은 구조화 속성의 역량요소와 비구조화 속성의 역동요소 두 가지 특성을 동시에 지니고 있으며, 사용 시점, 용도, 상호작용의 맥락에 따라 그 속성이 결정됨

◆ 반복: (Repeat)

- ▶ 전체 과정을 반복하며, 고객의 통찰과 실행으로 이어지도록 점진적 발전

나. 개선된 코칭대화 흐름 모형의 핵심 요약

◆ 질문(7.1)은 구조화 속성과 비구조화 속성을 모두 지닌 이중적인 특성

- ▶ 구조화 질문: 코칭대화의 모델에 따라 미리 설계된 질문
- ▶ 비구조화 질문: 고객의 대답이 그 가정과 전제를 벗어났거나, 깊이 있는 탐색이 필요할 때 상호작용 속에서 즉흥적으로 추가되는 후속 질문

◆ 구조화 속성의 역량요소 특징

- ▶ 상호작용 패턴이 사전에 결정되어 있고, 정해진 대화 단계를 따라 순차적으로 진행됨.
- ▶ 명확한 목표 달성을 위한 체계적인 접근을 기반으로 하며, 고객의 예기치 못한 반응에는 제한적으로 적응함.
- ▶ 한계점: 고객의 새로운 통찰에 대한 반응성 저하, 깊은 탐색을 제한할 수 있는 구조적 제약, 대화가 기계적 상호작용으로 전락할 위험, 변혁적 전환 가능성 감소

◆ 비구조화 속성의 역동요소 특징

- ▶ 고객의 언어와 표현에 대해 즉각적이고 역동적으로 상호작용하며 반응함.
- ▶ 새롭게 등장하는 이슈에 대해 직관적으로 탐색할 수 있음.
- ▶ 고객의 심리적 흐름과 정서 상태에 유연하게 적응하고, 대화의 경로를 자연스럽게 확장 및 진화시킴.
- ▶ 핵심 코칭역량: 적극경청, 알아주기, 후속 질문(코치와 고객의 상호작용에 기초한 역동요소)

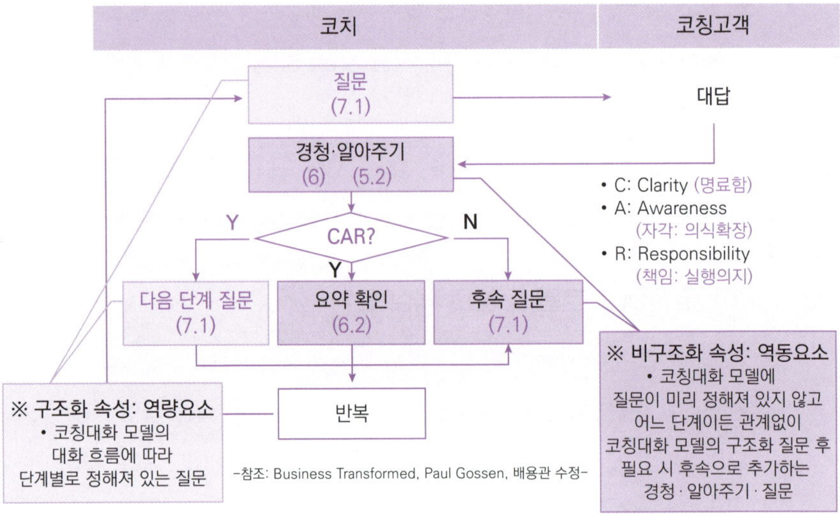

• 그림 45 • 개선된 코칭대화 흐름

개선된 코칭대화 흐름 모형에서는 비구조화 속성의 비중이 더 높고 그 중요성이 더욱 강조된다. 이는 코칭역량의 발전에 따라 정서적 공감과 상호작용의 역동요소가 점차 더 중요해진다는 점을 시사한다. 따라서 KCA 코치 자격이 KAC → KPC → KSC로 성장함에 따라, 비구조화 속성인 역동요소의 비중 또한 단계적으로 증대되어야 함을 보여 준다.

4.2 코칭대화 모델 개선

지금까지 살펴본 피겨스케이팅 심사기준이 주는 시사점과 폴 가슨의 질문의 흐름에서 얻은 통찰을 바탕으로, 기존 코칭대화 모델에 내재된 구조화의 한계를 보완한 개선된 코칭대화 모델을 다음과 같이 설계하였다.

가. 개선된 IGROW 코칭대화 모델: KAC

표 52 개선된 IGROW 코칭대화 모델: KAC

코칭대화 맥락	상세 맥락	질문 사례		
		역량요소(코칭기술): 구조화 속성	KCA 코칭역량	역동요소(상호작용): 비구조화 속성
Ice Breaking 관계구축	1. 인사 2. 호칭 3. 윤리규정 고지 4. 코칭시작 5. 긍정마음 열기	- 안녕하세요. 오늘 OOO님과 대화하게 되어 기쁩니다. - 대화하는 동안, OOO님을 어떻게 불러드리면 편하실까요? - 지금부터 나누는 코칭대화는 한국코치협회 윤리규정에 따라 비밀이 보장되니, 편하게 말씀하셔도 좋습니다. - 지금부터 코칭을 시작해도 괜찮을까요? - 지난주에 즐거웠던 일이 있었다면 무엇인가요?	1.4 4.1.2 5.1 5.2.2	**[알아주기]** 5.2.3. 신뢰감과 안전감 _ 인정 _ 인정과 칭찬 _ 지지와 격려 - 고객님께서 ~라고 하셨는데 대단합니다, ~의 비결은 무엇인가요? **[경청]** 6.2. 반영 • 추임새 - 아, 그렇군요! • 재진술 - (내게는) ~같이 들리는데 (어떤가)요? - (내게는) ~처럼 보이는데 (어떤가요)? - (내게는) ~한 것으로 생각되는데 (어떤가)요? - (내게는) ~것으로 느껴지는데 (어떤가)요?
Goal 주제와 목표의 명확화	6. 주제 7. (주제) 이유 8. (이유 KW) 의미 9. (의미 KW) 가치 10. 목표_ 원하는 결과 11. SMART 목표 (무엇+양+기한) 12. 주제와 목표 요약	- 지금 이 즐거운 마음으로 이야기하고 싶은 주제가 있다면 무엇인가요? - (주제)에 대해 이야기하고 싶은 이유나 배경이 있다면 무엇인가요? - (주제)는 OOO님께 어떤 의미가 있나요? - (의미 KW)는 OOO님께 어떤 유익이나 가치를 가져다 주나요? - 고객님은 (주제)를 원하시는데, 어떤 상태/수준/모습/상황이 되면, (주제)가 이루어졌다고 할 수 있나요? (- 구체적으로 무엇을 원하시나요?) - 얼마나 원하시나요? - 언제까지 이루어지기를 원하시나요? - 지금까지 저와 나눈 주제와 목표를 간단히 요약해 보면 어떨까요?	4.1.2 7.3	

<table>
<thead>
<tr><th rowspan="2">코칭대화
맥락</th><th rowspan="2">상세 맥락</th><th colspan="3">질문 사례</th></tr>
<tr><th>역량요소(코칭기술):
구조화 속성</th><th>KCA
코칭역량</th><th>역동요소(상호작용):
비구조화 속성</th></tr>
</thead>
<tbody>
<tr><td>Reality
현실점검</td><td>13. 현재 상황
1/2/3</td><td>◆ 3가지 관점에서 바라볼 수 있도록 3회 반복
- 현재는 어떤 상황인가요?
- 다른 상황이 있다면 어떤 상황인가요?
- 또 다른 상황이 있다면 어떤 상황인가요?</td><td>7.3
8.2</td><td>6.3. 공감
- 기분이 (감정)한가 본데 (어떤가)요?
- (욕구/의도)를 원했나 본데 (어떤가)요?</td></tr>
<tr><td>Option
방안탐색</td><td>14. 해결방안
1/2/3
15. 해결방안
요약</td><td>◆ 최소한 3개의 방안을 찾도록 도와주는 것이 바람직함
- (현재 상황 1/2/3)임에도 불구하고, (주제)와 (목표)를 이루기 위해 시도해 볼 수 있는 방안을 찾아본다면 어떤 것이 있을까요?
- 다른 방안을 생각해 본다면 무엇이 있을까요?
- 또 다른 방안을 떠올려 본다면 어떤 것이 있을까요?
- 지금까지 찾아낸 방안을 정리해 본다면 어떻게 요약할 수 있을까요?</td><td>7.3
8.2</td><td rowspan="2">6.4. 고객의 표현지원
- 고객님의 지금 기분/느낌/감정은 어떤가요?
[질문]
7.2. 기법과 도구 활용 _은유/비유
- 지금의 고객님의 상황을 동물이나 물건으로 비유한다면 무엇이 떠오르나요?
[과정관리] 정성적 느낌
4.2. 전체 세션 운영의 유연성
• 전체 세션 운영의 유연성
• 고객의 반응과 에너지
• 실행계획의 구체성
• 전체적인 느낌
[감점요소]_구조화 속성
[과정관리]
4.2. 코칭세션시간 운영</td></tr>
<tr><td>Will
실행계획</td><td>16. 집중
17. 실행과제
18. 시작목표
19. 실행목표
20. 점검
21. 지원 표현</td><td>- 그중에서 가장 집중하고 싶은 것을 하나 선택한다면 무엇인가요?
- 그 (선택한 것)은 구체적으로 무엇부터 실행할 수 있을까요?
- (실행과제)는 언제부터 시작하고 싶으신가요?
- (실행과제)는 하루에 얼마나 실천하실 수 있을까요?
- (실행과제)를 잘 실천하고 있음을 스스로 언제, 어떻게 확인할 수 있을까요?
- 제가 도와드릴 수 있는 부분이 있다면 무엇인가요?</td><td>7.3
8.2</td></tr>
</tbody>
</table>

<table>
<tr><th rowspan="2">코칭대화 맥락</th><th rowspan="2">상세 맥락</th><th colspan="3">질문 사례</th></tr>
<tr><th>역량요소(코칭기술):
구조화 속성</th><th>KCA
코칭역량</th><th>역동요소(상호작용):
비구조화 속성</th></tr>
<tr><td>마무리</td><td>22. 성찰
23. 지지와 응원
24. 코칭 송료</td><td>- 오늘 대화에서 새롭게 정리된 생각이나 얻은 유익함이 있다면 무엇인가요?
- (주제)를 잘 실행하셔서 성공체험과 함께 (목표)를 이루고, 변하아 성장하시기를 진심으로 지지와 응원합니다.
- 이제 코칭을 마무리해도 괜찮을까요?</td><td>4.1.2
4.3
7.4
8.5</td><td></td></tr>
</table>

( ): 고객의 말 Key Word

나. 개선된 IGROW 코칭대화 모델: KPC

표 53 개선된 IGROW 코칭대화 모델: KPC

<table>
<tr><th rowspan="2">코칭대화 맥락</th><th rowspan="2">상세 맥락</th><th colspan="3">질문 사례</th></tr>
<tr><th>역량요소(코칭기술):
구조화 속성</th><th>KCA
코칭역량</th><th>역동요소(상호작용):
비구조화 속성</th></tr>
<tr><td>Ice Breaking
관계구축</td><td>1. 인사
2. 호칭
3. 윤리규정 고지
4. 코칭 시작
5. 긍정마음 열기</td><td>- 안녕하세요. 오늘 OOO님과 대화하게 되어 기쁩니다.
- 대화하는 동안, OOO님을 어떻게 불러드리면 편하실까요?
- 지금부터 나누는 코칭대화는 한국코치협회 윤리규정에 따라 비밀이 보장되니, 편하게 말씀하셔도 좋습니다.
- 지금부터 코칭을 시작해도 괜찮을까요?
- 지난주에 즐거웠던 일이 있었다면 무엇인가요?</td><td>1.4
4.1.2
5.1
5.2.2</td><td>[알아주기]
5.2.3. 신뢰감과 안전감
_ 인정
_ 인정과 칭찬
_ 지지와 격려
- 고객님께서 ~라고 하셨는데 대단합니다, ~의 비결은 무엇인가요?</td></tr>
</table>

코칭대화 맥락	상세 맥락	질문 사례 역량요소(코칭기술): 구조화 속성	KCA 코칭역량	역동요소(상호작용): 비구조화 속성
Goal 주제합의 (주제의 명확화)	6. 주제 7. (주제) 구체적 8. (주제) 이유 9. (이유 KW) 의미 10. (의미 KW) 가치 11. 주제 요약	- 지금 이 즐거운 마음으로 이야기하고 싶은 주제가 있다면 무엇인가요? - (주제)에 대해 좀 더 구체적으로 말씀해 주시면 어떻겠어요? - (주제)에 대해 이야기하고 싶은 이유나 배경이 있다면 무엇인가요? - (주제)는 OOO님께 어떤 의미가 있나요? - (의미 KW)는 OOO님께 어떤 유익이나 가치를 가져다 주나요? - 아하, 고객님은 (가치 KW)와 (의미 KW)가 있어서 오늘 (주제)로 말씀하고 싶은가 보군요?	4.1.2 5.5 7.3	**[경청]** 6.2. 반영 • 추임새 - 아, 그렇군요! • 재진술 - (내게는) ~같이 들리는데 (어떤가)요? - (내게는) ~처럼 보이는데 (어떤가요)? - (내게는) ~한 것으로 생각되는데 (어떤가)요? - (내게는) ~것으로 느껴지는데 (어떤가)요? 6.3. 공감 - 기분이 (감정)한가 본데 (어떤가)요? - (욕구/의도)를 원했나 본데 (어떤가)요? 6.4. 고객의 표현지원 - 고객님의 지금 기분/느낌/감정은 어떤가요?**[질문]**
Goal 목표합의 (목표의 명확화)	12. 목표_ 원하는 결과 13. SMART 목표 (무엇+양+기한) 14. 주제와 목표 요약	- 고객님은 (주제)를 원하시는데, 어떤 상태/수준/모습/상황이 되면, (주제)가 이루어졌다고 할 수 있나요? (- 구체적으로 무엇을 원하시나요?) - 얼마나 원하시나요? - 언제까지 이루어지기를 원하시나요? - 지금까지 저와 나눈 주제와 목표를 간단히 요약해 보면 어떨까요?	4.1.2 7.3	
Reality 현실점검	15. 현재 상황 1/2/3	◆ 3가지 관점에서 바라볼 수 있도록 3회 반복 - 현재는 어떤 상황인가요? - 다른 상황이 있다면 어떤 상황인가요? - 또 다른 상황이 있다면 어떤 상황인가요?	7.3 8.2	

<table>
<tr><th rowspan="2">코칭대화 맥락</th><th rowspan="2">상세 맥락</th><th colspan="3">질문 사례</th></tr>
<tr><th>역량요소(코칭기술):
구조화 속성</th><th>KCA
코칭역량</th><th>역동요소(상호작용):
비구조화 속성</th></tr>
<tr><td>Option
방안탐색</td><td>16. 해결방안 1/2
17. 관점전환 _대입시 사례
18. 관점전환 _느낌/ 교훈
19. 해결 방안 3
20. 해결방안 요약</td><td>◆ 최소한 3개의 방안을 찾도록 도와주는 것이 바람직함
- (현재 상황 1/2/3)임에도 불구하고, (주제)와 (목표)를 이루기 위해 시도해 볼 수 있는 방안을 찾아본다면 어떤 것이 있을까요?
- 다른 방안을 생각해 본다면 무엇이 있을까요?
- (기한)에 (목표)를 이룬 고객님이 현재 (주제)로 고민하는 자신에게 뭐라고 조언하고 싶나요?
- 과거에 지금과 유사한 상황을 극복하여 성공한 경험이 있다면 무엇인가요?
- 고객님의 (부정적인 정서)는 고객님의 어떤 선한 의도로부터 나온 것일까요?
- 성공한 고객님의 조언을 들은 지금의 고객님의 생각이나 느낌은 어떤가요?
- 그 (성공 경험)으로부터 얻은 교훈은 무엇인가요?
- (부정적인 정서)를 (선한 의도)로 바꾸어 생각하니까 느낌은 어떤가요?
- 그 (생각이나 느낌)을 지금의 이 상황에 적용해 본다면 무엇을 해 볼 수 있을까요?
- 그 (교훈)을 지금의 이 상황에 적용해 본다면 무엇을 해 볼 수 있을까요?
- 그 (느낌)으로 지금의 이 상황에서 아주 작은 것이라도 시도해 볼 것을 찾아본다면 무엇일까요?
- 지금까지 찾아낸 방안을 요약해 보면 어떨까요?</td><td>7.2
7.3
7.4
7.5
8.2</td><td>[질문]
7.2. 기법과 도구 활용
_ 은유/비유
_ VAK/Naming
_ 기타 다양한 기법·도구 사용 가능
- 지금의 고객님의 상황을 동물이나 물건으로 비유한다면 무엇이 떠오르나요?
7.5. 관점전환과 재구성
_입장/시간선/ 사분면/ 예외
_기타 다양한 관점전환 가능</td></tr>
</table>

코칭대화 맥락	상세 맥락	질문 사례: 역량요소(코칭기술): 구조화 속성	질문 사례: KCA 코칭역량	질문 사례: 역동요소(상호작용): 비구조화 속성
Will 실행계획	21 .집중 22. 실행과제 23. 시작목표 24. 실행목표 25. 반복목표 26. 정체성과 통합 27. 점검 28. 지원 표현	- 그중에서 집중하고 싶은 것을 하나 선택한다면 어느 것인가요? - 그 (집중할 것)은 구체적으로 무엇부터 할 수 있나요? - (실행과제)는 언제부터 시작하고 싶나요? - (실행과제)는 (하루에) 얼마나 할 수 있나요? - (실행과제)는 (일주일에) 며칠을 반복할 수 있나요? - (주제)와 (목표)를 이루기 위해 세운 이 실행계획은 고객님의 어떤 가치관이나 정체성과 연결되나요? - 잘 실행하고 있음을 스스로 언제, 어떻게 알 수 있을까요? - 혹시 제가 도와드릴 것이 있다면 무엇인가요?	7.3 8.1 8.3	**[과정관리]** 정성적 느낌 4.2. 전체 세션 운영의 유연성 • 전체 세션 운영의 유연성 • 고객의 반응과 에너지 • 실행계획의 구체성 • 전체적인 느낌 **[감점요소]**_구조화 속성 **[과정관리]** 4.2. 코칭세션시간 운영
마무리	29.성찰 30. 지지와 응원 31. 코칭 종료	- 오늘 대화에서 새롭게 정리된 생각이나 얻은 유익함이 있다면 무엇인가요? - (주제)를 잘 실행하셔서 성공체험과 함께 (목표)를 이루고, 변화와 성장하시기를 진심으로 지지와 응원합니다. - 이제 코칭을 마무리해도 괜찮을까요?	4.1.2 4.3 7.4 8.5	

다. 개선된 IGROW 코칭대화 모델: KSC

표 54 개선된 IGROW 코칭대화 모델: KSC

<table>
<tr><th rowspan="2">코칭대화 맥락</th><th rowspan="2">상세 맥락</th><th colspan="3">질문 사례</th></tr>
<tr><th>역량요소(코칭기술):
구조화 속성</th><th>KCA
코칭역량</th><th>역동요소(상호작용):
비구조화 속성</th></tr>
<tr><td>Ice
Breaking
관계구축</td><td>1. 인사
2. 호칭
3. 윤리규정 고지
4. 코칭 시작
5. 긍정 마음 열기</td><td>- 안녕하세요. 오늘 OOO님과 대화하게 되어 기쁩니다.
- 대화하는 동안, OOO님을 어떻게 불러드리면 편하실까요?
- 지금부터 나누는 코칭대화는 한국코치협회 윤리규정에 따라 비밀이 보장되니, 편하게 말씀하셔도 좋습니다.
- 지금부터 코칭을 시작해도 괜찮을까요?
- 지난주에 즐거웠던 일이 있었다면 무엇인가요?</td><td>1.4
4.1.2
5.1
5.2.2</td><td rowspan="2">[알아주기]
5.2.3. 신뢰감과 안전감
_인정
_인정과 칭찬
_지지와 격려
- 고객님께서 ~라고 하셨는데 대단합니다,~의 비결은 무엇인가요?

[경청]
6.1. 맥락적 이해
- 코칭 목적에 따른 코칭대화 맥락의 이해와 준수
- 상세 맥락의 이해와 준수</td></tr>
<tr><td>Goal
주제합의
(주제의 명확화)</td><td>6. 주제
7. (주제) 구체적
8. (수세) 이유
9. (이유 KW) 의미
10. (의미 KW) 가치
11. 삶
12. 존재
13. 주제 요약</td><td>- 지금 이 즐거운 마음으로 이야기하고 싶은 주제가 있다면 무엇인가요?
- (주제)에 대해 좀 더 구체적으로 말씀해 주시면 어떻겠어요?
- (주제)에 대해 이야기하고 싶은 이유나 배경이 있다면 무엇인가요?
- (주제)는 OOO님께 어떤 의미가 있나요?
- (의미 KW)는 OOO님께 어떤 유익이나 가치를 가져다 주나요?
- (가치 KW)를 기대하는 고객님은 어떤 삶을 살고 싶은 건가요?
- (삶)을 살고자 하는 고객님은 스스로 어떤 사람이라 할 수 있나요?
- 아하, 고객님은 (존재)로 (삶)을 살고 싶어서 오늘 (주제)로 말씀하고 싶은가 보군요?</td><td>4.1.2
5.5
7.3</td></tr>
</table>

<table>
<tr><th rowspan="2">코칭대화 맥락</th><th rowspan="2">상세 맥락</th><th colspan="3">질문 사례</th></tr>
<tr><th>역량요소(코칭기술):
구조화 속성</th><th>KCA
코칭역량</th><th>역동요소(상호작용):
비구조화 속성</th></tr>
<tr><td>Goal
목표합의
(목표의
명확화)</td><td>14. 목표_원하는 결과
15. SMART 목표 (무엇+양+기한)
16. 주제와 목표 요약
17. 이뤄진 결과 상상</td><td>- 고객님은 (주제)를 원하시는데, 어떤 상태/수준/모습/상황이 되면, (주제)가 이루어졌다고 할 수 있나요?
(- 구체적으로 무엇을 원하시나요?)
- 얼마나 원하시나요?
- 언제까지 이루어지기를 원하시나요?
- 지금까지 저와 나눈 주제와 목표를 간단히 요약해 보면 어떨까요?</td><td>4.1.2
7.3</td><td rowspan="3">6.2. 반영
- 추임새
- 아, 그렇군요!
- 재진술
- (내게는) ~같이 들리는데 (어떤가)요?
- (내게는) ~처럼 보이는데 (어떤가요)?
- (내게는) ~한 것으로 생각되는데 (어떤가)요?
- (내게는) ~것으로 느껴지는데 (어떤가)요?
6.3. 공감
- 기분이 (감정)한가 본데 (어떤가)요?
- (욕구/의도)를 원했나 본데 (어떤가)요?
6.4. 고객의 표현지원
- 고객님의 지금 기분/느낌/감정은 어떤가요?</td></tr>
<tr><td>Reality
현실점검</td><td>18. 현재 상황 1/2/3</td><td>◆ 3가지 관점에서 바라볼 수 있도록 3회 반복
- 현재는 어떤 상황인가요?
- 다른 상황이 있다면 어떤 상황인가요?
- 또 다른 상황이 있다면 어떤 상황인가요?</td><td>7.3
8.2</td></tr>
<tr><td>Option
방안탐색</td><td>19. 해결 방안 1
20. 관점 전환_대입시 사례
21. 관점 전환_느낌/교훈
22. 해결 방안 2
23. 가능성 확대</td><td>- (현재 상황 1/2/3)임에도 불구하고, (주제)와 (목표)를 이루기 위해 시도해 볼 수 있는 방안을 찾아본다면 어떤 것이 있을까요?
- (기한)에 (목표)를 이룬 고객님이 현재 (주제)로 고민하는 자신에게 뭐라고 조언하고 싶나요?
- 과거에 지금과 유사한 상황을 극복하여 성공한 경험이 있다면 무엇인가요?
- 고객님의 (부정적인 정서)는 고객님의 어떤 선한 의도로부터 나온 것일까요?</td><td>7.2
7.3
7.4
7.5
7.6
8.2</td></tr>
</table>

코칭대화 맥락	상세 맥락	질문 사례		
		역량요소(코칭기술): 구조화 속성	KCA 코칭역량	역동요소(상호작용): 비구조화 속성
Option 방안탐색	24. 해결 방안 3 25. 해결 방안 요약	- 성공한 고객님의 조언을 들은 지금의 고객님의 생각이나 느낌은 어떤가요? - 그 (성공 경험)으로부터 얻은 교훈은 무엇인가요? - (부정적인 정서)를 (신한 의도)로 바꾸어 생각하니까 느낌은 어떤가요? - 그 (생각이나 느낌)을 지금의 이 상황에 적용해 본다면 무엇을 해 볼 수 있을까요? - 그 (교훈)을 지금의 이 상황에 적용해 본다면 무엇을 해 볼 수 있을까요? - 그 (느낌)으로 지금이 이 상황에서 아주 작은 것이라도 시도해 볼 것을 찾아본다면 무엇일까요? - 능력이나 조건에 제한이 없다면 지금의 이 상황이 어떻게 바뀌게 될까요? - 바뀔 수 있는 상황을 생각하면 마음에 어떤 알아차림이나 깨달음이 떠오르나요? - 지금 떠오른 (알아차림이나 깨달음)을 지금의 이 상황에 적용한다면 무엇을 시도해 보고 싶은가요? - 지금까지 찾아낸 방안을 요약해 보면 어떨까요?		**[질문]** 7.2. 기법과 도구 활용 _은유/비유 _VAK/Naming _기타 다양한 기법·도구 사용 가능 - 지금의 고객님의 상황을 동물이나 물건으로 비유한다면 무엇이 떠오르나요?
Will 실행계획	26. 집중 27. 실행 과제 28. 시작 목표	- 그중에서 집중하고 싶은 것을 하나 선택한다면 어느 것인가요? - 그 (집중할 것)은 구체적으로 무엇부터 할 수 있나요?	7.3 8.1 8.3	

코칭대화 맥락	상세 맥락	질문 사례		
		역량요소(코칭기술): 구조화 속성	KCA 코칭역량	역동요소(상호작용): 비구조화 속성
Will 실행계획	29. 실천 목표 30. 반복 목표 31. 실행 계획 요약 32. 정체 성과 통합 33. 점검 34. 예상 장애와 대책 35. 지원 표현 36. 자기 응원	- (실행과제)는 언제부터 시작하고 싶나요? - (실행과제)는 (하루에) 얼마나 할 수 있나요? - (실행과제)는 (일주일에) 며칠을 반복할 수 있나요? - 지금까지 세운 실행계획을 요약해 보면 어떨까요? - (주제)와 (목표)를 이루기 위해 세운 이 실행계획은 고객님의 어떤 가치관이나 정체성과 연결되나요? - 잘 실행하고 있음을 스스로 언제, 어떻게 알 수 있을까요? - 실행하면서 예상되는 장애가 있다면 무엇인가요? - (장애)를 극복할 수 있는 방법을 찾아본다면 어떤 대책이 있을까요? - 혹시 제가 도와드릴 것이 있다면 무엇인가요? - (주제와 (목표)를 위해 실행계획을 잘 실행하는 고객님 자신을 위해 칭찬과 응원의 한마디를 한다면 어떤 말을 해 주고 싶나요?		7.5. 관점전환과 재구성 - 입장/시간선/사분면/예외 - 기타 다양한 관점전환 가능 **[과정관리]** 정성적 느낌 4.2. 전체 세션 운영의 유연성 - 전체 세션 운영의 유연성 - 고객의 반응과 에너지 - 실행계획의 구체성 - 전체적인 느낌 **[감점요소]**_구조화 속성 **[과정관리]** 4.2. 코칭세션시간 운영
마무리	37. 성찰 38. 지지와 응원 39. 더하고 싶은 말 40. 코칭 종료	- 오늘 대화에서 새롭게 정리된 생각이나 얻은 유익함이 있다면 무엇인가요? - (주제)를 잘 실행하셔서 성공체험과 함께 (목표)를 이루고, 변화와 성장하시기를 진심으로 지지와 응원합니다. - 혹시 더 하고 싶은 말이 있다면 무엇인가요? - 이제 코칭을 마무리해도 괜찮을까요?	4.1.2 4.3 7.4 8.5	

이와 같이 IGROW 기반의 코칭대화 모델을 KCA 자격별로 개선하였다. 개선된 모델을 활용함으로써, 코칭기술 중심의 구조화 속성인 역량요소와 상호작용 기반의 비구조화 속성인 역동요소를 균형 있게 훈련할 수 있는 체계적 기반을 마련하게 되었다.

5 정교한 반구조화 훈련의 체계화

정교한 반구조화 코칭대화를 효과적으로 구현하기 위해서는, 단계적이고 체계적인 훈련 접근이 필요하다. 이는 코치의 역량 수준에 따라 차별화된 훈련 방식을 적용함으로써 코칭 전문성을 점진적으로 개발하는 것을 의미한다.

5.1 3차원 코칭훈련

정교한 반구조화 훈련은 다음과 같은 세 차원으로 체계화하는 것이 효과적이다.

- ◆ 1차원: 코칭기술 중심의 역량요소 훈련(코칭대화 모델 기반 구조화 훈련)
  - ▶ 특성: 체계적이고 예측 가능한 기본 구조를 UMP(이해·암기·연습)로 습득
  - ▶ 목적: 코칭대화의 기본 프레임워크와 필수 역량 정립
  - ▶ 접근법: 표준화된 코칭대화 모델을 활용한 단계별 학습
- ◆ 2차원: 감점요소의 훈련
  - ▶ 특성: 바람직하지 않은 질문 및 언어에 대해 UMP(이해·암기·연습)로 교정
  - ▶ 목적: 코칭의 질을 저해하는 요인들을 체계적으로 제거
  - ▶ 접근법: 부정적 패턴을 식별하고 개선하여 완성도 향상
- ◆ 3차원: 상호작용 기반의 역동요소 훈련(비구조화 코칭대화 구조화 훈련)
  - ▶ 특성: 유연하고 창의적인 상호작용을 통한 고급 코칭역량 개발
  - ▶ 목적: 상황 적응적이고 변혁적 전환 코칭 능력 내재화
  - ▶ 접근법: AA(분별·적용)+SA(연결·적용) 기반의 직관과 창의성을 활용한 단계적으로 고도화된 훈련

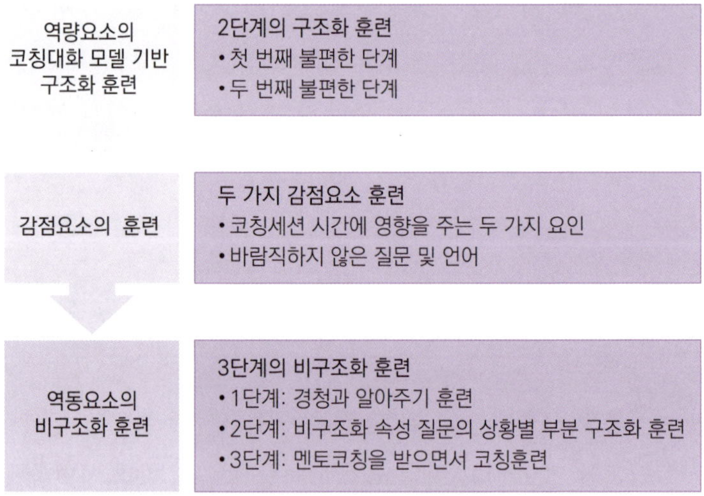

• 그림 46 • 3차원 코칭훈련

5.2 역량요소의 코칭대화 모델 기반 구조화 훈련

25개 핵심 코칭역량 중 모델링이 가능한 16개는 코칭기술 중심의 구조화 속성인 역량요소에 해당하며, 코칭대화의 기초훈련으로 매우 중요하다. 코칭대화 모델이 제시하는 맥락의 구조와 상세 맥락을 이해하고, 단계별 질문을 익히는 코칭기술 학습 과정이 필요하다.

가. 두 가지 구조화 훈련 단계

◆ 첫 번째 불편함의 단계

상세 맥락 질문이라는 코칭기술을 충분히 이해(U)하고 암기(M)하기 전까지 코칭대화는 어색하게 느껴지며, 이에 따라 불편함을 경험하게 된다. 이 시기에는 고객과의 상호작용에 집중할 여유가 부족하다.

◆ 두 번째 불편함의 단계

상세 맥락의 질문을 이해(U)하고 암기(M)하고 연습(P)으로 점차 내재화되기 시작하면서, 새로운 형태의 불편함이 나타난다. 이는 고객의 다양한 대답과 반응에 자연스럽게 대응하지 못하는 데서 오는 불편함으로, 코칭기술 중심 구조화 질문의 한계를 인식하는 전환점이 된다.

멘토코치는 훈련자가 두 번째 불편함을 빠르게 경험할 수 있도록 훈련 초기에 집중적이고 반복적인 연습과 실습을 지원해야 하며, 이는 상호작용 기반의 역동요소 훈련으로 진입하는 관문이 된다.

나. 감점요소 훈련

- 훈련의 필요성: 코칭세션 시간 운영과 바람직하지 않은 질문·언어 사용은 감점요소에 해당하며, 이를 이해(U)하고 암기(M)하고 연습(P)으로 내재화할 필요가 있다.
- 시간 조절 훈련
  - 첫 번째 요인: 코치가 중언부언하면서 명료하지 않은 질문으로 인한 시간 초과 → 간결하고 명료한 질문 훈련 필요
  - 두 번째 요인: 고객의 장황한 응답 → 정중한 요청으로 대화 길이 조정
- 질문 및 언어 교정 훈련
  - KAC 수준에서 언어 중심 기초훈련이 필수이며, 바람직하지 않은 질문이나 언어는 발견 즉시 교정해야 한다.

5.3 역동요소의 비구조화 훈련

비구조화 속성의 역동요소(경청, 알아주기, 후속 질문)는 코치-고객 상호작용 속에서 코치의 직관적 감각과 경험을 통해 길러지는 고급 코칭역량이다.

가. 비구조화 훈련의 3단계

- 1단계: 경청과 알아주기 훈련(UMP+AA)
  - 경청과 알아주기는 대표적인 상호작용 기반의 비구조화 속성이고 역동요소에 해당
  - 구조화 질문 이후, 고객의 대답을 경청과 알아주기를 통해, 고객에게 의미 있고 중요한 단어나 메시지를 포착하고, 이를 후속 질문으로 연결하는 훈련 필요

- ▶ 구조화 훈련에서 두 번째 불편함의 단계가 조기에 나타나도록 초기부터 집중적이고 반복적인 훈련을 함으로써, 경청과 알아주기 훈련 단계로 빠르게 진입 가능

◆ 2단계: 상황별 부분 구조화 훈련 (반구조화 훈련, UMP+AA+SA)

- ▶ 관점전환, 가능성 확대 등은 코칭대화 모델에 담기 어려운 고급 역량이며, 이를 상황별로 부분적으로 구조화하여 코칭기술과 상호작용을 균형 있게 훈련하는 것이 효과적

◆ 3단계: 수퍼비전 기반 훈련 (정교한 반구조화 훈련, SA)

- ▶ 훈련자는 고객의 입장에서 멘토코치의 경청, 알아주기, 후속 질문이 자신의 내면에 어떤 감정을 불러일으키고, 어떠한 상호작용적 역동이 일어나는지를 직접 체험하는 훈련이 필수
- ▶ 수퍼비전 과정을 통해 비구조화된 대화의 흐름과 내면의 역동을 체험하고, 이후 실제 코칭에서 적용한 결과에 대해 피드백을 받고 교정하는 과정이 반드시 필요함

정교한 비구조화 훈련은 멘토코칭과 코치더코치를 포함하는 수퍼비전 방식으로 접근해야 하며, 이는 코칭기술을 넘어 상호작용의 창의성과 유연성을 키워주는 핵심적인 훈련 방식이다. 이러한 훈련 방식은 KPC에서 KSC로 발전하기 위한 중요한 기반이 된다.

6 고객과 춤추듯이

고객과 춤추듯이의 의미

코칭을 춤으로 비유한다면, 코치는 숙련된 전문댄서이고 고객은 춤을 처음 경험하는 초보자라 할 수 있다. 춤을 처음 춰 보는 고객에게 전문댄서가 자신의 스텝을 따라오라고 한다면, 초보자인 고객은 이를 자연스럽게 따라가기가 쉽지 않다. 오히려 어색함이나 불편함을 느끼기 십상이다. 이러한 상황을 코칭에서는

‘코치가 고객을 주도한다’고 하며, 이는 바람직하지 않은 방식으로 간주된다.

반면, 고도로 숙련된 최고의 전문댄서는 춤이 처음인 고객에게 “자신을 믿고 마음대로 편하게 스텝을 밟아 보라”고 요청한다. 그러고는 전문댄서는 고객의 스텝에 맞춰 자연스럽게 자신을 조율하며 함께 춤을 춘다. 이처럼 고객과 최고의 전문댄서는 어우러져 조화를 이루며 멋진 춤을 완성한다. 그 장면에는 어떠한 어색함이나 불편함을 찾아볼 수가 없다.

비록 고객은 초보일지라도, 최고의 전문댄서와 함께 감동적인 한 판의 춤을 추게 된다. 이것이 바로 『고객과 춤추듯이』이다.

코칭에서 『고객과 춤추듯이』란?

고객은 최고의 전문댄서와 춤을 출 때 스텝을 정확히 몰라도 되듯이, 코칭이 무엇인지 잘 알지 못해도 된다. 고객은 단지 자신의 관심사에 대해 편안하게 이야기하기만 하면 된다. 고객의 이야기는 춤의 스텝에 해당한다.

코치는 고객의 그 관심사와 이야기에 집중하여, 경청과 알아주기를 하면서 고객의 말 속에서 의미 있고 중요한 핵심 단어를 포착한다. 그리고 그 단어를 기반으로 코칭대화의 맥락과 상세 맥락에 맞추어 적절한 질문을 던진다. 코치의 경청, 알아주기, 그리고 질문은 마치 전문댄서가 초보 고객의 스텝에 맞추어 상호작용하며 따라가는 스텝과도 같다.

고객은 코치의 질문에 대답하면서, 자신의 관심사를 중심으로 이야기를 점차 확장하며 Story를 만들어 간다. 이 과정에서 코치의 맥락에 맞는 질문에 따라 고객은 자신의 관심사를 새로운 관점에서 바라보게 된다.

그리고 어느 순간, 자신의 관심사에 대해 “아!” 하는 어떤 깨달음을 얻게 된다. 이 통찰은 고객이 자신의 관심사에 대해 새로운 관점을 열었고, 상호작용 속에서 내면의 변화가 일어났다는 강력한 증거이다. 바로 이것이 코칭에서 말하는 『고객과 춤추듯이』이다.

제9장 실전 수퍼비전

1. 수퍼비전의 이해
2. 수퍼비전의 실용적 체계화
3. 수퍼비전 실무
4. 코치더코치 실무
5. 코칭 실습 방법

핵심 POINT

- ▶ 국제적으로 수퍼비전은 어떻게 운영되고 있으며, 그 현황은 어떠한가?
- ▶ 수퍼비전을 체계적으로 운영하려면 어떤 접근이 필요한가?
- ▶ 수퍼비전의 종류와 각각의 특징은 무엇인가?
- ▶ 멘토코치로서 바람직한 자세와 태도는 무엇인가?
- ▶ 코치더코치에는 어떤 효과적인 방법들이 있는가?
- ▶ 코칭 실습은 어떤 방법으로 이루어져야 효과적인가?

1 수퍼비전의 이해

1.1 수퍼비전의 유래

수퍼비전(Supervision)은 단순한 코칭기법의 차원을 넘어, 심리상담, 사회복지, 정신치료, 교육, 조직개발 분야 등 다양한 실천 분야에서 현장 전문가(Practitioner)의 전문성 향상과 내적 성장을 지원하기 위한 전문적 대화의 전통에서 비롯되었다. 코칭 수퍼비전도 이 흐름의 연장선상에 위치한다.

가. 어원과 개념적 기원

- ◆ 기원 분야: 전통 수퍼비전
  - ▶ 19세기 말~20세기 초, 정신분석학, 상담심리, 사회복지 분야에서 전문가가 실습자에게 전문성, 윤리, 정서 관리 등을 지도하기 위한 체계로서 수퍼비전 개념이 도입되었다.
  - ▶ 정신분석학: 프로이트 시대, 훈련 분석가(Training Analyst)가 분석가를 감독
  - ▶ 상담심리: 상담 훈련생의 사례 지도 및 역동 분석
  - ▶ 사회복지: 사례 관리와 감정 소진 예방을 위한 실무 피드백
- ◆ 전통 수퍼비전에서 일반 수퍼비전으로 확장
  - ▶ 이후 조직개발(OD), 교육 컨설팅, 그리고 코칭(Coaching) 등 다양한 실천 분야에서 지도, 감독, 피드백, 성찰의 필요성이 부각되면서, 수퍼비전이라는 용어가 일반화되기 시작함

나. 전통·일반 수퍼비전과 코칭 수퍼비전의 공통점과 차이점

- ◆ 공통 개념:
  - ▶ 현장 전문가가 자신이 수행한 실천을 성찰하고 피드백 받는 전문적 대화
  - ▶ 현장 전문가의 전문성 유지, 윤리 강화, 소진 예방 등을 목적
  - ▶ 수퍼비전은 현장 전문가 영역 전반에 적용 가능한 공통된 철학과 구조를 제공

- ◆ 차이점:
  - ▶ 적용 대상, 주된 관심사, 사용 언어, 피드백 방식에서 상이하며, 구체적인 내용은 다음 표와 같다.

표 55 분야에 따른 정의와 기능

구분	전통·일반 수퍼비전	코칭 수퍼비전
적용 분야	심리상담, 정신치료, 사회복지, 교육, 간호 등	전문코칭(개인, 팀, 조직, 리더십 등)
주 대상	상담자, 치료자, 사회복지사 등	전문 코치(Coach)
주된 기능	사례 분석, 윤리 감시, 정서적 보호	코칭 성찰, 고객과의 역동 분석, 윤리적 시야, 코치 내면 성찰
핵심 초점	치료적 관계의 적절성/기술	코칭 관계 내 자각, 자기 성찰, 정체성 강화
관계 스타일	위계적 구조도 존재	수평적/코칭적 동료성 중심
방법	때로는 평가적, 교육적	성찰 중심 대화, 코칭형 피드백 사용

수퍼비전은 하나의 방법론적 프레임이며, 코칭 수퍼비전은 이를 코칭 전문 영역에 특화하여 발전시킨 실천 모델이다. 따라서 코칭 수퍼비전은 단순한 개념 치환이 아닌, 코칭의 본질과 특수성에 맞춘 독립적이고 실천적인 수퍼비전 모델로 이해하고 운영되어야 한다.

1.2 코칭 분야에서의 코칭 수퍼비전 도입 현황

가. AoCS (Association of Coaching Supervisors, 코칭 수퍼바이저 협회)

- ◆ 2009년에 설립된 코칭 수퍼비전 전문 기관 (globalsupervisorsnetwork.org)
- ◆ 설립 당시부터 코칭 수퍼비전의 중요성을 강조하며, 수퍼비전 개념 확산을 선도함

나. EMCC (European Mentoring & Coaching Council, 유럽 멘토링코칭 협의회)

- ◆ 2013년: 코칭·멘토링 수퍼비전 훈련 프로그램 품질인증(ESQA: European Supervision Quality Award)을 최초로 도입하여 공식 자격 체계에 수퍼비전을 포함시킴(emccpoland.org)
- ◆ 2015년: 개인 수퍼바이저 인증 제도(ESIA: European Supervision Individual Accreditation) 확립
- ◆ 2016년 초: AC와 공동으로 글로벌 코칭윤리강령에 코칭 수퍼비전 윤리 지침 명문화

다. AC (Association for Coaching, 영국코칭협회)

- ◆ 2016년 초: EMCC와 함께 글로벌 코칭윤리강령에 코칭 수퍼비전을 공식 가이드라인으로 포함
- ◆ 2017년 경: AC 자체 코칭 수퍼바이저 인증 제도를 도입하여 숙련된 코치의 수퍼바이저 자격 취득 가능
- ◆ AC는 코칭 업계의 성숙도와 수퍼비전의 품질관리 필요에 따라 이 인증을 도입함

라. ICF (International Coaching Federation, 국제코칭연맹)

- ◆ 일반 코치 자격(ACC/PCC/MCC)에서는 코칭 수퍼비전이 의무사항은 아니지만,
- ◆ 2018년부터 코칭 수퍼비전 시간을 지속적 전문성 개발(CCE) 요건으로 공식 인정
  - ▶ ICF가 수퍼비전의 가치를 공식 정책에 반영한 첫 사례
- ◆ 2023년: ACTC(Advanced Certification in Team Coaching, 팀코칭 고급 자격) 자격을 신설하면서 5시간의 코칭 수퍼비전을 필수 요건에 포함시킴
  - ▶ ICF에서 수퍼비전을 자격 요건으로 명시적으로 채택한 첫 사례

마. KCA (Korea Coach Association, 한국코치협회)

- ◆ KSC 코치 자격과는 무관하며, 코칭 수퍼비전 제도를 공식화한 사례가 없음

◆ 세계적 추세에 발맞추어 코칭 수퍼비전 도입을 위한 검토 및 연구가 시급한 시점임

표 56 코칭 수퍼비전의 도입 현황

기관	연도	코칭 수퍼비전 도입 내용 및 의의
AoCS	2009	• AoCS 설립: 코칭 수퍼비전에 특화된 국제 네트워크 기관 출범 • 코칭 수피비전의 중요성을 알리고 감독(supervision) 문화 조성을 목표
EMCC	2013	• ESQA 도입: 코칭·멘토링 수퍼비전 훈련 프로그램 인증(ESQA) • 공식 자격 체계에 처음으로 수퍼비전 개념을 포함
	2015	• ESIA 도입: 코칭 수퍼바이저 개인 인증(ESIA) 시작 • 코칭 수퍼비전에 대한 개인 자격 인증 제도 확립
EMCC & AC	2015	• 코칭윤리강령 개정: 글로벌 코칭윤리강령에 코칭 수퍼비전 조항을 최초로 포함시킴 • 2015년 12월 초안 AC와 EMCC이 공동 승인 (공식 발표는 2016년 2월) • 이를 통해 수퍼비전에 대한 윤리적 기준을 명문화
AC	2016	• 코칭 수퍼바이저 인증 출범 • 코칭 수퍼바이저 인증 체계를 도입하여, 숙련 코치가 AC 인증 수퍼바이저 자격을 취득 가능 • 코칭 업계의 성숙과 수퍼비전 품질보증 수요에 부응하기 위해 이 제도를 도입
ICF	2018	• 수퍼비전 인정 정책: ICF 자격 유지·갱신을 위한 교육요건에 코칭 수퍼비전 최대 10시간을 인정하기 시작 • 이전까지 ICF 자격 요건에는 수퍼비전이 포함되지 않았으나, • 2018년 규정 변경으로 수퍼비전을 공식적인 지속 개발 활동으로 명시
	2023	• ACTC 자격 신설: ICF가 팀코칭 고급 인증(ACTC)을 신설하면서 코칭 수퍼비전 5시간을 필수 요건으로 공식 채택 • ICF에서 처음으로 특정 자격에 수퍼비전을 의무화한 사례

국제적으로 코칭 수퍼비전은 단순한 코칭기술에 대한 피드백을 넘어, 코치의 정체성, 감정, 윤리, 그리고 관계 맥락을 통합적으로 다루는 성찰적 실천(Reflective Practice)의 장치로 활용되고 있다. 반면, 한국에서는 KCA가 이를 아직 공식적으로 제도화하지 않은 채 멘토코칭과 코치더코치를 운영하고 있으며, 그로 인해 여러 현장에서 혼란이 나타나고 있다.

2 수퍼비전의 실용적 체계화

2.1 코칭 수퍼비전 vs. 멘토코칭 vs. 코치더코치

세계적으로는 코칭 수퍼비전과 멘토코칭의 두 가지 형태가 코칭 실천의 핵심 모델로 적용되고 있다. 이들은 코치의 전문성 향상, 윤리적 성찰, 그리고 지속적인 성장 지원을 위한 체계적 장치로 기능한다.

반면, 한국에서는 KCA가 아직 코칭 수퍼비전을 공식적으로 제도화하지 않은 상황에서, 코치더코치 중심의 훈련과 멘토코칭 체계를 운영하고 있다.

이 절에서는 이러한 세계적 실천 모델의 적용 방식과 한국 KCA의 운영 현황을 살펴본다.

가. 특징과 활용 현황

코칭 수퍼비전, 멘토코칭, 그리고 코치더코치의 개념적 특징과 활용 방식은 아래 표와 같이 비교할 수 있다.

표 57 코칭 수퍼비전 vs 멘토코칭 vs 코치더코치

구분	코칭 수퍼비전	멘토코칭	코치더코치
중심 포커스	내면, 관계, 윤리, 감정 성찰	코칭역량 향상 및 기준 적합 피드백	실전 코칭력 실습 및 피드백
접근법	코칭적·성찰 중심	평가기준 기반 피드백	코칭역량 시연 중심
형식	1:1 또는 그룹	1:1 또는 그룹	시연 + 피드백
대상	전문성 성찰 원하는 코치	자격 신청/유지 코치	인증 준비 코치
운용 기관	AoCS, EMCC, AC, ICF	KCA, ICF	KCA
비고	KCA는 코칭 수퍼비전을 공식 제도로 미도입 저자는 독자적으로 정의하여 코칭 현장에 적용하고 있음		KCA만 독자적으로 운용 여타 다른 기관은 미적용

지금까지 코칭 분야에서 활용되고 있는 이 세 가지 방식의 개념적 차이와 운용 현황을 비교함으로써, 각각의 고유한 특징과 한계를 정리하고, 이로 인해 현장에서 혼란이 발생하는 원인도 함께 파악할 수 있었다. 이러한 혼란을 해소하기 위하여, 향후 KCA는 이들 방식에 대한 공식적인 정의와 제도적 체계를 시급히 정립할 필요가 있다.

나. 수퍼비전의 실용적 정의와 적용

이러한 현실을 반영하여, 본 저자는 수퍼비전을 멘토코칭, 코치더코치, 코칭 수퍼비전의 세 가지 방식으로 구성된 통합적 개념으로 정의하고, 각각에 대한 실용적·개념적 구분과 훈련 적용 방식을 소개하고자 한다. 이는 향후 KCA가 코칭 수퍼비전에 대해 공식적으로 정의하고 제도화를 추진할 경우, 그에 따라 개념 정의와 훈련 방식이 조정될 수 있음을 전제로 한다.

◆ 코칭 수퍼비전

- ▶ 실제로 고객을 코칭하고 있는 코치를 대상으로, 그 코칭 과정 전반에 대해 멘토코치가 제 3자의 관점에서 코칭 어젠다, 프로세스, 전략 및 방법 등을 전문적으로 지도하는 과정이다.
- ▶ 현재까지 KCA가 공식적으로 정의한 바는 없으며, 이는 본 저자의 정의에 따른 것이다. KCA가 멘토코칭과 코치더코치를 공식 제도로 운용하고 있는 상황에서, 코칭 수퍼비전은 일반 수퍼비전과는 그 의미와 목적에서 차별화된 독립적인 개념으로 이해되어야 하며, 그 프로세스는 아래의 그림과 같다.

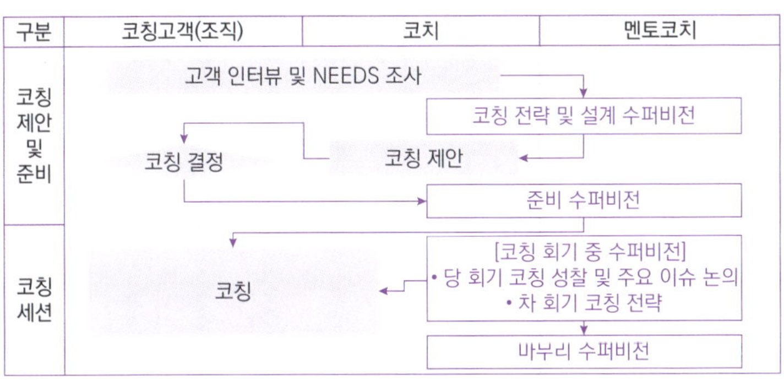

• 그림 47 • 코칭 수퍼비전 프로세스

- ◆ 멘토코칭
  - ▶ KCA와 ICF에서만 채택하고 있는 제도로, 코칭 경험이 풍부한 선배 코치가 후배 코치의 코칭 실력 향상과 지속적인 성장을 목적으로 지도하는 과정이다.
  - ▶ 주로 1:1 방식으로 진행되며, 코치 양성 훈련과정에서 선배 코치가 직접 코칭을 시연하고 지도하는 형태로 진행된다.
  - ▶ 비유: 전문 요리사의 훌륭한 요리를 맛보며 맛의 기준을 높이는 과정에 비유할 수 있다.
  - ▶ 초점: 코치 개인의 성장과 발전 또는 이슈해결
    - KPC 자격 응시 요건: KPC 이상 선배 코치로부터 멘토코칭 5회
    - KSC 자격 응시 요건: KSC 이상 선배 코치로부터 멘토코칭 10회
- ◆ 코치더코치
  - ▶ 일반 수퍼비전과 유사한 개념으로, KCA에서만 독자적으로 운용하는 구체적인 코칭기술 습득 목적의 훈련 방식이다.
  - ▶ 훈련 중인 후배 코치가 코칭을 시연하면, 선배 코치가 이를 관찰한 후 직접 구체적인 코멘트와 지도를 제공한다.
  - ▶ 1:1 또는 1:N 형식으로 운영된다.
  - ▶ 비유: 요리 훈련 중인 사람이 요리하는 과정을 전문 요리사가 지켜보며, 조리법을 직접 코멘트하고 지도하는 것에 비유할 수 있다.
  - ▶ 초점: 실제 코칭대화 기술 향상
    - KPC 자격 응시 요건: KPC 이상 선배 코치로부터 코치더코치 5회
    - KSC 자격 응시 요건: KSC 이상 선배 코치로부터 코치더코치 10회

이후부터는 위 세 가지 방식을 모두 포괄하는 광의의 통합 개념으로 수퍼비전이라는 용어를 사용하기로 한다. 또한, 수퍼비전을 수행하는 코치는 멘토코치로 명명하며, 이후의 모든 서술에서 이 두 용어를 일관되게 적용한다.

2.2 KCA 코치 자격 기반 수퍼비전 체계화

가. KCA 코칭역량과 수퍼비전 체계

제7장 코칭훈련의 이론적 체계화에서 논의한 바와 같이, 코칭훈련은 지식과 기술의 유기적 연결, 코칭대화 시스템과 UMP+AA+SA의 통합 모델, 학습 4단계 이론을 기반으로 한 Competency와 Proficiency 연계, 그리고 NCS 직무수준과의 정렬을 종합적으로 고찰함으로써 정립되었다. 수퍼비전 또한 이에 맞추어 다음과 같이 체계화할 수 있다.

- 기술 위계 측면에서 볼 때, 코칭역량은 하위에서부터 차례로 지식의 이해·암기·연습(UMP), 적용(A), 분석·분별(A), 연결·통합(S), 대통합의 단계로 발전한다.
- 이러한 기술 위계는 NCS 위계와 정렬되며, 각각 기초지식부터 신규이론까지 체계적으로 연계된다.
- 이에 따라 KCA의 코치 자격은 기술 위계와 NCS 수준에 정렬이 가능하며, 코칭역량 단계는 다음과 같이 체계화할 수 있다.
  - KAC: 기초이론과 전문지식 중심으로 적용(A)이 가능한 인증코치
  - KPC: 전문이론과 기술 중심으로 분별과 적용(AA)이 가능한 전문코치
  - KSC: 근접이론과 존재 중심으로 연결과 적용(SA)이 가능한 수퍼바이저 코치
- 각 위계의 통합적 정렬에 따라 수퍼비전을 다음과 같이 세 단계로 체계화할 수 있다.
  - 수퍼비전 1단계: KAC를 위한 기본 수퍼비전, 기초지식과 언어 중심으로 진행
  - 수퍼비전 2단계: KPC를 위한 전문 수퍼비전, 전문이론과 기술 중심으로 진행
  - 수퍼비전 3단계: KSC를 위한 고급 수퍼비전, 근접이론과 존재 중심으로 진행

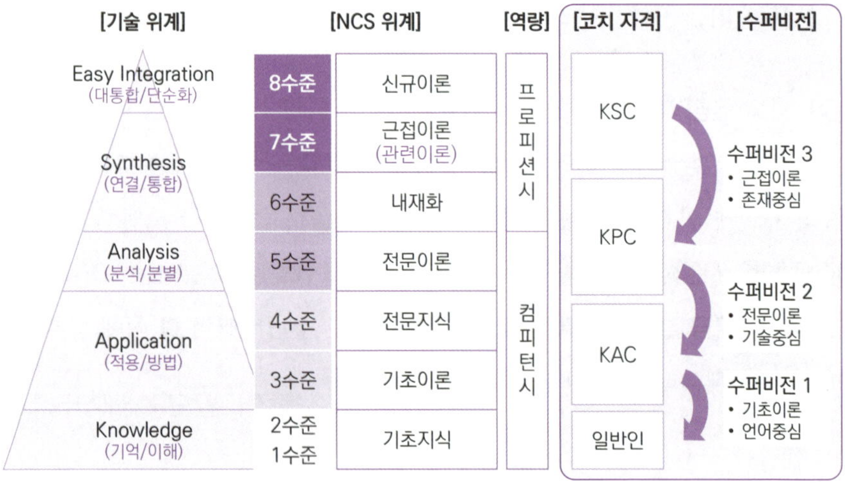

• 그림 48 • KCA 코치 자격과 수퍼비전 체계

이와 같이 기술 위계, NCS 직무수준, 역량, KCA의 코치 자격, 그리고 수퍼비전 체계를 통합적으로 정렬함으로써, 코치의 전문성과 성숙도에 따른 점진적 훈련 체계를 수립할 수 있으며, 이는 코칭훈련의 일관성과 질적 수준을 동시에 제고하는 핵심 기반이 된다.

나. 멘토코칭 vs. 멘토링

멘토코칭과 멘토링은 개념적으로 분명한 차이가 있으며, 코칭훈련과 자격 취득 과정에서도 그 차이를 분별하는 것이 중요하다.

- ◆ 멘토링
  - ▶ 멘토링은 경험과 지식이 풍부한 사람이 특정 대상에게 지도와 조언을 제공하여, 실력과 잠재력을 개발하도록 돕는 활동을 말한다. (출처: 네이버 사전)
  - ▶ 코칭에서는 멘토링은 좁은

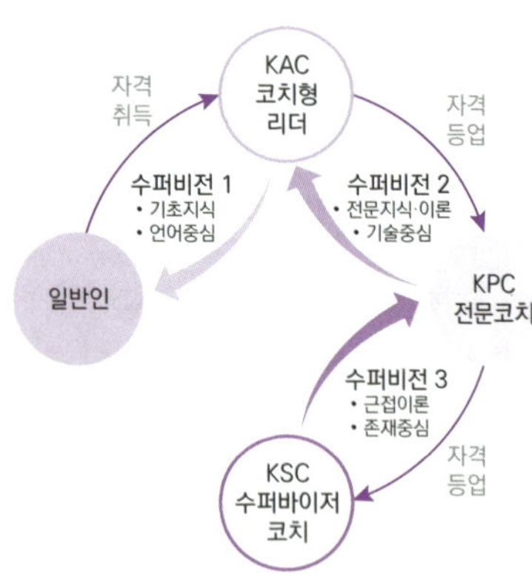

• 그림 49 • 수퍼비전 체계

의미에서 자격 취득 준비를 지원하는 실무적 활동으로 이해하며, 주로 정보 제공이나 조언 중심의 관계로 이루어진다.

- ◆ 멘토코칭
  - ▶ 멘토코칭은 훈련 중인 코치가 코칭역량을 실제로 향상할 수 있도록, 멘토코치가 직접 코칭을 시연하고 지도하는 과정을 말한다.
  - ▶ 앞서 1절에서 다루었듯이, 이 개념은 단순한 자격 취득 지원을 넘어 유럽을 중심으로 수퍼비전의 개념으로 확장되고 있으며, 이는 코칭훈련과 자격 체계 전반에 걸쳐 적용되고 있는 추세다.

다. 멘토코치의 자세 1: 기본 자세

수퍼비전을 수행하는 멘토코치는 어떠한 자세와 기술을 갖추는 것이 바람직할까?

- ◆ 낮은 자세와 겸손한 태도
  - ▶ 경험을 공유하는 태도:

    자신의 경험을 나눔으로써 후배 코치가 시행착오를 줄이도록 돕고, 함께 성장하려는 상생상장(相生相長)의 자세를 지녀야 한다.
- ◆ 수평적 파트너십의 태도:
  - ▶ 내가 옳다는 태도 지양
  - ▶ 가명무충의 태도 지양

    아랫사람을 가르치려 하거나, 명령하거나, 무시하거나, 충고하려는 태도
  - ▶ 비판강당의 태도 지양

    비교하고, 판단하고, 강요하고, 당연시하는 태도
- ◆ 객관적인 기준 활용
  - ▶ KCA의 8가지 코칭역량은 훈련에 적용 가능한 명확하고 객관적인 기준
  - ▶ 멘토코치는 주관적 해석이나 개인적 판단이 아닌, KCA 8가지 코칭역량 기준에 기반하여 수퍼비전 수행

◆ 피드GROW 방식의 피드백 활용(피드GROW: 피드포워드의 구체적 방법론)

▶ 중립 언어: 주관적 해석을 배제하고 객관적 사실을 중심으로 표현

▶ 예: "방금 고객의 말을 중간에 끊은 장면이 있었습니다."

▶ 제3자 언어: 일반 기준이나 통념을 인용하여 표현

예: "이런 상황에서는 고객의 흐름을 따라가는 것이 바람직하다고 합니다."

▶ 제안 또는 요청 언어: 유연하고 선택 가능한 표현으로 선택지를 제시

예: "지금 상황에서는 고객의 말을 끝까지 듣고 난 후 질문하는 방식을 시도해 보는 것은 어떨까요?"

라. 멘토코치의 자세 2: 코치 자격 단계에 맞춘 훈련 태도

◆ 멘토코치는 대체로 생애주기(Life Cycle) 곡선상 장년기에 위치하며, 코치 자격 단계로는 KPC 이상의 상위 단계에 위치한다.

◆ 반면, 코칭훈련자는 실제 생애주기상으로는 장년기일 수 있으나, 코치 자격 단계에서는 KAC(유아기) 혹은 KPC(청년기) 초기 단계일 수 있다.

◆ 이러한 생애주기와 자기계발 단계 간의 불일치는 훈련자에게 혼란을 초래할 수 있다. 따라서 멘토코치는 훈련자를 대할 때 생애 연령 기준이 아닌, 코치 자격 단계에 기반하여 이해하고 접근하는 자세가 필요하다.

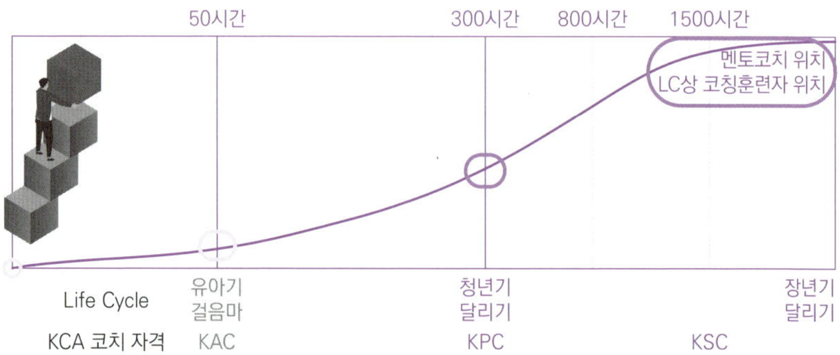

KAC		KPC		KSC	
자격취득 훈련	유지보수 훈련	자격취득 훈련	유지보수 훈련	자격취득 훈련	유지보수 훈련
[기초지식·이론 기반] 언어 중심 훈련		[전문지식·이론 기반] 기술 중심 훈련		[이론·원리 기반] 존재 중심 훈련	

• 그림 50 • 자기계발 단계 맞춤 훈련

이와 같은 멘토코치의 태도는 KAC-KPC-KSC로 이어지는 역량 발달 곡선을 이해하고, 코칭훈련자의 위치를 정확히 진단하여 맞춤형 지원을 제공하는 데 핵심적인 역할을 한다.

3 수퍼비전 실무

앞서 2절에서 언급했듯이 수퍼비전은 별도의 협의의 의미로 정의하지 않는 한, 코칭 수퍼비전, 멘토코칭, 코치더코치 등의 세 가지 방식을 모두 포함하는 광의의 통합 개념으로 사용한다.

3.1 실무적 수퍼비전 체계

코칭훈련에서의 실무적 수퍼비전 체계는 다음과 같은 순차적 단계로 구성된다. 『코칭역량 수준 점검 → 코칭대화 각론 훈련 → 코칭대화 종합 훈련 → 코칭 역량 점검』의 순차적인 과정으로 구성된다. 이는 멘토코치의 체계적인 개입과 훈련자의 단계별 성장을 통합적으로 관리할 수 있도록 설계된 교육학적 프레임워크이다.

가. 코칭역량 점검 및 훈련 절차와 방법

- ◆ 코칭역량 수준 점검
  - ▸ 멘토코치가 고객 역할을 하고, 훈련자가 코치가 되어 코칭 시연
  - ▸ 시연은 훈련자의 스마트폰으로 녹음
  - ▸ 역량 수준을 점검하고, 이후 코치더코치 훈련 방향 설정
- ◆ 각론 훈련
  - ▸ 멘토코치가 먼저 역량별 개념과 기술을 설명하고 시범
  - ▸ 훈련자는 돌아가며 실습에 참여
  - ▸ 또는 훈련자가 코치 역할을 하고, 멘토코치가 고객 역할을 수행하며 실습하는 방식도 병행 가능

◆ 종합 훈련

▶ 코치-고객-관찰자의 역할과 순서를 정하고, 실제 코칭 시연을 통해 종합적인 훈련 진행

◆ 코칭역량 점검

▶ 시연 종료 후, 관찰에 기반한 점검표 작성

▶ 피드GROW 기반 피드백

▶ 차기 일정 협의

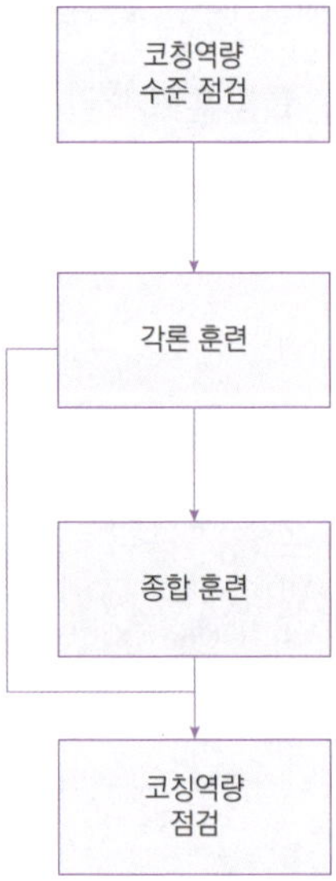

• 그림 51 • 수퍼비전 프로세스: 공통

나. 자격별 훈련목표와 내용

수퍼비전 체계는 KAC, KPC, KSC의 세 자격 수준별로 설계된 3단계 수퍼비전으로 체계화되며, 각 자격 수준에 적합한 차별화된 훈련목표와 내용을 제시한다. 특히, 각 단계는 각론 훈련에서 종합 훈련으로 이어지는 통합적 발전 과정에 따라 정렬되어 있으며, 훈련자의 성숙도에 따라 점진적인 역량 성장을 도모할 수 있도록 설계되어 있다.

표 58 자격별 훈련목표와 내용

자격	훈련목표	각론 훈련	종합 훈련
KSC	**◆ 맥락적 코칭대화와 관점전환 체득** ▶ 코칭기술 심화 • 맥락적 경청 습득 및 숙달 • 관점전환 습득 및 숙달: Chunk Shift ▶ 구조화 vs. 비구조화 분별 역량 함양 ▶ 원포인트 대화 습득 및 숙달 ▶ 고객과 함께 춤을	1. 존재중심과 호기심 습득 2. Chunk Shift 습득 3. 코칭대화 맥락 습득	4. 정교한 반구조화 대화

자격	훈련목표	각론 훈련	종합 훈련
KPC	◆ **공감경청과 의미확장 체득** ◆ **다회기 코칭역량 체득** ▶ 코칭기술 전문화 • 공감경청 심화 • 의미확장 습득 및 숙달: Chunk Up/Down ▶ 다회기 코칭역량 체득 • 코칭 과정관리 및 성과관리 역량 함양	1. 공감경청 심화 2.1. Chunk Up 습득 2.2. Chunk Down 습득 3. 목표설정 역량 습득 4. 다회기 코칭역량 습득 ▶ 코칭 과정관리/성과관리 (측정도구 포함)	5. 반구조화 대화
KAC	◆ **코칭언어 습득과 숙달 및 내재화** ▶ 코칭기술 습득 및 숙달 • 질문/경청/알아주기 ▶ 나의 코칭대화모델 구축 • IGROW 대화모델	1. 질문 언어 2. 경청 언어 3. 알아주기 언어 4. 코칭 기초지식	5. 구조화 대화

3.2 수퍼비전 1단계: KAC

KAC 수준의 수퍼비전은 총 네 가지 절차로 구성되며, 기초이론과 언어 중심의 기초 코칭역량을 함양하고 코칭대화 모델을 습득하는 데 중점을 둔다.

가. 수퍼비전 프로세스

- ◆ 첫째, 나의 코칭대화 모델 확정:
  - ▶ 훈련자는 멘토코치의 피드백을 바탕으로, 자신의 코칭대화 모델을 명확히 구성한다.
  - ▶ 이 모델은 바람직한 코칭언어와 대화 맥락으로 구성되어야 하며, 이후 모든 실습에서 일관되게 적용되어야 한다.
  - ▶ 코칭언어와 대화 흐름을 명확히 정립함으로써, 실습 전반에서 시행착오를 줄이고, 코치로서의 바람직한 태도 형성에 도움이 된다.
- ◆ 둘째, 코칭대화 실습 및 녹취록 작성·검토:
  - ▶ 훈련자는 코칭대화 실습을 진행하고, 해당 세션을 스마트폰으로 녹음한 뒤 녹취록을 작성한다.

- ▶ 멘토코치는 녹취록을 검토하여 구체적인 피드백을 제공하며, 훈련자는 이를 통해 자신의 대화 흐름을 메타인지하는 계기를 갖는다.
- ▶ 2~3회의 반복 훈련은 바람직한 언어 습관 개선과 질문 기술 습득, 그리고 대화 흐름 내재화에 실질적인 효과를 준다.

◆ 셋째, 코치더코치 실시:

- ▶ 일반적으로 2~3주 간격으로 실시되며, 최대 26시간까지 진행될 수 있다.
- ▶ 훈련자는 피드백 내용을 기반으로 실습에 개선사항을 적용하고, 다음 코치더코치까지의 기간 동안 이를 내재화한다.
- ▶ 이 과정은 언어 사용의 숙달과 기술 습득의 핵심적인 과정으로 실질적인 성장의 전환점을 제공한다.

◆ 넷째, 기초이론 학습 및 공유:

- ▶ 훈련자는 코칭에 필요한 기초 이론서 및 참고 자료를 독서한 후 요약 정리하고, 동료들과 내용을 공유한다.
- ▶ 이 과정을 통해 이론과 실무를 기초부터 체계화하고, 코칭 철학에 대한 이해를 넓힐 수 있다.
- ▶ 코칭대화 맥락의 이론적 이해를 강화하여 코칭역량의 기반을 단단히 다질 수 있다.

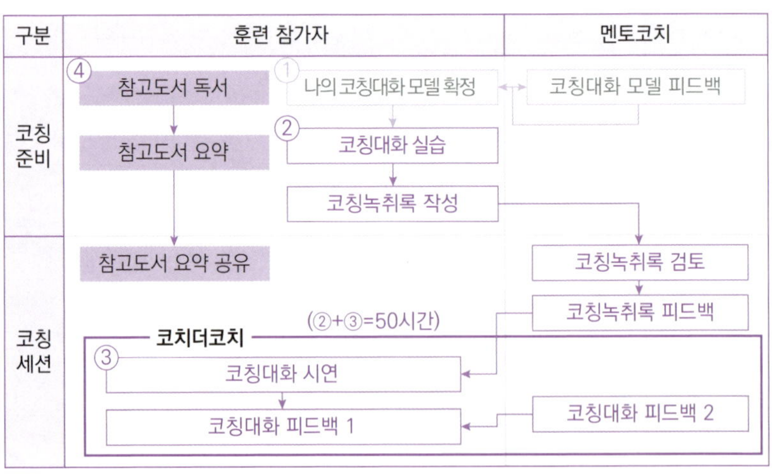

• 그림 52 • 수퍼비전 프로세스: KAC

나. 코칭 실습 계획 수립: 실습 목표 및 계획

- ◆ KAC 도전 목표설정
  - ▶ KAC 응시 서류 접수일을 목표로 설정한다.
  - ▶ 해당 날짜 이전까지 코칭 실습 50시간 및 교육 이수 요건을 모두 충족해야 하므로, 목표일로부터 역산하여 실습 일정을 계획한다.
- ◆ 현재 상황 점검
  - ▶ 교육 이수 시간: 기준 20시간 (수료일 포함)
  - ▶ 코칭 실습 누적 시간: 총 50시간 확보 필요
- ◆ GAP 분석 및 실습 목표설정
  - ▶ 목표 대비 남은 기간을 산출하고, 필요한 실습 시간과 주당 평균 실습 시간을 산정한다.
  - ▶ 주당 평균 실습 시간에 따라 주간 목표 실습량을 계획한다.

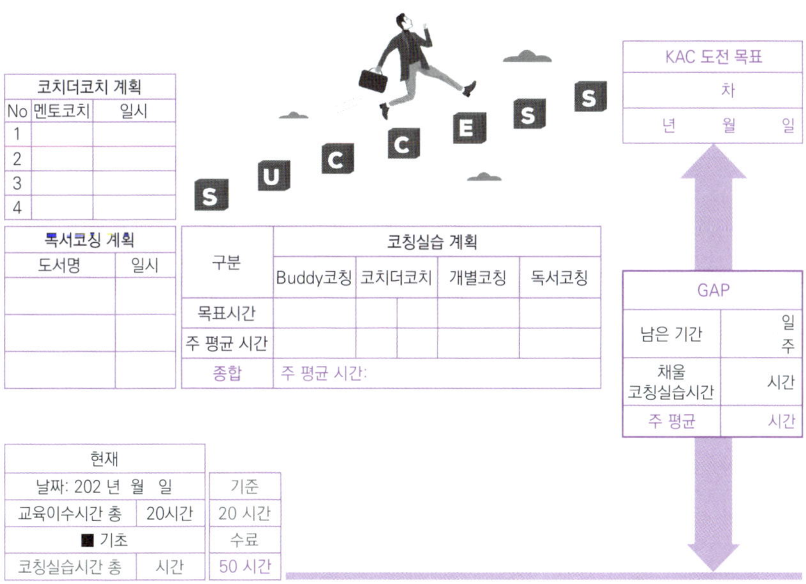

• 그림 53 • 코칭실습 목표 및 계획: KAC

- ◆ 세부 실습 계획 수립
  - ▶ 코치더코치 계획: 2~3주 간격으로, 누구에게 언제 받을지 구체적으로 계획한다.

▸ 독서코칭 계획: 멘토코치가 추천한 도서에 대해 독서 계획을 수립한다.

▸ 코칭실습 계획: Buddy코칭, 코치더코치, 개별코칭, 독서코칭을 통합하여 총 50시간을 균형 있게 배분한다.

이와 같은 실습 목표 및 계획 수립은 KAC 도전을 위한 체계적인 준비의 핵심이며, 주간 실습량을 현실적으로 조절하고 관리하는 데 필수적인 역할을 한다.

다. 14주 훈련 일정 운영

◆ 운영 구조

▸ 멘토코치 1명이 훈련자 1~2명을 담당하며, 총 5회의 수퍼비전을 제공한다.

▸ 수퍼비전 중 1회는 멘토코칭, 나머지는 코치더코치로 진행한다.

▸ 코치더코치는 2~3주 간격으로 실시하며, 훈련자의 역량 수준과 학습 속도에 따라 유연하게 조정할 수 있다.

◆ 훈련 일정의 유연한 운영

▸ KAC 인증 시기와 훈련자의 실습 진도에 맞춰 훈련 일정은 융통성 있게 운영되어야 한다.

▸ 주간 실습 목표는 GAP 분석을 통해 산출된 평균 실습 시간을 기준으로 설정한다.

표 59 KAC 14주 훈련 일정 계획 예시

구분	1주	2주	3주	4주	5주	6주	7주	8주	9주	10주	11주	12주	13주	14주	합계
연습	3	3	3	3	3	3	3	3	3	3	3	3	3	3	42
코치더코치		2			2			2			2			2	10
합계															52

이와 같은 14주 훈련 일정 계획은 훈련자에게 예측 가능한 훈련 흐름과 주간 실습 리듬을 제공하며, KAC 자격 준비를 위한 핵심적인 기반이 된다.

라. 수퍼비전 점검 포인트

KAC 수퍼비전은 기초이론 기반 언어 훈련에 초점을 맞추어 훈련하고 점검하는 것이 바람직하다.

① 바람직한 코칭 태도와 언어를 습득 및 숙달하였는가?

- 상하관계의 태도와 언어(가명무충) → 수평적 파트너십의 태도와 언어로 전환
- 지나친 기대감의 태도와 언어(비판강당) → 신뢰와 안전감의 태도와 언어로 전환

② 바람직한 질문 언어를 습득 및 숙달하였는가?

- 열린 질문, 긍정 질문, 미래 질문, 가정법 질문, 중립 질문, 소망 질문, 가능성 질문

③ 상대중심의 경청 언어를 습득 및 숙달하였는가?

- 외적 경청: Eye Contact(눈 맞추기), Mirroring(끄덕이기), Pacing(추임새: "아, 그렇군요"), Backtracking(요약 확인)
- 공감경청 언어

④ 알아주기 언어를 습득 및 숙달하였는가?

- 긍정적 반응, 감탄과 사실인정, 인정과 칭찬
- 코칭대화 훈련: 코칭대화 모델을 습득 및 숙달하였는가?

⑤ IGROW 코칭대화 모델의 목적과 맥락 이해

이와 같은 수퍼비전 1단계는 KAC 자격 취득을 위한 실질적인 기반을 구축함과 동시에, 이후 KPC와 KSC로 이어지는 고도화 훈련의 준비 단계로서 핵심적인 역할을 수행한다.

이와 같은 수퍼비전 1단계는 KAC 수준에서 요구되는 기초이론과 언어 중심의 코칭역량을 탄탄하게 다지는 단계이며, 체계적인 계획과 피드백 기반 실습은 KAC 훈련의 성공 가능성을 실질적으로 높여 준다. 이후 KPC와 KSC로 이어지는 심화 및 고도화 훈련의 준비 단계로서 핵심적인 과정인 동시에 중요한 출발점이 된다.

3.3 수퍼비전 2단계: KPC

KPC 자격은 KAC 자격을 취득한 후, 최소 1년간의 훈련 기간과 최소 300시간의 실전 코칭 경험을 요구한다. 이 과정에서 KPC 수준의 수퍼비전은 전문이론과 코칭기술 중심의 전문 역량 함양과 반구조화된 코칭대화의 내재화를 목표로 한다. 또한, 실습과 이론을 유기적으로 연계함으로써 코칭의 전문성과 실전성을 강화하는 데 중점을 둔다. 본 수퍼비전 과정은 다음과 같이 네 단계로 진행된다.

가. 수퍼비전 프로세스

◆ 첫째, 코칭대화 실습:

▶ 훈련자는 KPC 수준에 적합한 코칭기술을 바탕으로 반구조화된 코칭대화를 실습한다.

▶ 이를 통해 구조화 속성의 역량요소(코칭기술)와 비구조화 속성의 역동요소(상호작용)를 유기적으로 통합하는 역량을 강화한다.

◆ 둘째, 녹취록 및 코칭보고서 작성·검토:

▶ 훈련자는 실습 내용을 스마트폰으로 녹음하고, 이를 바탕으로 녹취록과 코칭보고서를 작성한다.

▶ 멘토코치는 이를 검토하고, 구체적인 피드백을 제공하여 훈련자가 자신의 대화 흐름을 메타인지하고 개선할 수 있도록 돕는다.

▶ 최소 2~3회의 반복 실습과 검토 과정을 통해 반구조화 대화의 완성도를 높인다.

◆ 셋째, 코치더코치 실시:

▶ 코치더코치는 2~3주 간격으로 시행되며, KPC 응시 요건에 따라 5회를 진행해야 한다. 물론 필요에 따라 더 많은 횟수도 가능하다.

▶ 훈련자는 피드백을 반영해 실습에 적용하면서 이를 반복하고 내재화한다.

▶ 이 단계는 시행착오를 줄이면서 실전적인 기술 습득과 전문성을 강화하는 핵심 훈련 단계이자 중요한 성장의 전환점이다.

▶ 코치더코치와 병행하여 멘토코칭 또한 5회 진행하는 것이 필수이다.

▶ 특히, 코치더코치는 동일 멘토코치에게 최소 3회, 나머지 2회는 다른 멘토코치에게 받는 것이 효과적이다. 이는 코칭기술을 일관성 있게 충분히 전수받기 위함이다.

▶ 반면, 멘토코칭은 여러 명의 멘토코치에게 골고루 받는 것을 권장한다. 코칭의 다양한 스타일과 접근, 느낌을 체험하는 것은 향후 코치로서의 역량 확장에 큰 도움이 되기 때문이다.

◆ 넷째, 전문이론 및 지식 학습:

▶ 훈련자는 코칭에 필요한 전문 이론서 및 참고 문헌을 읽고 요약한 뒤, 동료들과 내용을 공유한다.

▶ 이를 통해 코칭 이론과 실무를 균형 있게 체계화하고, 코칭에 대한 철학적·이론적 기반을 심화한다.

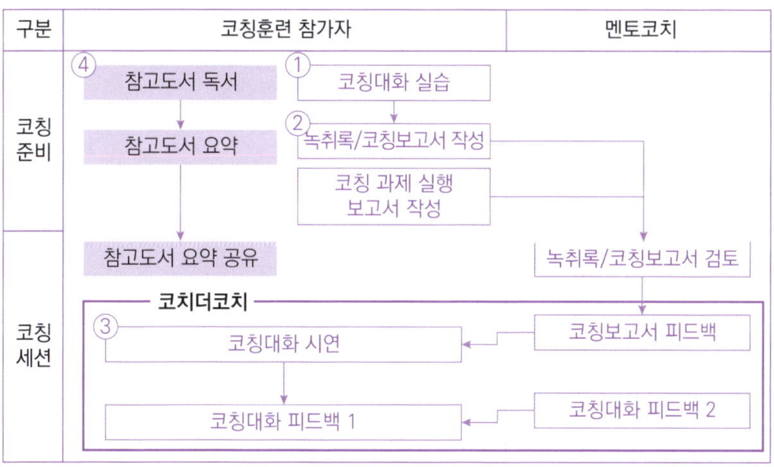

• 그림 54 • 수퍼비전 프로세스: KPC

이와 같은 수퍼비전 2단계는 KPC 자격에 요구되는 전문지식과 기술 중심의 코칭역량을 내재화하고, 코칭보고서를 기반으로 코칭 과정과 성과를 체계적으로 관리하는 역량을 실전적으로 향상시키는 데 필수적인 훈련 체계이다.

나. 수퍼비전 점검 포인트

KPC 수퍼비전은 다음의 여섯 가지 항목에 따라, 훈련자의 전문성과 기술 적용 능력을 종합적으로 진단한다. 이 점검은 기본적으로 KAC 단계에서 형성된 기초이론 및 언어 역량을 바탕으로, 내재화된 전문성을 점검하는 방법론으로 기능한다.

① KCA 8가지 코칭역량을 이해하였는가?

- ▶ KCA 코칭역량 체계 전반에 대한 통합적 이해 수준을 점검한다.
- ▶ 핵심요소를 코칭대화로 전환할 수 있는지 확인함으로써, 이론의 실제 적용 능력을 점검한다.
- ▶ 코칭 전문가로서의 기본적인 이론 기반과 실무 연계 능력을 종합적으로 점검하는 항목이다.

② 기초기술이 얼마나 탄탄한가?

- ▶ 수평적 파트너십의 태도와 언어, 신뢰와 안전감의 태도와 언어로의 전환 능력을 점검한다.
- ▶ 바람직한 질문 언어, 상대중심 경청 언어, 알아주기 언어 등을 통합적으로 활용할 수 있는지 점검한다.
- ▶ KAC 수준의 기초 기술을 바탕으로, 보다 정교하고 전문화된 기술 적용 능력을 점검한다.

③ 공감경청을 습득 및 숙달하였는가?

- ▶ 사실과 인식(해석)을 구분하고, 객관적 정보와 주관적 해석을 분별할 수 있는지 점검한다.
- ▶ 코칭고객의 표현에서 사실 기반의 감정, 욕구, 의도를 공감하고 파악할 수 있는지 점검한다.
- ▶ 표면적 언어 이면의 심층 의미를 감지하고 해석하는 능력을 중점적으로 점검한다.

④ 의미확장을 습득 및 숙달하였는가?

- ▶ Chunk up/down 기법을 활용하여 개념의 확장과 구체화를 유연하게 수행

할 수 있는지 점검한다.

- Chunk up: 상위 개념으로의 의미확장
- Chunk down: 하위 개념으로의 구체화
- 코칭고객의 사고 패턴을 다각도로 확장시키는 전문적인 개입 능력을 점검한다.

⑤ 목표설정 역량을 습득 및 숙달하였는가?

- 목표의 위계 구조를 이해하고, 맥락적으로 정렬된 목표를 수립할 수 있는지 점검한다.
- 코칭목표: 코칭고객의 전체적이고 궁극적인 코칭 목적과 방향
- 실행목표: 코칭고객의 실제적이고 측정 가능한 행동 목표
- 코칭세션목표: 코치의 개별 세션의 구체적 달성 목표
- 수단가치에서 목적가치로, 피상적 주제에서 진짜 주제로 전환할 수 있는지 점검한다.

⑥ 코칭대화 훈련: 코칭대화 모델을 습득 및 숙달하였는가?

- IGROW 모델 기반의 반구조화 코칭대화 모델을 바탕으로, 목표지향적인 코칭대화를 효과적으로 운영할 수 있는지 점검한다.
- 모델 기반의 대화를 체계적으로 관리하고, 대화의 흐름을 통합적으로 조율할 수 있는지 점검한다.
- 전문적인 코칭세션 운영 역량과 대화 흐름 조정 능력을 종합적으로 점검하는 항목이다.

이러한 점검 포인트는 KPC 훈련자가 자격 취득에 요구되는 전문성과 일관성을 갖추었는지 확인하는 핵심적인 기준으로 작용한다.

3.4 수퍼비전 3단계: KSC

KSC 자격은 KPC 자격을 취득한 후, 최소 2년간의 훈련 기간을 거쳐야 하며, 누적 1,500시간의 코칭 임상 경험을 요구한다. 이 기간 동안 진행되는 KSC 수퍼

비전은 훈련자의 근접이론과 원리에 기반한 존재중심 역량, 그리고 상호작용을 기반으로 한 정교한 반구조화 코칭대화 역량을 종합적으로 진단하고 고도화하는 훈련 체계이다. 이는 KAC 단계에서 형성된 기초이론과 언어 중심의 역량과 태도, KPC 단계에서 축적된 전문이론과 기술 중심의 역량을 토대로, 최고 수준의 코칭 전문성을 진단하는 훈련 체계로 기능한다.

가. 수퍼비전 점검 포인트

- ◆ 기초 코칭기술이 얼마나 탄탄한가?
  - ▶ KCA 코칭역량 체계를 바탕으로, 다음과 같은 기초 코칭기술이 충분히 내재화되어 있는지를 점검한다.
  - ▶ 수평적 파트너십의 태도와 언어
  - ▶ 신뢰와 안전감을 형성하는 태도와 언어
  - ▶ 바람직한 질문 언어, 상대중심 경청 언어, 알아주기 언어의 실천
  - ▶ 공감경청, 의미확장, 목표설정 역량의 통합적 활용
- ◆ 존재 중심과 호기심을 얼마나 습득 및 숙달하였는가?
  - ▶ 존재를 향한 호기심: 고객의 주제와 존재 그 자체에 깊은 관심과 질문을 던지는 태도
  - ▶ 존재인정: 고객의 정체성과 본질을 있는 그대로 수용하고 존중하는 태도
- ◆ 관점전환을 얼마나 습득 및 숙달하였는가?
  - ▶ Chunk Shift를 통한 관점전환 능력
  - ▶ Reframing(사고의 전환): 기존의 인식을 다른 시각에서 재구성하거나 가능성을 확대하는 능력
  - ▶ Transformation(변혁적 전환): 감정, 욕구, 존재의 단계에서 근본적인 인식의 전환을 이끌어내는 능력
- ◆ 맥락적 코칭대화를 얼마나 습득 및 숙달하였는가?
  - ▶ 코칭대화의 맥락에 대한 이해: 상황과 흐름에 맞는 언어 선택과 개입
  - ▶ 구조화와 비구조화의 분별: 대화의 유연성과 목표 지향성을 동시에 유지하는 능력

▶ 정교한 반구조화 대화의 구사: 모델을 기반으로 하되, 코치-고객 상호작용의 흐름을 반영

▶ 고객과 춤추듯이 대화하는 역량: 고객의 흐름을 따르면서도 코칭의 리듬을 함께 만들어 가는 유연한 대화 운영 능력

이러한 점검 항목들은 KSC 수준에서 요구되는 고차원적 존재 중심 코칭역량, 정서적 직관력, 전문적 기술 운용 능력, 상호작용을 통한 정교한 언어 활용 능력 등을 종합적으로 진단하는 핵심 기준으로 작용한다. 이를 통해 코치는 코칭의 본질적 깊이와 정교한 전문성을 동시에 갖춘 수퍼바이저로 성장하게 된다.

4 코치더코치 실무

코치더코치는 1:1, 2:1, 3:1에서 최대 5:1까지 다양한 형태로 운영이 가능하다. KCA에서는 1:1 또는 2:1 형태를 권장하는데, 이는 2:1까지가 코치더코치의 효과가 가장 크기 때문이다.

가. 코치더코치: 2인 1조 체계

코칭대화 시연을 중심으로 한 삼각 구조에서 실습자와 파트너가 역할 교대를 통해 상호 실습하며, 멘토코치는 메타 관찰자로서 전문적인 지도를 제공한다.

◆ 핵심 참여자 구성

▶ A: 실습자(코치) - 코칭 시연

▶ B: 파트너(고객) - 코칭세션의 고객 역할

▶ 멘토코치 - 전체 과정을 관찰하고 분석하며, 종합적인 피드백 제공

◆ 피드GROW 순서

① B: 파트너(고객 역할)

▶ 코칭고객 입장에서의 직접적 경험 공유

▶ 코칭 과정에서 느낀 변화와 통찰 공유

▶ 코멘트 및 코칭 소감 발표

② A: 실습자(코치 역할)

▶ 코칭 실행 과정에서의 자기 성찰과 학습 포인트 정리

▶ 기술 적용의 어려움과 성취감 표현

▶ 코멘트 및 소감 발표

③ 멘토코치

▶ 종합 피드GROW

▶ 전문가적 관점에서의 통합적 분석과 발전 방향 제시

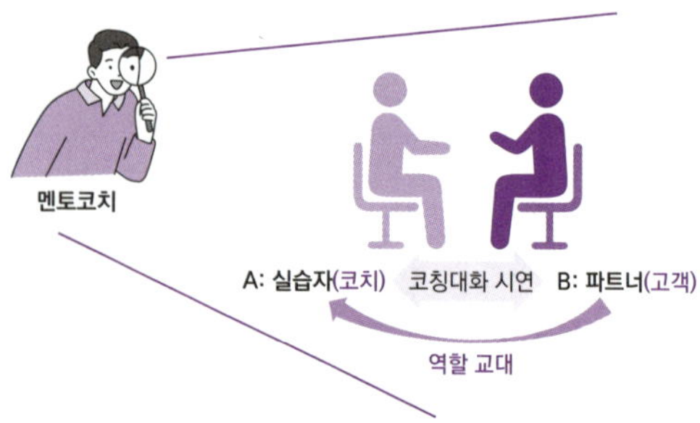

• 그림 55 • 2인 1조 코치더코치

◆ 피드GROW 내용과 순서

① 최고/최저 점수 중 최대 3개 항목 선택

코칭세션에서 가장 효과적이었던 순간 식별

개선이 필요한 핵심 영역 식별

② 순서: 역량요소 → 역동요소 → 감점요소 → 총평

나. 코치더코치: 3인 1조 체계

3인 1조 체계는 역할 교대를 통한 다면적 학습 경험을 제공하며, 각 참여자가 코치-코칭고객-관찰자의 세 가지 관점을 모두 경험할 수 있는 순환적 구조를 갖는다. 이러한 체계는 코칭세션의 다층적 이해와 통합적 역량 개발을 촉진한다.

◆ 핵심 참여자 구성

▶ A: 실습자(코치) – 코칭 시연

▶ B: 파트너(고객) – 코칭세션의 고객 역할

▶ C: 관찰자 – 코칭 시연 과정을 관찰하고, 피드백 제공

▶ 멘토코치 – 전체 과정을 관찰하고 분석하며, 종합적인 피드백 제공

◆ 피드GROW 순서

① B: 파트너(고객 역할)

▶ 코칭고객 입장에서 의 직접적 경험 공유

▶ 코칭 과정에서 느낀 변화와 통찰 공유

▶ 코멘트 및 코칭 소감 발표

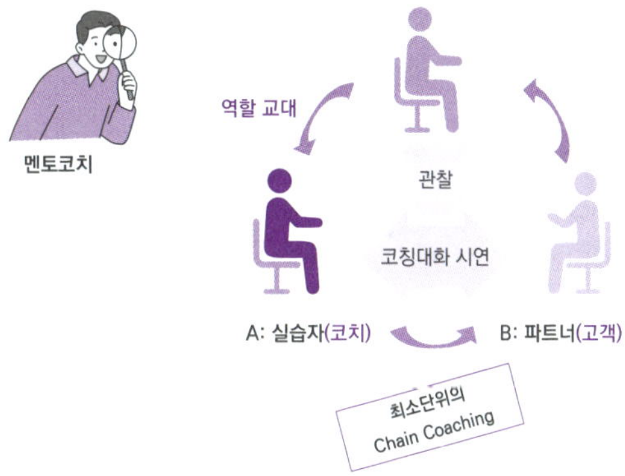

• 그림 56 • 3인 1조 코치더코치

② C: 관찰자

▶ 객관적 관찰자 시각에서의 분석적 피드백

▶ 코칭기술 적용의 효과성과 개선점 제시

▶ 전체적 세션 역동성에 대한 느낌 공유

③ A: 실습자(코치 역할)

▶ 코칭 실행 과정에서의 자기 성찰과 학습 포인트 정리

▶ 기술 적용의 어려움과 성취감 표현

▶ 코멘트 및 소감 발표

④ 멘토코치

▶ 종합 피드GROW

▶ 전문가적 관점에서의 통합적 분석과 발전 방향 제시

◆ 피드GROW 내용과 순서

① 최고/최저 점수 중 최대 3개 항목 선택

▶ 코칭세션에서 가장 효과적이었던 순간 식별

▶ 개선이 필요한 핵심 영역 식별

② 순서: 역량요소 → 역동요소 → 감점요소 → 종평

다. 피드GROW 기반 코치더코치

점검 항목을 바탕으로 최고 점수와 최저 점수를 받은 핵심요소 중 3개를 선택하여, 해당 피드GROW 양식의 항목에 맞추어 작성한 후 훈련자에게 피드백을 제공한다.

- 코멘트는 양식의 순서에 따라 다음과 같은 순서로 작성한다:
  → 역량요소 → 역동요소 → 감점요소 → 총평

표 60 피드GROW 기반 코치더코치

피드GROW 항목		내용
역량 요소	긍정적인 Point	
	개선 Point	
역동 요소	코칭세션 운영	
	코치의 질문	
	고객의 반응	
감점 요소	긍정적인 Point	
	개선 Point	
총평		

5 코칭 실습 방법

코칭 실습은 Peer 코칭(Buddy 코칭), Chain 코칭, 개별 코칭, 코칭 참관의 네 가지 방법으로 운영된다. 멘토코치는 훈련자의 상황에 따라 이 네 가지 실습 방법을 적절히 병행하여 운영하는 것이 바람직하다.

가. Peer 코칭(Buddy 코칭)

Peer 코칭은 Buddy 코칭이라고도 하며, 코칭훈련자 2인이 1조를 이루어 코치와 고객 역할을 교대로 수행하면서 양방향으로 코칭 실습을 진행하는 방식이다. 이는 동등한 수준의 훈련자들이 상호 간의 역할을 전환함으로써 다면적인 학습 경험을 쌓게 하는 교육학적 모델이다.

- ◆ 유연한 운영 구조
  - ▶ 기본 구성: 훈련자가 5명일 경우, 총 10개의 조합으로 실습 가능

    (예: 1-2, 2-3, 3-4, 4-5, 5-1, 1-3, 1-4, 2-4, 2-5, 3-5)
  - ▶ 확장성: 참여 인원이 많아질수록 조합 수와 실습 기회의 폭이 넓어짐
- ◆ 적용 범위
  - ▶ 코칭대화 기술 중심의 1회기 단위 코칭 실습 훈련에 적합
  - ▶ KCA 기준에 따라 무료 코칭으로만 인정됨

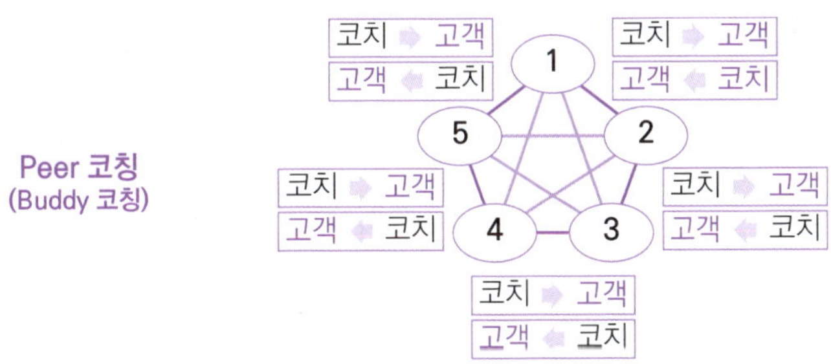

• 그림 57 • Peer 코칭

나. Chain 코칭

Chain 코칭은 코칭훈련자 간에 한 방향으로만 코칭을 실습하는 체계적 방법론이다. 이 방식은 일방향적 학습 흐름을 통해 다회기 코칭에 필요한 실전 역량을 키우는 교육학적 모델이다.

- ◆ 다회기 코칭훈련에 특화된 모델
  - ▶ 핵심 특징: 다회기 코칭훈련에 적합한 구조적 설계
  - ▶ 유료 코칭 인정 가능: KCA 기준에 따라 유료 코칭으로 인정되는 실습 환경
  - ▶ 차별화 요소: Buddy(Peer) 코칭과 구분되는 고도화된 실습 모델

◆ KPC 단계에 최적화된 설계

▶ 핵심 권장사항: KPC를 위한 코칭 실습은 Chain 코칭의 비중을 높여, 다회기 코칭 중심의 실습 환경을 제공하는 것이 바람직함

▶ 전문성 심화: 단순한 기술 연습을 넘어, 코칭 과정관리 및 성과관리 등 실무 역량 개발로 확장이 가능한 전문적 훈련 방식

◆ 순차적 연결 시스템: 4회기 코칭 기준

▶ 예를 들어 2번 훈련자는 다음과 같은 이중적 역할을 수행한다.

▶ 1번에게 고객이 되어 코칭만 받음: 1~2개월 동안 매주(또는 격주) 1회, 총 4회 코칭을 받음

▶ 3번에게 코치가 되어 코칭만 제공: 1~2개월 동안 매주(또는 격주) 1회, 총 4회 코칭 실시

▶ 이러한 구조를 통해 각 훈련자는 전문적인 코칭 관계의 지속성과 깊이를 경험하게 된다.

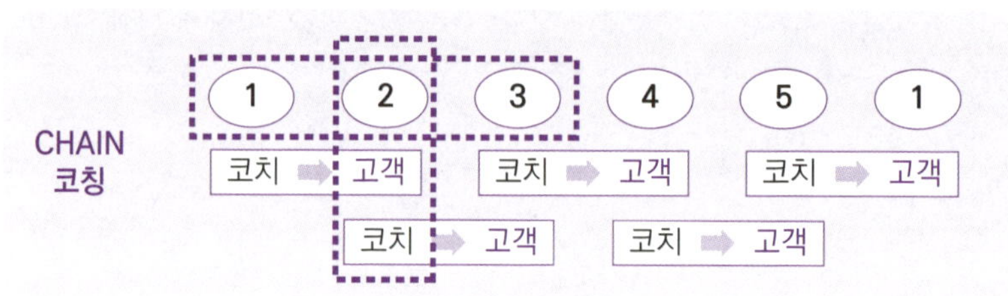

• 그림 58 • Chain 코칭

다. 개별 코칭

개별 코칭은 코칭훈련자가 자신의 지인에게 개별적으로 제공하는 코칭으로, 실제 현장과 유사한 환경에서 실무 역량을 개발하는 데 중점을 둔다. 이는 통제된 실습 환경을 벗어나 실제적 코칭 상황에 적응하며 전문성을 기를 수 있도록 돕는 교육학적 접근 방식이다.

◆ 다양한 코칭 형태의 포괄

- ▶ 유료 코칭: 전문적 서비스 제공을 통한 실무 경험을 축적하는 방식
- ▶ 유료 코칭 인정 기준: KCA 기준에 따라 현금은 물론, 커피, 식사, 선물 등 모든 유형의 물질적인 대가는 유료 코칭으로 인정됨
- ▶ KPC 응시 요건: KCA는 KPC 자격 응시를 위해 100시간 이상의 유료 코칭을 의무화하고 있음
- ▶ 무료 코칭: 사회적 기여와 학습을 결합한 봉사 기반의 실습 형태로 운영 가능

개별 코칭은 단순한 실습을 넘어, 전문 코치로 성장하고 코칭 시장에 진입하기 위한 교육적 핵심 과정으로 기능한다. 유료 및 무료 코칭 모두 실행 가능하지만, KPC 응시 요건에 따라 체계적인 실무 기반 훈련 과정으로 자리 잡고 있으며, 훈련자의 상황에 따른 융통성 있는 운영도 함께 고려된다.

라. 코칭 참관

코칭 참관은 코칭훈련자가 실제 코칭 프로젝트에 보조 코치로 참여하여 멘토코치를 지원하면서 훈련받는 방식이다. 이는 코칭대화 실습이 아닌 실제 코칭 현장에서 멘토코치와 코칭고객 간의 역동을 직접 관찰하고 경험할 수 있는 의미 있는 학습 기회로서 효과적이다. 다만, 이러한 기회를 확보하기가 쉽지 않다는 점은 한계로 지적된다. 한편, 코칭 참관은 유료 코칭으로 인정된다.

부록 1

KCA 코칭역량 vs. ICF 코칭역량

1 KCA vs. ICF

국제적으로 널리 인정받는 ICF(International Coaching Federation, 국제코칭연맹)의 코칭역량 체계와 KCA의 코칭역량 체계를 비교함으로써, KCA 코칭역량의 글로벌 표준과의 연계성과 한국적 특성을 이해할 수 있다.

KCA와 ICF의 역량군은 코치다움(Being)과 코칭다움(Doing)이라는 동일한 개념으로 구성되어 있으며, 이 두 역량군은 코칭역량의 핵심을 이룬다. 코치다움(Being)은 코치의 품성과 태도를, 코칭다움(Doing)은 코칭 프로세스와 기술 실행을 의미한다.

KCA는 코치다움과 코칭다움 역량을 각각 4개씩 배치하여, 코치의 품성 및 태도와 전문적 실행 역량에 동일한 비중을 두고 균형 있게 중시한다. 반면, ICF는 코치다움 역량 2개, 코칭다움 역량 6개로 구성되어 있어 코칭 프로세스 중심의 구조를 채택하고 있다.

KCA 코칭다움 역량은 4개로 ICF 코칭다움 역량 6개에 비해 구조는 간결하지만, KCA의 4단계 코칭 프로세스는 단순하면서도 효과적으로 코칭성과를 창출할 수 있는 실용적인 체계로 평가된다.

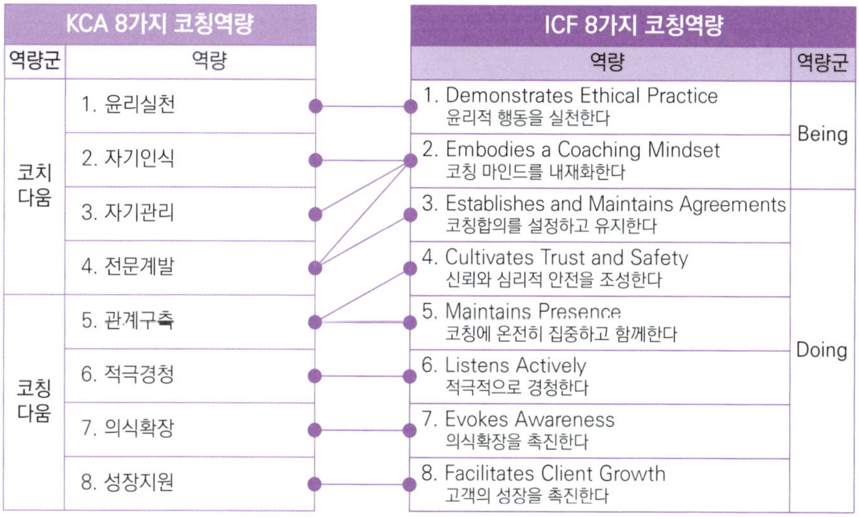

• 그림 59 • KCA 코칭역량 vs. ICF 코칭역량

1.1 역량 체계의 구조적 비교

KCA와 ICF의 코칭역량 체계는 구조적 측면에서 여러 유사점과 차이점을 보인다:

가. 공통점

- 둘 다 8가지 핵심 역량으로 구성되어 있다.
- 역량을 역량군으로 분류하는 체계를 갖추고 있다.
- 역량을 세부 요소로 분해하여 구체화하는 접근을 취한다.

나. 차이점

- KCA는 '코치다움'과 '코칭다움'으로 역량군을 구분하는 반면, ICF는 'Being'과 'Doing'으로 구분한다.
- KCA는 행동지표 중심의 보다 상세한 체계를 갖추고 있다.
- ICF는 최근(2019년) 역량 체계를 개정하여 기존 11개 역량에서 8개 역량으로 재구성하였다.

1.2 역량 내용의 비교

KCA와 ICF의 개별 역량을 비교하면 다음과 같은 대응 관계를 볼 수 있다:

가. 코치다움/Being 역량군

- KCA: 윤리실천, 자기인식, 자기관리, 전문계발
- ICF: 윤리적 실천을 보여 준다, 코칭 마인드를 함양한다.

나. 코칭다움/Doing 역량군

- KCA: 관계구축, 적극경청, 의식확장, 성장지원
- ICF: 계약을 체결하고 유지한다, 신뢰와 안전을 조성한다, 프레즌스를 유지한다, 적극적으로 경청한다, 알아차림을 불러일으킨다, 고객의 성장을 촉진한다.

두 체계는 기본적인 코칭역량의 개념과 내용에서 상당한 유사성을 보이지만, 강조점과 세부 항목에서 차이를 보인다. KCA는 코치의 자기인식과 자기관리를 별도의 역량으로 강조하는 반면, ICF는 이를 '코칭 마인드 함양'에 포함시키고 있다. 또한 ICF는 '계약 체결과 유지'를 별도 역량으로 강조하는 반면, KCA는 이를 '전문계발' 역량의 일부로 다루고 있다.

1.3 역량 체계의 진화

KCA와 ICF의 코칭역량 체계는 모두 코칭 분야의 발전에 따라 지속적으로 진화하고 있다:

가. ICF 역량 체계의 진화

- 2019년에 기존 11개 역량에서 8개 역량으로 재구성
- 기존의 기술 중심에서 존재(being)와 행동(doing)의 균형으로 변화
- 코칭의 직관적, 통합적 측면을 강조하는 방향으로 발전

나. KCA 역량 체계의 특성

- 한국적 코칭 맥락과 문화를 반영한 역량 체계
- ICF의 글로벌 표준을 수용하면서도 한국 코칭 환경에 맞게 재해석
- 코치다움과 코칭다움의 균형을 강조하는 독특한 관점 제시

두 역량 체계는 서로 다른 맥락에서 발전해 왔지만, 코칭의 본질에 대한 이해와 효과적인 코칭 실무를 위한 역량 정의에서 많은 공통점을 공유한다. 글로벌 표준과의 연계성을 유지하면서도 한국적 특성을 반영한 KCA 코칭역량 체계는, 한국 코치들의 전문성 개발과 코칭 품질 향상에 중요한 기여를 하고 있다.

2 ICF 8가지 코칭역량 요약

ICF의 코칭역량은 두 개의 핵심 축인 코치다움(Being of Coach)과 코칭다움(Doing of Coaching)으로 구분되며, 각 영역은 코치의 품성과 태도, 그리고 코칭 프로세스 실행 능력을 균형 있게 포함한다.

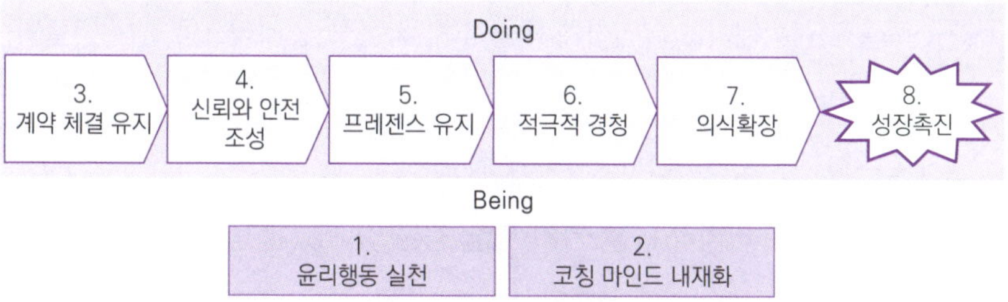

• 그림 60 • ICF 코칭역량 체계

가. 코치다움(Being of Coach)

코치의 내면적 자질과 태도를 중심으로 구성되며, 다음 두 가지 역량을 포함한다.

① 윤리적 행동을 실천한다 (Demonstrates Ethical Practice):

코치로서의 윤리 기준을 일관되게 실천하는 역량

② 코칭 마인드를 내재화한다 (Embodies a Coaching Mindset):

학습자적 자세와 성장 지향적 태도를 지속적으로 유지하는 역량

나. 코칭다움(Doing of Coaching)

실제 코칭세션에서 필요한 전략적 실행과 상호작용 능력을 포함하며, 다음 여섯 가지 역량으로 구성된다.

③ 코칭합의를 설정하고 유지한다 (Establishes and Maintains Agreements)

코칭의 목표, 역할, 책임, 기대치 등을 고객과 명확하게 협의하고,

이를 바탕으로 세션의 방향성과 계약적 합의를 설정 및 지속적으로 조율하는 역량

④ 신뢰와 심리적 안전을 조성한다 (Cultivates Trust and Safety)

고객이 자유롭고 안전하게 표현할 수 있는 환경을 조성하고,

신뢰 기반의 관계 속에서 심리적 안정감과 존중의 분위기를 유지하는 역량

⑤ 코칭에 온전히 집중하고 함께한다 (Maintains Presence)

코칭대화에서 판단 없이 열린 태도로 고객과 온전히 함께하며 몰입하는 역량

즉흥적 상황에서도 유연하게 대응하며, 감정적·인지적으로 깊이 연결되는 것을 포함

⑥ 적극적으로 경청한다 (Listens Actively)

고객의 말뿐 아니라 감정, 가치, 신념 등을 깊이 있게 듣고 반응하며,

고객의 표현 뒤에 있는 진의와 변화를 위한 단서를 주의 깊게 탐색하는 역량

⑦ 의식확장을 촉진한다 (Evokes Awareness)

질문, 피드백, 직면 등을 통해 고객이 스스로 인식의 확장을 경험하도록 돕는 역량

이는 통찰과 자각을 유도하여 행동 변화와 목표설정을 가능하게 함

⑧ 고객의 성장을 촉진한다 (Facilitates Client Growth)

고객이 자발적인 행동 계획을 수립하고 실행에 옮기도록 지원하며, 지속적인 성장과 자기주도적 변화를 일으킬 수 있도록 돕는 역량

이러한 8가지 역량은 코칭의 효과성과 전문성을 확보하기 위한 기준이자, 국제적으로 통용되는 코칭의 핵심 역량 체계로 활용된다.

3 ICF 8가지 코칭역량

3.1 Demonstrates Ethical Practice 윤리적 행동을 실천한다.

Understands and consistently applies coaching ethics and standards of coaching

코칭윤리 및 코칭 기준을 이해하고 이를 일관되게 적용한다.

- Demonstrates integrity 진정성과 정직함을 드러낸다.
- Abides by the ICF Code of Ethics ICF 윤리강령을 준수한다.
- Respects confidentiality 비밀을 존중하고 보호한다.
- Maintains distinctions with other support professions 코칭 이외의 전문적인 지원과 역할을 구분하고 경계를 유지한다.

3.2 Embodies a Coaching Mindset 코칭 마인드를 내재화한다.

Develops and maintains a mindset that is open, curious, flexible and client-centered

개방적이고 호기심이 많으며 유연하고 고객 중심적인 사고 방식을 개발하고 유지한다.

◆ Engages in ongoing learning and development 지속적인 학습과 자기 계발에 적극적으로 참여한다.

◆ Appreciates client autonomy 고객의 자율성을 존중하고 감사하는 태도를 갖는다.

◆ Develops reflective practice 성찰적 실천을 개발하고 지속한다.

3.3 Establishes and Maintains Agreements 코칭합의를 설정하고 유지한다.

Partners with the client, and relevant stakeholders, to create clear agreements about the coaching relationship, process, plans, and goals.

코칭고객 및 관련 이해관계자와 협력하여 코칭 관계, 프로세스, 계획 및 목표에 대한 명확한 합의를 만든다.

Establishes agreements for the overall coaching engagement as well as those for each coaching session.

전체 코칭 참여 과정뿐만 아니라 각 코칭세션에 대한 합의도 설정한다.

◆ Agreement for coaching relationship 코칭 관계에 대한 합의

◆ Agreement for overall coaching plan and goals 전체 코칭 계획 및 목표에 대한 합의

◆ Agreement for session goals and objectives 각 세션의 목표 및 성과에 대한 합의

3.4 Cultivates Trust and Safety 신뢰와 심리적 안전을 조성한다.

With the client to create a safe, supportive environment that allows the client to share freely.

코칭고객과 함께 자유롭게 표현할 수 있는 안전하고 지지적인 환경을 조성한다.

Maintains a relationship of mutual respect and trust.

상호 존중과 신뢰를 기반으로 한 관계를 유지한다.

- Creates a safe, supportive environment 안전하고 지지적인 환경을 조성한다.
- Respects whole person of the client 고객을 온전한 존재로 존중한다.
- Acknowledges the work of the client in the process 코칭 과정에서 고객의 노력과 실행을 인정하고 존중한다.

3.5 Maintains Presence 코칭에 온전히 집중하고 함께한다.

Is fully conscious and present with the client, employing a style that is open, flexible, grounded and confident.

개방적이고 유연하며 중심이 잡히고 자신감 있는 태도로 고객과 함께하며 완전한 몰입 상태를 유지한다.

- Maintains full focus on the client 고객에게 완전히 집중한다.
- Demonstrates curiosity 진심 어린 호기심을 발휘한다.
- Manages emotions 감정을 적절히 관리한다.
- Creates space for reflection 성찰할 수 있는 여지를 마련한다.

3.6 Listens Actively 적극적으로 경청한다.

Focuses on what the client is and is not saying to fully understand what is being communicated in the context of the client systems and to support client self-expression.

코칭고객이 말하는 것과 말하지 않는 것 모두에 주의를 기울이며, 고객의 사고 체계와 맥락 속에서 전달되는 의미를 깊이 이해하고, 고객이 자신을 온전히 표현할 수 있도록 돕는다.

- Engages holistic listening 전체적인 맥락을 고려해 경청한다.
- Reflects back to ensure shared understanding 상호 이해가 이루어졌는지 확인하기 위해 내용을 반영해 되짚는다.
- Integrates understanding of the client to support communication 의사소통을 효과적으로 지원하기 위해 고객에 대한 이해를 통합적으로 활용한다.

3.7 Evokes Awareness 의식확장을 촉진한다.

Facilitates client insight and learning by using tools and techniques such as powerful questioning, silence, metaphor, or analogy.

강력한 질문, 침묵, 은유, 유추 등의 도구와 기법을 활용하여 고객의 통찰과 학습을 촉진한다.

- Asks questions to elicit new insight 새로운 통찰을 이끌어 내기 위해 질문한다.
- Shares observations to support new learning 새로운 학습을 지원하기 위해 관찰을 공유한다.
- Support client in reflection and reframing 고객이 스스로 성찰하고 관점을 재구성할 수 있도록 돕는다.

3.8 Facilitates Client Growth 고객의 성장을 촉진한다.

Partners with the client to transform learning and insight into action.

고객의 학습과 통찰이 행동으로 전환되도록 협력한다.

Promotes client's autonomy in the coaching process.

코칭 과정 전반에서 고객의 자율성을 고취한다.

- Facilitates learning into action 학습이 실질적인 행동으로 이어지도록 촉진한다.
- Respects client autonomy 코칭고객의 자율성을 존중한다.
- Celebrates progress 고객의 진전을 함께 축하한다.
- Partners to close session 세션을 마무리하는 과정에서도 파트너십을 유지한다.

부록 2

『KCA 코칭역량 마스터리』 코치 성장의 새로운 길

『KCA 코칭역량 마스터리』 훈련 프로그램은 본 저작의 내용을 토대로 **[ACPK 심화 과정, ACPK01319]**으로 KCA 인증을 취득하였습니다.

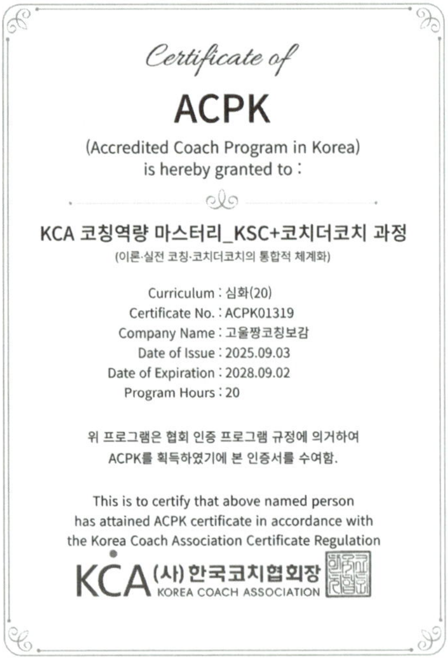

Certificate of

ACPK

(Accredited Coach Program in Korea)
is hereby granted to :

KCA 코칭역량 마스터리_KSC+코치더코치 과정
(이론·실전 코칭·코치더코치의 통합적 체계화)

Curriculum : 심화(20)
Certificate No. : ACPK01319
Company Name : 고울짱코칭보감
Date of Issue : 2025.09.03
Date of Expiration : 2028.09.02
Program Hours : 20

위 프로그램은 협회 인증 프로그램 규정에 의거하여
ACPK를 획득하였기에 본 인증서를 수여함.

This is to certify that above named person
has attained ACPK certificate in accordance with
the Korea Coach Association Certificate Regulation

KCA (사)한국코치협회장
KOREA COACH ASSOCIATION

이 훈련 프로그램은 KCA 코칭역량을 단순히 '이해하는 지식'의 차원을 넘어, 실제 코칭 현장과 수퍼비전 과정 속에서 살아 숨 쉬게 하는 것을 목표로 설계되었습니다. 단계마다 실전 코칭 마스터리와 수퍼비전 마스터리를 경험하며, 코치는 코칭역량이 어떻게 구체적으로 작동하고, 자신의 성장 여정에 어떤 새로운 힘을 불어넣는지를 직접 체감하게 됩니다.

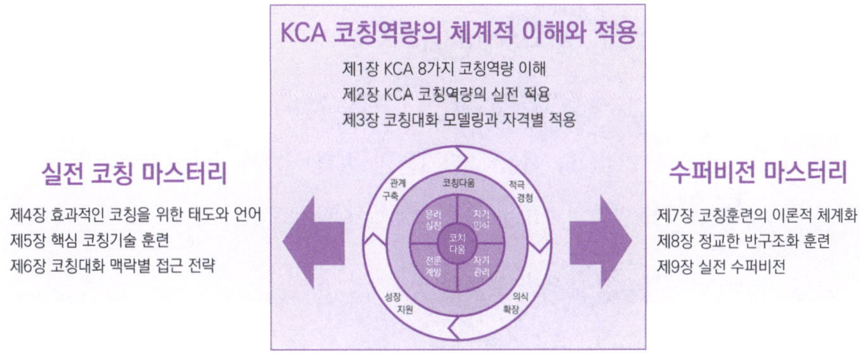

이 프로그램은 코치로서의 길을 더욱 선명하게 비추는 안내서이자, 자신만의 성장 경로를 발견하고 확장해 가는 여정의 든든한 동반자가 될 것입니다. "나의 코칭은 어디까지 와 있는가, 그리고 앞으로 어디로 나아가야 하는가?"라는 물음 앞에서, 본 프로그램은 코치가 한 걸음 더 깊이, 한 단계 더 높이 성장하도록 돕는 확실한 길잡이가 될 것입니다.

누구를 위한 과정인가

- KPC 준비 코치: 구조화된 코칭기술을 탄탄히 내재화하고 싶은 분
- KSC 준비 코치: 정교한 반구조화 역량으로 한시 단계 도약하고 싶은 분
- 멘토코치: 현장에 필요한 실용적인 수퍼비전 품질을 끌어올리고 싶은 분
- 리더/전문가(HRD·컨설팅 등): 1:1 면담과 조직문화 코칭을 체계화하고 싶은 분

과정의 핵심 설계 포인트

1. 이론 × 현장 융합 설계

- 다양한 이론, KCA/ICF 역량, GROW 및 IMTES 코칭대화 모델 등 다학제

프레임 실전 연결

2. 단계별 심화 구조

- ◆ KAC(기초) → KPC(기술) → KSC(존재) → 멘토코치까지, 연속적 성장 경로 제시

3. 정교한 반구조화: 구조화 + 정교한 비구조화

- ◆ 역량요소(코칭기술)와 역동요소(상호작용)를 균형 있게 훈련
- ◆ 역동요소(상호작용)의 핵심 코칭기술인 경청·알아주기·요약확인·후속질문을 ASA(분별·연결·적용)하는 고급 상호작용 품질 강화

4. UMP + AA + SA의 내재화 로드맵

- ◆ UMP: 이해-암기-연습으로 기본기 구축
- ◆ AA: 분석·분별-적용으로 상황 맞춤 상호작용 능력 강화
- ◆ SA: 연결·통합-적용으로 상호작용 능력을 고도화하고 개인화된 코칭 스타일 창조

코치자격 과정 훈련

1. KPC 훈련 (20시간)

- ◆ KCA 8대 역량 이해/실전 적용, 대화 모델링 기초 정립
- ◆ 태도와 언어 → 핵심 코칭기술(적극경청/의미확장/목표설정/관점전환) → 맥락별 접근 전략 내재화
- ◆ 역동요소(상호작용: 경청-알아주기-후속 질문)를 현장에 즉시 적용 가능하도록 강화
- ◆ 훈련자는 Off/On Line 선택 가능

2. KSC 훈련 (20시간)

- ◆ 관점전환(Reframing/Transformation) 등 고급 코칭기술 내재화
- ◆ 미래의 꿈과 목표, 현재의 마음 문제, 복합 주제 등 주제별 코칭대화 맥락 전략 강화

- ◆ 정교한 반구조화를 통한 역동요소(상호작용) 고도화
- ◆ 훈련자는 Off/On Line 선택 가능

3. 수퍼비전 훈련 (20시간)

- ◆ 코칭훈련의 이론적 체계화 → 정교한 반구조화 훈련 방법 → 실전 수퍼비전 방법 단계적 습득
- ◆ 멘토코칭, 코치더코치, 코칭 수퍼비전 프로세스·평가·피드백 설계 및 운영 능력 강화
- ◆ 훈련자는 Off/On Line 선택 가능

코치더코치 훈련

1. KPC 코치더코치 (격주 3회)

- ◆ 1회차: 코칭대화 맥락의 이해와 코칭대화 맥락별 목적과 상세 맥락 훈련
- ◆ 2회차: 코칭대화 맥락 흐름에 따른 코칭언어, 적극경청, 목표설정, 의식확장, 관점전환의 유기적 연결 훈련
- ◆ 3회차: 종합 훈련
- ◆ 훈련 상황에 따라 기간 연장 가능

2. KSC 코치더코치 (격주 5회)

- ◆ 1회차
  - ▶ 코칭대화 훈련 기본 원칙 이해
  - ▶ 구조화, 정교한 비구조화, 정교한 반구조화 이해
  - ▶ 고객 상황 분별과 코칭대화 맥락 선별 훈련
- ◆ 2~4회차
  - ▶ 코칭대화 맥락의 이해와 코칭대화 맥락별 목적과 상세 맥락 훈련
  - ▶ 코칭대화 맥락 흐름에 따른 코칭언어, 적극경청, 목표설정, 의식확장, 관점전환의 유기적 연결 고도화 훈련

◆ 5회차: 종합 훈련

▶ 훈련 상황에 따라 기간 연장 가능

기대 효과

◆ 역량요소(코칭기술)와 역동요소(상호작용)의 균형적 적용

◆ 구조화(코칭기술) × 비구조화(상호작용)의 정교한 조화

◆ 코칭언어 품질과 대화 맥락 운용력 동시 향상

◆ 멘토코치로서 수퍼비전 실행 체계 확립

신청·문의

◆ 과정명: KCA 코칭역량 마스터리

◆ 주관: 고울짱코칭보감

◆ 문의: 배용관 코치 / 010-2306-0179 / candlite@naver.com

◆ https://blog.naver.com/candlite/224016086577

참고문헌

- 7정: 7가지 감정 (사단칠정론, 이황, 1559)
- 계획행동이론 (The Theory of Planned Behavior, Icek Ajzen, 1971)
- 공감화법 (비폭력대화, Marshall B. Rosenberg, 1999)
- 교육 목표 분류 체계 (Bloom's Taxonomy, B. S. Bloom, 1956)
- 긍정심리학 (Character Strengths and Virtues, Martin E. Seligman, 2004)
- 도구 이론 (리더십과 조직문화, 배용관. 2023)
- 망각곡선 이론 (Forgetting Curve, H. Ebbinghaus, 1885)
- 변화와 성장 두 바퀴 이론 (리더십코칭효과성 평가에 관한 연구, 배용관, 2021)
- 상태 5단계 이론 (리더의 코칭, 배용관, 2016)
- 숙달된 역량 (15 Certified Coach Proficiencies, Thomas Leonard, 2002)
- 실행계획의 논리 전개 (BYK Golden Circle, 배용관, 2024)
- 실행의 논리 전개 (Golden Circle, S. Sinek, 2009)
- 심화 대인 의사소통 모형 (Behind the Mask: Coaching Through Deep Interpersonal Communication, Quick & Macik-Frey,2004)
- 역량 이론 (Testing for Competence Rather Than for Intelligence, McClelland, 1973)
- 이너게임 (The Inner Game of Work,Timothy Gallwey, 1975)
- 인지-정서 행동치료 (rational-emotive behavior therapy,Sherin & Caiger, 2004)
- 인지-행동 모형 (The Cognitive-Behavioral Approach to Executive Coaching, MJ Ducharme,2004)
- 정보 경세학과 경영 시스템 (Inform. Economics and Mgt. Systems, AM McDonough, 1963)

- 정신역동적 접근 (When Shadows Fall: Using Psychodynamic Approaches in Executive Coaching, R. Kilburg, 2004)
- 조직문화와 성과 피라미드 이론 (Change the Culture Change the Game, Roger Connors, 2011)
- 직무수준 8단계 (National Competency Standard 직무수준, NCS, 2013)
- 질문의 흐름 (Business Transformed, Paul Gossen, 2007)
- 커뮤니케이션 효과 (코치의 커뮤니케이션 특성이 코칭고객의긍정심리자본에 미치는 영향에 관한 연구, 배용관, 2020)
- 피겨스케이팅 심사기준 (Figure Skating Rules & Judging System, ISU, 2004)
- 평생학습 모형 (An Integrated Model of Developmental Coaching, O. Laske, 1999)
- 학습 4단계 이론 (Conscious-Competence Model, William Howell,1981)
- 해결중심 가족상담 (Brief Family Therapy Center(BFTC), S. de Shazer & 김인수, 1978)
- 행동틀 이론(Action Frame Theory as a Practical Framework for the Executive Coaching Process, Cocivera & Cronshaw, 2004)

- Chunk up / down (NLP, R. Bandler & J. Grinder, 1975)
- GROW 코칭대화모델 (Coach for Performance, Whitmore,1992)
- ICF 코칭역량 (ICF Core Competencies, ICF, 2019)
- IMTES코칭대화모델 (마음의 문제해결을 위한 코칭대화, 배용관, 2025)
- KCA 코칭역량 (KCA 코칭역량, 한국코치협회, 2022)

저자 소개

배용관은 AX(AI Transformation) 경영코칭 학자로서, 인공지능 시대에도 사람과 조직이 '사람다움'을 잃지 않으면서 변화와 성장을 할 수 있도록 돕는 사명을 실천해 왔다. 그는 국민대학교에서 경영학 박사학위를 취득하고, 현재 개신대학원대학교 코칭학과 겸임교수로서 코칭의 학문적 토대와 실천적 가치를 연결하는 교육과 연구에 전념하고 있다.

또한 한국코치협회 이사와 인증심사위원으로 활동하며 한국 코칭계의 제도적 성장과 전문성 확립에 기여하고 있으며, 6,000시간이 넘는 코칭 실무와 1,200여 명의 코치 훈련 경험을 바탕으로 ARTS · SALES · MPASS · 리더십과 조직문화 · 경영코칭 실무 등 독창적인 코칭 방법론을 개발하였다. 이를 통해 수많은 코치와 리더들이 변화와 성장을 촉진하는 길을 열어 왔다.

2017년 '올해의 코치상'과 2022년 '공로상'을 수상하며 학문적 깊이와 현장 성과를 동시에 인정받은 그는 대기업과 공공기관, 중소기업 현장에서 리더들의 성장을 이끌며 코칭이 조직문화와 경영 성과에 미치는 파급력을 입증하였다. 아울러 특허 기술을 활용한 실시간 성과 내비게이션 같은 혁신적 접근을 통해 AI 전환 시대에 걸맞은 경영코칭의 미래를 열어 가고 있다.

배용관 교수는 "모든 사람은 스스로 답을 창조할 수 있다"는 믿음을 바탕으로, 코치와 리더가 함께 춤추듯 성장하는 세상을 꿈꾸며 오늘도 진정성 있는 코칭 속에서 새로운 가능성을 꽃피우고 있다.

KCA 코칭역량 마스터리

초판발행 2025년 10월 20일

지은이 배용관
펴낸이 노 현

편 집 김용순
기획/마케팅 허승훈
표지디자인 BEN STORY
제 작 고철민·김원표

펴낸곳 ㈜피와이메이트
서울특별시 금천구 가산디지털2로 53, 210호(가산동, 한라시그마밸리)
등록 2014. 2. 12. 제2018-000080호
전 화 02)733-6771
f a x 02)736-4818
e-mail pys@pybook.co.kr
homepage www.pybook.co.kr
ISBN 979-11-7279-175-9 93180

정 가 27,000원

박영스토리는 박영사와 함께하는 브랜드입니다.